I0192616

Los saberes de la guerra
Memoria y conocimiento intergeneracional del conflicto en Colombia

BIBLIOTECA UNIVERSITARIA
Ciencias Sociales y Humanidades

Temas para el diálogo y el debate

Los saberes de la guerra
Memoria y conocimiento intergeneracional del conflicto en Colombia

Ariel Sánchez Meertens

Prólogo de
Antanas Mockus y Giancarlo Chiappe

Siglo
del
Hombre
Editores

Centro Editorial
Facultad de Ciencias Humanas
Sede Bogotá

UNIVERSIDAD
NACIONAL
DE COLOMBIA

Sánchez Meertens, Ariel
   Los saberes de la guerra: memoria y conocimiento intergeneracional del conflicto en
Colombia / Ariel Sánchez Meertens; prólogo Antanas Mockus, Giancarlo Chiappe. – Bogotá:
Siglo del Hombre Editores y Universidad Nacional de Colombia, 2017.

   288 páginas; 21 cm. – (Temas para el diálogo y el debate)

   1. Conflicto armado - Aspectos sociales - Colombia 2. Educación y conflicto armado -
Colombia 3. Paz - Colombia I. Mockus, Antanas, 1952-   , prologuista II. Chiappe, Giancarlo,
prologuista III. Tít. IV. Serie.

303.6 cd 21 ed.
A1583201

               CEP-Banco de la República-Biblioteca Luis Ángel Arango

Esta publicación fue financiada con recursos del Patrimonio Autónomo Fondo Nacional
de Financiamiento para la Ciencia, la Tecnología y la Innovación Francisco José de Caldas
(Colciencias) y de la Universidad Nacional de Colombia

© Ariel Sánchez Meertens

Primera edición, 2017

© Siglo del Hombre Editores
http://libreriasiglo.com

© Universidad Nacional de Colombia
Facultad de Ciencias Humanas
www.humanas.unal.edu.co

Imagen de carátula
© Juan Manuel Echavarría, *Silencio rojo*, 2012 (de la serie *Silencios*)
101x152 cm. Digital C-Print. Cortesía del artista

Carátula
Amarilys Quintero

Armada electrónica
Ángel David Reyes Durán

ISBN: 978-958-665-474-6
ISBN ePub: 978-958-665-475-3
ISBN PDF: 978-958-665-476-0

Impresión
Nomos Impresores
Diagonal 18Bis n.º 41-17, Bogotá D. C.

Impreso en Colombia-Printed in Colombia

Todos los derechos reservados. Esta publicación no puede ser reproducida ni en su todo ni en sus partes, ni
registrada en o transmitida por un sistema de recuperación de información, en ninguna forma ni por ningún
medio, sea mecánico, fotoquímico, electrónico, magnético, electroóptico, por fotocopia o cualquier otro, sin el
permiso previo por escrito por la editorial.

ÍNDICE

TABLA DE FIGURAS

Para Mila y todos sus contemporáneos.
Ojalá sepan forjar un país mejor que aquel
que les dejamos.

AGRADECIMIENTOS

Tal vez ya sea un lugar común reconocer todo libro como un producto colaborativo y colectivo. La ficción del autor, que no es más que un punto fugaz, donde textos, voces y recuerdos ajenos se anudan y se reorganizan, ya ha sido planteada con suficiencia por otros. Lo que pasa, sin embargo, es que en las páginas que siguen el carácter colectivo de su producción trasciende esa mera intertextualidad. Cientos de estudiantes y educadores de todos los rincones del país dejaron plasmadas —literalmente— sus palabras en los párrafos que constituyen este libro. A ellos, que coescribieron esta investigación, dirijo mis primeros agradecimientos.

Claramente nada de esta aventura académica hubiera podido gestarse sin el apoyo financiero, logístico y humano de Colciencias y de la Universidad Nacional de Colombia. La primera entidad lanzó el programa "Es tiempo de volver", bajo el cual no solamente se desarrolló este estudio, sino que fue la plataforma que nos dio a mi esposa y a mí la oportunidad de regresar a Colombia para buscar aportarle algo al país en su crucial transición política. La segunda —mi alma mater— me recibió en su departamento de antropología con los brazos abiertos. A ella me vinculé a través de una estancia posdoctoral de la cual este es el producto final. Andrés Salcedo, para entonces director de la carrera, no solamente se aseguró de que el departamento me acogiera de la mejor manera posible, sino que en calidad de supervisor del proyecto tuvo que soportar el acoso incesante de quienes incontables veces perseguimos su firma. Gracias Andrés por tu voluntad y confianza.

Cumplir con los requisitos formales del proyecto solo fue posible por el apoyo desinteresado y extraordinariamente profesional de personas como Erwin Estupiñán, David Neira y Gabriela Mendoza, en la Vicedecanatura de la Facultad de Ciencias Humanas; y de Claudia Guevara, Rossana Cuervo, Martha Pérez y Marisol Martínez, en el Departamento de Antropología. En este último conté con el apoyo académico —¡y a veces emocional!— de todo el personal para enfrentar los diferentes retos que se presentaron durante mi estancia. A todos mis colegas, aunque con una mención especial a Myriam Jimeno, al grupo de investigación Conflicto Social y Violencia, a Consuelo de Vengoechea y Hope Henderson (quienes me entrevistaron para el puesto y apoyaron su desarrollo de manera directa), mis sinceros agradecimientos.

Abarcar la cantidad de municipios, colegios y estudiantes que hacen parte de esta investigación solo fue viable gracias al apoyo fundamental de Corpovisionarios y la OIM. Fue a partir de un trabajo paralelo con estas organizaciones que se hizo posible alcanzar la cobertura actual de este proyecto. En especial, gracias a Henry Murraín, Eduardo Gómez, y a todos los miembros del equipo de terreno que colaboraron en la recolección de datos: Camilo, Daniel, Johan, Sergio, Lucía, David, Luis, Enrique y Ximena. A mi amigo y colega Gabriel Ruiz, mi gratitud por su acompañamiento en terreno durante algunas de las aventuras que constituyen este texto.

Pero, con el perdón de las personas e instituciones mencionadas anteriormente, quienes verdaderamente sacaron adelante este proyecto contra viento y marea, sorteando tanto las burocracias como mis incompetencias, fueron mis coequiperos del grupo de investigación, que bautizamos Alianzas Semánticas: Angie Ariza, Ibeth Cortés y Sebastián Ritschard. Sin ustedes, ni el libro ni el foro internacional que organizamos para lanzar los resultados preliminares hubieran sido posibles. Su trabajo no solamente fue del más alto nivel y compromiso, sino que fue ejecutado a pesar de la vergonzosa, a veces incluso inexistente, remuneración económica. Que al menos Dios les pague.

Tampoco ha recibido el debido reconocimiento un grupo extraordinario de personas que ha hecho, además de mi trabajo, mi vida más fácil y placentera. Me refiero a las familias Quintero, Carrillo y Cardona. Gracias abuelita, tías, tíos y primos. Por supuesto, un agradecimiento muy especial a Lili, Cami Cardona, Juan, Andreíta, Alcira y Luis Alberto. Sin su paciencia y apoyo, la escritura y mis jornadas habrían sido mucho más complicadas y aburridas. Me alimentaron, me hospedaron, me cuidaron a mí y a mi hija, me hicieron reír en medio del estrés y pidieron ayuda divina por mí cuando más la necesitaba.

Ni hablar de mis padres, Donny y Gonzalo, mis tíos Inés y Octavio, mis primos Wladi y Rafa (desde donde estés), mi hermano Cami; Lumi, María Isabel y Paola. Incuestionablemente, es un lujo poder recibir de ellos no solamente el apoyo incondicional característico de la familia, sino los insumos y la revisión académica, política y ética al más alto nivel posible. Son las ventajas de pertenecer a una familia comprometida con la construcción de paz en Colombia.

Por último, pero todavía con más vehemencia, quiero agradecer a mi esposa Sandra Quintero y a mi hija Mila por su paciencia e inspiración. Ustedes son el motor de todas mis aventuras y aspiraciones, académicas o de cualquier otra índole. Prometo reponer las horas que dejé de dedicarles antes de empezar el siguiente tomo…

PRÓLOGO. CONOCER LA GUERRA, CONOCER LA PAZ

Antanas Mockus y Giancarlo Chiappe
Corpovisionarios

> *Las alianzas semánticas conectan sufrimientos personales*
> *con disputas políticas de mayor escala en un jaloneo de*
> *sentidos tan vital en la guerra y la paz, como lo son los*
> *recursos humanos y financieros que las sostienen [...].*
> *Organizaciones violentas como las* AUC, *las Farc, el* ELN *o las*
> *Bacrim necesitan mecanismos de transmisión para sostener su*
> *estructura intergeneracionalmente; y al mismo tiempo estas*
> *estructuras operan como dispositivos pedagógicos imponiendo*
> *determinado tipo de comportamientos y narrativas*
> *sobre la sociedad.*
>
> (Sánchez Meertens, 2017)

DE EL CAGUÁN A LA HABANA

Comparando los acuerdos de El Caguán con los acuerdos logrados en La Habana, la diferencia es abismal: en La Habana se construyó un lenguaje común, preciso, y se buscó anticipar hasta el último imprevisto. La Habana puede ser vista como una victoria del rigor de la filología y de la filosofía (Sergio Jaramillo), pero también como una victoria de la vocación política y de la capacidad comunicativa (Timochenko, Márquez y Humberto de la Calle, entre otros).

Trescientas diez páginas, consensuadas a lo largo de cuatro años, son una proeza de paciencia y un monumento a la precisión de las palabras. Quienes en un comienzo nos impacientamos con la lentitud del proceso, terminamos entendiendo que había que darle todo el tiempo necesario.

En la construcción de los acuerdos de La Habana se decidió estipular con precisión qué se entendería por ciertas palabras claves. De esta manera tuvo lugar un ejercicio de negociación que permitió decantar un sentido compartido. Esta cualidad del acuerdo final facilita la incorporación en el proceso educativo de los saberes que permiten reconstruir una historia disputada. Esta reconstrucción es el tema central que aborda este libro. El reiterado ejercicio de interpretación de los hechos y sus motivos desemboca en un diálogo de diferentes voces que enriquece las imágenes recíprocas de los actores y contribuye así a mejorar la comprensión de las distintas versiones. La historia puede ser sometida a revisiones: un nuevo documento o un simple hecho que viene a ser conocido o estudiado tardíamente pueden hacer cambiar de manera extrema, en distintos actores, la lectura de lo que sucedió.

BAJO EL NUEVO ORDENAMIENTO MUNDIAL, LA PAZ ES LA VICTORIA DE LAS VÍCTIMAS

Antes, la historia la escribían los vencedores a su acomodo. Hoy en día, las nuevas condiciones de protección global de los derechos humanos, los avances del Derecho Internacional Humanitario, el establecimiento de la Corte Penal Internacional y la configuración de una opinión pública mundial, favorecida por las nuevas tecnologías de la comunicación, van convirtiendo la construcción de la memoria acerca del conflicto en una tarea que todos podemos y debemos emprender. Solo de este modo es posible pensar en la paz como una victoria de todos.

No podemos olvidar que en cualquier momento se puede dar una reactivación de las guerras desencadenada por la imposición de versiones vulgarmente unilaterales. Así como la ausencia de un cierre narrativo ampliamente aceptado del conflicto entraña un riesgo de retorno a la violencia, así también una clausura total y definitiva dejaría sin oxígeno la posibilidad de construir una memoria plural. Los saberes del pasado violento deben renunciar al impulso de fijación absoluta y por el contrario aceptar su vocación dialógica: sentidos diversos pero comunicables, aunque abiertos a nuevos disensos. En la paz nadie puede tener la última palabra.

EL FIN DE UN CONFLICTO ARMADO PROLONGADO ES LA OPORTUNIDAD DE COMPRENDER Y TRANSFORMAR SUS SISTEMAS DE REPRODUCCIÓN CULTURAL

Sánchez Meertens hace un esfuerzo por adelantarse a la producción de versiones oficiales o narrativas demasiado categóricas que por uno u otro medio (industria cultural, textos de enseñanza de la historia, estándares y pruebas de calidad) logran "imponerse". Propone que ahora, cuando aún coexisten experiencias testimoniales directas o indirectas, cuando se están poniendo a prueba marcos interpretativos alternos acerca de qué y cómo ocurrió lo que ocurrió, se refuerce el ejercicio de conversación social. Este diálogo o contrapunto, como el autor mismo lo propone, más que orientarse a generar sentidos unidireccionales u homogéneos, buscaría visibilizar las paradojas, los contrasentidos, las versiones encontradas, localizadas geográfica y temporalmente.

LA INVESTIGACIÓN BASE DE ESTE LIBRO

Este libro se basa en una investigación empírica sobre Colombia y otros países que tuvieron hasta hace poco tiempo conflictos internos. Resume la discusión teórica más relevante y hace recomendaciones prácticas sobre la transmisión de saberes en torno a la guerra. Contiene ejemplos de revisión detallada de textos escolares que incluyen el conflicto armado como tema de enseñanza. Asimismo, analiza y cuestiona documentos de política pública sobre educación relacionada con el conflicto armado. Pero lo que da sentido último y originalidad al texto es que desde un principio opta por reconocer en los jóvenes a los principales agentes pedagógicos capaces de liderar la reescritura de la historia reciente de nuestra sociedad.

Con el objetivo de aportar a la preparación de las voces jóvenes para el ejercicio de memoria que solo ellas y ellos pueden sacar adelante, el autor realizó y analizó 1492 entrevistas de estudiantes de grados 9.°, 10.° y 11.° de 40 colegios ubicados en 37 municipios. Casi la mitad de los jóvenes entrevistados (45 %) declara haber sufrido la guerra en carne propia o en la de sus parientes cercanos, pero son muchos menos aquellos que dicen haber aprendido del conflicto por experiencia directa (7.3 %). Esto es llamativo porque la afectación no es necesariamente un lugar privilegiado de enunciación y narración de la guerra.

TEATRALIZACIÓN, DIVULGACIÓN Y POSVERDAD

En la guerra la puesta en escena desde hace mucho tiempo llegó a ser más importante que los hechos. La teatralización es usada de manera deliberada por los más diversos actores para alcanzar sus objetivos mediante emociones tan viscerales como el miedo. "Ser tendencia", la frecuencia de la divulgación, se está volviendo más importante que ser verdad.

No sorprende entonces que el principal espacio de reproducción cultural y la principal fuente de conocimiento de la guerra para los jóvenes entrevistados se encuentren en los medios de comunicación, especialmente en la televisión. Según esta investigación, en materia de conocimiento del conflicto armado, la fuente más frecuentemente reportada son los noticieros.

Sin embargo, consideramos justo reconocer que en los últimos años seriados y telenovelas se han ocupado explícitamente y de manera cada vez más responsable de los relatos acerca del conflicto. Hay una creciente conciencia pedagógica en los productores de narrativas que puede encontrar en la paz una buena oportunidad para recoger y transformar la experiencia dolorosa de las víctimas. Contemporáneamente, esta inclusión del conflicto en la agenda de la industria cultural puede llegar a ser una herramienta contundente para apoyar la reparación simbólica y promover la empatía. Del mismo modo, existe el riesgo siempre latente de trivializar y comercializar el dolor de las víctimas o de glorificar las personalidades y acciones de sus verdugos. De ahí la importancia de pensar en el consumo crítico de productos mediáticos como una competencia ciudadana fundamental que debe ser atendida en los procesos pedagógicos. De todas maneras, a pesar de la influencia de los medios de comunicación que podría ser homogeneizante, llama la atención la extraordinaria diversidad de vivencias, percepciones, interpretaciones y expectativas de los jóvenes recogidas por este estudio. Parecerían referirse a muchas guerras distintas entre sí. Dentro de las múltiples versiones encontradas emerge una paradoja inesperada pero explicable: en el campo se ve la violencia concentrada en Bogotá y en Bogotá vemos la violencia como un fenómeno que afecta sensiblemente más al campo. Esta distorsión ayuda a comprender el escepticismo juvenil con respecto al fin del conflicto y al papel que los jóvenes podrían desempeñar en el mismo.

LAS INNOVACIONES DE LA ESCUELA Y LA CIRCULACIÓN DE SABERES SOBRE LA GUERRA

Dejar que a la escuela entren los saberes extraescolares y buscar que los saberes escolares penetren la vida que ocurre por fuera del aula, ambos movimientos son características que están presentes en la mayoría de las innovaciones pedagógicas. Un manejo democrático y racional de los conflictos cotidianos de la escuela puede resultar siendo un buen camino para ayudar a reducir los riesgos de una recaída en la violencia por fuera del aula. Este camino sería el de aprovechar saberes construidos en la escuela para cambiar la cotidianidad. Otra opción es traer los saberes de la cotidianidad de la guerra al aula para valorarlos y ponerlos en relación con el saber escolar.

La escuela podría pensar su futuro como el escenario ideal para un diálogo pacífico y sincero que permita identificar coincidencias y tramitar diferencias de sentido de una manera que conduzca al reencantamiento de la vida escolar. Es urgente superar el divorcio entre la escuela para la vida y la escuela del oficio.

Este libro invita a un diálogo fértil entre el estudio de las formas y justificaciones de la guerra y los mecanismos pedagógicos usados de generación en generación para transmitir esas formas y justificaciones.

LA ALIANZA SEMÁNTICA, CONCEPTO CENTRAL

La llave conceptual que propone el autor, y que puede ayudarnos a navegar en este ejercicio de traducción, de participación e inclusión de saberes y sentires, es la "alianza semántica". Por esta entiende Sánchez Meertens, el proceso de negociación y articulación de saberes y experiencias fragmentadas, de individuos y organizaciones, que se da en el ejercicio de memoria, tanto institucional como informal. Los hitos, lugares y personajes de la guerra se vinculan entre sí y se organizan en narrativas por parte de muchos diferentes actores, que interpretan y experimentan desde posiciones y emociones distintas. Las alianzas semánticas son

> [...] transacciones simbólicas y discursivas que articulan narrativas del pasado con experiencias vividas, múltiples incidentes individuales, propósitos políticos con intereses privados, tensiones locales con las regionales y nacionales, memorias con percepciones del futuro. Este concepto permite indagar las maneras de aprender, conocer y vivir la guerra, y explica a su vez cómo esto influye en la sostenibilidad y la trasformación de los conflictos. [...] Una de sus más salientes características es que estas alianzas son inestables porque diferentes actores tienen la capacidad de reorganizarlas, si una nueva fuente de producción de sentido se hace disponible o sentidos existentes son remanufacturados. (Sánchez Meertens, 2017)

CHOQUE DE CÓDIGOS

En El Caguán, el presidente Pastrana presentó una visión del futuro del país a todo color, mientras que Tirofijo adoptó simplemente el formato del relato con un tono de reproche, buscando la justificación de la guerra. Al mismo tiempo, menospreciar y ridiculizar los cerdos y las gallinas mencionadas por Tirofijo el 7 de enero de 1999 cortó la producción de significado compartido. El desencuentro no fue solo verbal: la "silla vacía", que pudo ser interpretada como un *desaire* teatral, pretendía —o así se dice— ser una medida de prudencia. Nunca lo sabremos. Tirofijo temía una emboscada y la hubo, pero mediática. Ninguno de los dos, pudiendo hacerlo, rescató al otro. No hubo, en ninguno de los dos casos, alianzas ni instrumentales ni semánticas.

Lo anterior demuestra cómo una alianza semántica puede no darse por falta de capacidad, por rechazo consciente o por incapacidad acompañada de desprecio. Y, sin embargo, los subproductos de las alianzas fallidas quedan disponibles para la construcción de nuevos significados. En todo caso, necesitamos hablar un mismo código, tanto para hacer las paces como para pelear. Las mismas alianzas que en otro momento hubieran servido para la reproducción del conflicto acá pueden terminar sirviendo para la creación a partir de fragmentos resignificados. Esto lo ilustra también el proceso pedagógico, tal como lo entiende Bernstein, quien explica el fracaso escolar por la distancia entre los códigos empleados en la escuela y en las familias de clase media (códigos elaborados) y los códigos empleados por los jóvenes de sectores populares (códigos restringidos). Para Bernstein, el niño de clase media o alta domina las dos clases de códigos mientras que el niño de los sectores populares solo domina los restringidos.

Los códigos restringidos permiten una comunicación muy ágil entre personas con una experiencia compartida, donde el componente extraverbal es central en la comunicación, donde la estructuración del discurso suele ser narrativa. Entretanto, los códigos elaborados estructuran su habla más bien en torno a descripciones y argumentaciones; y permiten que personas desconocidas entre sí se entiendan con precisión, privilegiando el componente formal que tiende a convertirse en autosuficiente. La relación con la base material es, en este caso, indirecta.

Las alianzas semánticas tienden puentes que facilitan el diálogo entre códigos restringidos y códigos elaborados. Ese diálogo puede permitir un empoderamiento educativo de los sectores más excluidos y una mejor comunicación entre sectores distintos en términos sociolingüísticos. Para pelear o para reconciliarse no basta con coincidir en el tiempo y en el espacio: hay que tener la posibilidad de coincidir, al menos, en algunos significados y algunas interpretaciones.

PUERTAS QUE SE ABREN

El desafío de identificar lecturas e interpretaciones compartidas es aún más grande si lo que se quiere es facilitar una democratización y una integración. Quintiliano, un teórico temprano de la retórica, estimula la producción de verosimilitud en el proceso educativo: "Pero también en las escuelas es deseable que el estudiante se deje conmover por el tema mismo y se lo imagine como verdadero" (Quintiliano, *Inst. Orat.*, VI, 2, 36). El "hagamos de cuenta que…" es decisivo en el juego, pero también en las otras actividades escolares, así como en la agonística política.

En el absorbente mundo de la guerra se ven acentuadas muchas conexiones y tensiones: la brecha etaria, la brecha urbano-rural y la brecha guerra-paz. Estas brechas se pueden reducir si se trabajan vía educación, al razonar y actuar con hipótesis contraevidentes, en un contexto de paz donde pueden explorarse con libertad muchos mundos posibles. Hay brechas que pueden causar sufrimiento o contradicciones. Por ejemplo, cuando la persona no logra dar cuenta completamente de su vida desde la narrativa de su grupo. O cuando el grupo se apoya en una narrativa desde la cual la persona no puede reconstruir completa su historia personal. La alianza semántica es el reconocimiento de que solamente por el diálogo cuidadoso entre narrativas personales y narrativas colectivas se puede alcanzar una autoconciencia más coherente y más incluyente. La formación en historia es una especie de zarandeo entre identidades y proyectos individuales y colectivos.

Cuando Sánchez Meertens les propone a los jóvenes entretejer los trayectos de vida personales con las narrativas nacionales de la violencia está reconociendo la necesidad de articular dos fuentes de sentido irrenunciables: la del proyecto individual y la del proyecto colectivo. La apuesta sería lograr que esos procesos de reconstrucción y producción de sentido personal y social se entiendan como acciones comunicativas, expresivas o simbólicas, en las cuales prevalezcan la construcción y el contrapunteo de razones. Y que se respeten y valoren las emociones de esos muchos *otros* con quienes podamos reconstruir una y otra vez la imagen del país, asegurando la adecuada imbricación de las interacciones ciudadanas en el marco de un proyecto común de sociedad en permanente reelaboración.

Desde nuestro trabajo en cambio cultural voluntario hemos identificado un momento clave para el éxito de la transformación deseada: la desnaturalización como paso previo a la resignificación. Desnaturalizar, desde nuestra perspectiva, es revisar creencias que se han "cristalizado", interpretaciones de estados de cosas que dejan de ser objeto de crítica y transformación. Estas creencias, en algunos casos, conducen a la perpetuación de actitudes y comportamientos que producen malestar, como es el caso de los roles de género machistas y de ciertos estereotipos asociados a identidades sociales. De esta manera consideramos posible y deseable que en el ejercicio de construcción y reconocimiento de alianzas semánticas se preste atención a la indispensable desnaturalización.

Una pregunta que no se puede evadir es qué tanto los jóvenes de 15 o menos años deberían estar expuestos a ciertos contenidos o, más bien, qué herramientas debe tener una persona para que un ejercicio explícito de reconstrucción de memoria y negociación de los sentidos no entrañe un riesgo de abuso. ¿Qué destrezas deben tener nuestros docentes? ¿Cómo minimizar sesgos y prejuicios que desde la asimetría del aula pueden llegar a ser incluso revictimizantes?

Los criterios que privilegia Sánchez Meertens en su idea de ejercicios de memoria entre jóvenes son: interacción estratégica orientada hacia el bien común, competencia transparente, consideración por las emociones propias y ajenas. Para lograr estos propósitos de construcción colectiva en el marco de la paz conviene promover una actitud de "confianza que desarma" en vez de una desconfianza exacerbada que conduce casi fatalmente a la agresión preventiva.

La propuesta de Sánchez de vivir "de cara al pasado", como los misak, es en cierto modo una apuesta por una ciudadanía que se sabe constructora de sentidos y que no acepta las comodidades del maniqueísmo. Así como Habermas sugiere que la mayoría de edad se adquiere cuando los ciudadanos nos concebimos a nosotros mismos como escritores de la ley, este cambio nos invita a reconocernos como agentes de sentido social, como autores de los sentidos que damos a la vida en sociedad, como portadores de los repertorios simbólicos y las actitudes y comportamientos que se asocian al proceso permanente de renovación de las alianzas semánticas.

¿Puede entonces la enseñanza de la historia ayudar a comprendernos entre muy distintos y ayudar a prevenir y frenar la repetición del conflicto? La respuesta de este libro de Ariel Sánchez Meertens es un sí sin ambages. Cuidar la comunicación, escoger con responsabilidad el lenguaje que usamos, ser sensibles a las grandes variaciones con que una misma palabra puede ser entendida, de manera intencional o por descuido, disminuiría la probabilidad de repetición del conflicto armado.

El Ministerio de Educación Nacional ha avanzado en el proceso de estipular expresamente qué esperamos de la Cátedra de Paz. ¿Cuál es el objetivo de todo el esfuerzo colombiano de educación para la paz? Creemos que no puede ser distinto del objetivo de ayudar a construir una paz estable y duradera. Debemos prepararnos para atender las conflictividades previsibles en el próximo futuro. En efecto, el Decreto Reglamentario 1038 del 2015 invita a las instituciones educativas a escoger 2 de 12 temas relacionados con la Educación para la Paz: 1) justicia y derechos humanos; 2) uso sostenible de los recursos naturales; 3) protección de las riquezas culturales y naturales de la nación; 4) resolución pacífica de conflictos; 5) prevención del acoso escolar; 6) diversidad y pluralidad; 7) participación política; 8) memoria histórica; 9) dilemas morales; 10) proyectos de impacto social; 11) historia de los acuerdos de paz nacionales e internacionales; y 12) proyectos de vida y prevención de riesgos (Ministerio de Educación Nacional, 2015. Decreto 1038 por el cual se reglamenta la Cátedra de la Paz. Bogotá, Colombia: Ministerio de Educación Nacional).

La memoria histórica aparece apenas como un punto entre doce. Cada colegio, cada institución educativa, debe escoger dos de los doce puntos para desarrollarlos. Tal vez el menú resulta tan amplio y abundante porque hay muchas paces que hay que construir so pena de descubrir que la paz con las Farc es un logro enorme pero que es todavía parcial. Cada institución y cada región pueden escoger así los elementos que mejor consideren para abordar distintos tipos de conflictividad. De "tumbo en tumbo", como en un pasamanos que no se detiene, hay que completar la paz. Una paz, más que estratégicamente negociada, que sea autoimpuesta por la vía de pequeños o grandes cambios en las formas de decir o de hacer. Son de este tipo los cambios incrementales buscados en la lucha por la igualdad de género, la lucha por las nuevas masculinidades, la lucha por la sostenibilidad ambiental. Estamos regresando a la revolución del día a día, pero con mejores armas, con acupuntura cultural, con estética y lúdica, y con estadística, por ejemplo. Es deber de iniciativas afines a la presentada en este libro velar por el cumplimiento y el desarrollo de la Constitución del 91. Es nuestro deber colocar en primer plano los mecanismos extraeconómicos que permiten o impulsan la autotransformación de la sociedad y de los individuos. Es nuestro deber, en particular, reconocer la autonomía del otro y su capacidad de agencia. Es deber impedir la autoderrota que ocurre cada vez que despreciamos o ignoramos la corresponsabilidad.

Hacemos nuestra la apuesta del autor: jóvenes formándose mutuamente, jóvenes actuando con creatividad, radicalmente jugados por la paz y por la justicia sin violencia, serán la principal fuerza que promoverá una mayor igualdad en Colombia. Querámoslo o no, somos aliados en la construcción de un lenguaje que facilite la multiplicación de las alianzas.

INTRODUCCIÓN. MEMORIA, GUERRA Y PEDAGOGÍA

Estamos ante una crisis: no de la globalización, no de la economía, sino de algo que las trasciende. Es una crisis por la negativa a percatarnos de lo que está ocurriendo con el aprendizaje en nuestras sociedades.

(Lynn Davies, *Schools and War*)

La mayoría de lo que sabemos lo sabemos porque aceptamos la palabra de otros.

(Peter Graham, *Transferring Knowledge*)

¿Recuerdas algún incidente de violencia?
—Sí, es algo normal.

(Estudiante, Argelia)

—Sí claro, lo recuerdo. Pero no le puedo decir.

(Estudiante, Barbacoas)

—No, yo siento que la guerra no pasa cerca de mí, ni de mi casa.

(Estudiante, Bogotá)

31

Ante la pregunta de si debe ser enseñada la historia del conflicto armado en Colombia, un estudiante de colegio en Istmina (Chocó) consideró que sí porque el conflicto es "patrimonio cultural". Un adolescente indígena en Toribío dijo en cambio que no, porque no quería recordar nada sobre eso. Otro joven, esta vez en Argelia (Cauca), señaló entre risas que la historia del conflicto sí debería ser enseñada "para aprender a matar". Una chica en Barbacoas (Nariño) no está de acuerdo porque "eso se da en la calle, en el colegio no se enseña violencia, sino que se educa para bien". En cambio, un muchacho en Tierralta (Córdoba) consideró que la historia del conflicto armado "se debería dar a conocer hasta cierta etapa. Después no recordarlo más".[1]

En las últimas décadas, la mayoría de países que han buscado superar un conflicto violento han incluido apuestas pedagógicas para afrontar esa dolorosa historia dentro y fuera de las aulas de clase. También en Colombia se han creado lineamientos de política pública al respecto, que incluso han surgido antes de formalizarse la transición política mediante la firma del acuerdo de paz. El recorrido propuesto en la mayoría de casos generalmente contiene componentes semejantes: cambio curricular, inclusión de temas alusivos al pasado violento en los textos escolares, adaptación del calendario escolar para incluir fechas conmemorativas y, en los mejores casos, capacitaciones para el cuerpo docente.

Pero para poder formular una política efectiva y consistente, ¿acaso no hace falta un paso previo? ¿No deberíamos indagar por cómo se venía enseñando o silenciando esa parte de la historia? ¿No habría que conocer las estrategias que docentes y escuelas desplegaron formal o informalmente para abordar la historia reciente en medio de la violencia? Y quizás todavía más importante: antes de diseñar e imponer nuevas acciones pedagógicas, ¿no tendríamos que consultar y diagnosticar qué saben, sienten y opinan los jóvenes estudiantes, explorando a la vez cómo han aprendido lo que dicen saber, de dónde y mediante qué formatos? Una política educativa pensada en clave de justicia transicional debe primero conocer

---

[1]   Estudiantes de Toribío, 29 de septiembre de 2015; Istmina, 21 de octubre de 2015; Argelia, 22 de septiembre de 2015; Tierralta, 29 de septiembre de 2015.

cómo se producen los saberes de la guerra si quiere promover las transformaciones sociales requeridas para lograr una nueva forma de ejercer ciudadanía y una convivencia, llena de conflictos sin duda, pero libre de soluciones violentas ante las diferencias.

Las palabras de los estudiantes citados anteriormente revelan la complejidad asociada a la producción de conocimiento sobre los pasados violentos. Si bien es cierto que el 78.3 % de cerca de 1500 estudiantes consultados apoya la enseñanza de la historia del conflicto armado en los colegios, la diversidad de los argumentos detrás de las respuestas es extraordinariamente fecunda. Esto a pesar de que las opiniones consignadas acá arriba son apenas en cuanto a la necesidad y condición de tal enseñanza; sin hablar aún de los contenidos concretos atribuidos a la guerra y sus conflictos de interpretación.

Ante semejante abundancia de juicios sobre las modalidades y los beneficios de su transmisión, pero también sobre los contenidos y fuentes de aprendizaje abordados más adelante, cabe preguntarse cómo se constituye (y si es que se constituye) un cuerpo narrativo susceptible de ser transferido a través de las generaciones y la geografía de la nación. A fin de cuentas, la memoria colectiva siempre es el resultado de una serie de negociaciones intelectuales y políticas permanentes; jamás es un acto mental colectivo unitario (Berger, 1997). ¿Podemos entonces hablar de la enseñanza de *el* conflicto armado colombiano, a pesar de la enorme variedad de experiencias, de intereses, de dinámicas, de escalas y razones atribuidas a la guerra? ¿Son acaso posibles —como ya se cuestionaba Huyssen (2003)— las formas consensuadas de memoria? No son preguntas menores para una sociedad que ha decidido —aunque a trastabillazos— dejar atrás más de medio siglo de confrontación armada mediante un acuerdo político. Son inquietudes importantes porque nos llevan a indagar por la manera en que la cohesión social y la convivencia pacífica son o no posibles sin dichos consensos.

Todo conflicto armado, sea cual fuere su naturaleza, implica algún grado de exclusión, bien sea política, económica, étnica, racial o religiosa. Común a todos, sin embargo, es lo que denomino una exclusión semántica: una población despojada de su participación en los sentidos del pasado nacional; comunidades vetadas o negadas como agentes de la historia. En el terrorismo, las guerras civiles, las dictaduras, los genocidios, en todos se busca despojar al oponente, al enemigo, al otro, de su capacidad de dar y transformar los significados de su historia, de *la* Historia. Precisamente por esto, resignificar y pluralizar los sentidos de la nación se convierte en una acción incluyente y potencialmente pacificadora, que exige preguntarse cómo deben ser representadas, articuladas y confrontadas las memorias locales, regionales y nacionales. Tal esfuerzo implica a su vez preguntarse por la naturaleza misma de la esfera pública, de la democracia y su futuro; implica indagar por las formas cambiantes de la nación, la ciudadanía y la identidad; exige finalmente preguntarse por los saberes de la guerra.

A pesar de la abrumadora producción académica sobre el conflicto armado en Colombia, las discusiones concernientes a la enseñanza y adquisición de conocimiento (histórico) de la guerra continúan siendo limitadas. Los debates en torno al nexo educación y conflicto siguen débiles en su capacidad para vincular la reproducción cultural a los procesos de sostenibilidad de la violencia o su potencial transformación. Por ello, mientras que las aproximaciones a la guerra y sus violencias suelen girar en torno a sus causas, su historia, sus actores, su impacto o la resiliencia de sus víctimas, propongo aquí en cambio una mirada desde una economía política y cultural del conocimiento: desde la producción, la circulación, el consumo y la instrumentalización de saberes, que dan lugar a un vaivén de múltiples epistemologías locales que se disputan su lugar en el relato nacional.

Decir que los debates en torno al nexo educación y conflicto son aún limitados no significa desconocer los valiosos trabajos que han sembrado camino en Colombia. Trabajos como los de Pilar Riaño sobre juventud, memoria y violencia en Medellín; el de Martha Nubia Bello y Sandra Ruiz sobre conflicto armado, niñez y juventud; el desarrollo de la educación para la paz de Enrique Chaux; la investigación sobre las representaciones de La Violencia en los textos escolares de María Isabel González; o los productos del área de pedagogía del Centro Nacional de Memoria Histórica son referentes fundamentales, como también lo son los esfuerzos de sistematización de experiencias de docentes en torno al tema memoria, escuela y conflicto, llevados a cabo en Bogotá por varios investigadores de las universidades Distrital y Pedagógica. En su mayoría se trata, sin embargo, de esfuerzos muy recientes, que solo hasta hace poco han empezado a tener algún impacto en la política pública. Tanto así que investigadoras como Sandra Rodríguez y Olga Sánchez podían afirmar que para el 2009 no se encontraba en la agenda educativa una política de incorporación de la historia reciente o de la memoria del conflicto armado colombiano, ni como tema curricular ni como objeto de trabajo pedagógico (Serna y Gómez, 2008).

El panorama ha cambiado considerablemente para el 2017. Pero hoy, con una política educativa que trata de abordar la enseñanza de la historia violenta del país, con textos escolares con módulos sobre el conflicto armado, con escuelas que incorporan iniciativas de memoria y docentes que desarrollan estrategias pedagógicas para abordar temas tan candentes, aun con todo lo anterior, sabemos más bien poco sobre cómo está apropiándose la nueva generación de todo esto. Es decir que sabemos mucho sobre las estrategias institucionales de memoria, pero menos sobre su transmisión efectiva, sobre su restructuración y revaluación por parte de quienes consumen y coproducen esos conocimientos.

POLISEMIA Y PEDAGOGÍA

La memoria no es un vehículo de la verdad ni un simple espejo de intereses, sino un proceso complejo de construcción de sentido (Müller, 2002). La justicia transicional de la que tanto se habla por estos días en Colombia es precisamente un proceso transformativo que repiensa las décadas de guerra y reconfigura las relaciones sociales para que emerja un nuevo contrato social y una revitalizada ciudadanía. Así las cosas, además de perseguir sus famosos cuatro pilares de verdad, justicia, reparación y no repetición, la justicia transicional también es un anhelo de producción de significados y nuevas identidades. El reto es entonces encontrar un camino que permita abogar por una aproximación a la historia del conflicto armado, sin forzar una pluralidad de memorias en disputa hacia una sola historia común en nombre de una "pedagogía nacional"

(Müller, 2002), sino más bien trazar una apuesta que reconozca las negociaciones y tensiones permanentes entre productores y consumidores de saberes; negociaciones y tensiones siempre insertas en tradiciones culturales particulares (Lebow, Kansteiner y Fogu, 2006). Lo que hace a la memoria efectiva, política y simbólicamente, es justamente su ambigüedad, su capacidad de poder apelar a una variedad de audiencias y evocar diversos entendimientos. De hecho, un buen símbolo político es aquel que tiene efectos legitimadores, no porque todo el mundo esté de acuerdo con su significado sino porque despierta interés a pesar de (¿o gracias a?) las lecturas divergentes de lo que significa (Müller, 2002). Esto suscita desafíos así como oportunidades pedagógicas, porque permite concebir una transferencia plural a partir de instancias, hitos o símbolos de la historia de la guerra; pero también obliga a tener en cuenta la posibilidad de pensar la historia a partir de imágenes altamente controversiales. Les presento a continuación un ejemplo surgido precisamente a partir de esta investigación.

Les pregunté a los estudiantes de colegio por su personaje favorito de la historia y en un empate técnico en el tercer puesto, junto con Jorge Eliécer Gaitán y Gabriel García Márquez, aparece Pablo Escobar Gaviria. Esto ciertamente escandaliza, a la vez que resalta el peso de los medios de comunicación en la consolidación de imaginarios nacionales. Sin duda preocupa que entre la generación a cargo de hacer sostenible los acuerdos de paz aparezca una figura que encarna tanto dolor y violencia. Sin embargo, los trabajos de la memoria deben tener en cuenta esos procesos mediáticos mediante los cuales las imágenes entran a la arena pública y se convierten en colectivas (Erll y Rigney, 2012). Seguramente el impulso inicial es pensar en estrategias para expulsar la figura de Pablo Escobar del imaginario de las juventudes. Pero tomando en cuenta la discusión anterior, ¿no será más bien que la imagen de Escobar es un buen símbolo político/mnemónico que precisamente por su carácter controversial tiene alto valor pedagógico también? Sea cual fuere la postura adoptada, en todo caso los marcos mediáticos crean sentido al moldear la experiencia recordada, mediando por un lado entre el individuo y el mundo y, por otro, entre diversos sujetos y grupos sociales (Erll y Rigney, 2012).

Dicho lo anterior, valga aclarar que este libro no se ocupa ni del desempeño escolar, ni del papel asignado a los medios o a la memoria en nuestra sociedad. De lo que se trata es nada menos que de la producción misma de conocimiento, sobre todo si reconocemos que "las memorias son parte de un proceso más amplio de negociación cultural" (Macgilchrist, Christophe y Binnenkade, 2015) y que dicha negociación cultural es determinante para la viabilidad de la transición política que se nos avecina. De hecho, si la pedagogía es la construcción social de conocimiento, de valores y experiencias incorporadas en las interacciones entre educadores, audiencias, textos y formaciones institucionales (Giroux y Searls Giroux, 2004), entonces lo que se conoce como justicia transicional tendría una dimensión marcadamente pedagógica. La producción y transmisión de conocimientos —particularmente sobre el pasado violento— constituyen así ejes determinantes en la superación o no de la guerra y en la formulación de la sociedad deseada a futuro.

LA VOLUNTAD DE IGNORANCIA Y LA COEXISTENCIA CONTENCIOSA

En parte así lo ilustra lo sucedido en Colombia el 2 de octubre de 2016, cuando se les preguntó a los colombianos mediante un plebiscito si apoyaban el acuerdo final para la terminación del conflicto y la construcción de una paz estable y duradera. Con un margen de 0.4 %, el No superó al Sí. El resultado, además de generar incertidumbre política y reflejar una aparente polarización del país, también desató una renovada preocupación por los alcances, desafíos y sobre todo las deficiencias pedagógicas frente al contenido del acuerdo, frente al conflicto armado en general, pero también frente a asuntos relacionados con ciudadanía, consumo mediático, y las condiciones de producción misma de legitimidad.

Más que la victoria del No como tal, lo escandaloso ha sido la argumentación ofrecida por muchos de los votantes, incluidos los del Sí. No solamente fue puesto en evidencia el grado de desinformación, sino que quedó expuesta la que he dado en llamar "voluntad de ignorancia": el problema no es que la ciudadanía no estuviera informada; el problema radica en que la ciudadanía *no quería* estar informada. El contenido de los acuerdos fue así un asunto marcadamente secundario en la votación, y no porque los ciudadanos no tuvieran acceso al acuerdo ni porque este fuera demasiado extenso o complejo, pues hubo una amplia oferta de material didáctico para conocer de manera accesible los detalles de lo pactado. En realidad, las posturas estaban previamente fijadas y lo único deseado era expresar de manera ritualizada la pertenencia a cierta comunidad —comunicativa primero, política después—.

Jorge Semprún (1997) habló del no querer saber: ese impulso por evadirse de los recuerdos para poder seguir viviendo después de haber pasado por experiencias extremas. Sin embargo, la voluntad de ignorancia que pareciera expresar un segmento considerable de la población colombiana no es el no querer saber de quien se ha visto afectado por una violencia pasada. Es, por el contrario, el no querer saber colectivo, en especial de quienes no han sido tocados de manera directa por la guerra, como si la cotidianidad de la vida nacional misma fuera el trauma que se busca eludir. Esto trastoca los retos usualmente asociados a la pedagogía —cobertura, estrategias didácticas, resultados deseados, instrumentos implementados—, poniendo en duda, en cambio, la pedagogía misma como práctica seminal en la reproducción social.

Con el resultado del plebiscito se constató una vez más algo que desde hace tiempo identificamos desde la academia, pero que difícil-mente hemos logrado incorporar en nuestro análisis: la producción de conocimiento y las acciones políticas que este desencadena son un asunto profundamente emocional. Ese 2 de octubre —como en muchos casos recientes a nivel mundial—, el miedo, la desconfianza y la indignación superaron a la empatía, al afecto y a la esperanza. Pero precisamente por eso resulta imperativo preocuparnos hoy por *la transmisión en tiempos de transición*. Al fin y al cabo, la premisa de una convivencia pacífica es la confianza cívica, resultado a su vez de una deliberación pública continua sobre el pasado (Müller, 2002).

Dicha convivencia exige una interacción ciudadana permanente que sepa aprovechar al máximo la diversidad. Es importante acla-rar, no obstante, que no es la diversidad en sí la que cuenta, sino lo que Lynn Davies llama la diversidad colaborativa. Porque se pue-de aprender más de las personas con las que se disiente que de las personas con las que se está de acuerdo; pero se "subescucha" a los primeros y se "sobreescucha" a los segundos. La educación para la paz a largo plazo debería ser entonces un proceso con pensadores divergentes (Davies, 2004) comprometidos con la construcción no de una historia armónica, sino "contrapuntal" (Cole, 2007a). Tal historia contrapuntal va de la mano de la noción de *coexistencia contenciosa*, que propone una convivencia en donde visiones opuestas debaten permanentemente sobre el significado de lo ocurrido. Pensar en este tipo de convivencia es reconocer que las representaciones de los actores políticos cambian con el tiempo, con los escenarios y acorde con los interlocutores. El argumento es que este modelo de coexistencia propicia en la práctica una reducción de la brecha entre relatos extremos, contrario a lo que la censura de cualquier narrativa termina por producir (Payne, 2009).

Las fallas en la implementación de los nuevos lineamientos pedagógicos postulados en los trabajos de justicia transicional —incluyendo la misma Cátedra de la Paz en Colombia— son parcialmente resultado de la ausencia de diagnósticos iniciales y de una consulta previa. Y esto no apunta solamente a un asunto procedimental; es de hecho también un problema de carácter político porque marginaliza a los educadores mismos del debate y el diseño pedagógico. Es además un asunto político porque esta modalidad de transformación pedagógica desde arriba reitera una vez más la imagen de un estudiantado que no es más que receptáculo vacío de las enseñanzas autorizadas, de los discursos canónicos (Jelin y Lorenz, 2004). Este "desagenciamiento" de las juventudes es en parte responsable de su desinterés y apatía por la oferta escolar en general y por los saberes del pasado violento en particular.

La realización de un análisis diagnóstico y de una consulta como los proponemos en este libro les permitirá aprender, a quienes diseñan nuevas políticas públicas, sobre los saberes, preferencias, demandas y opiniones de las nuevas generaciones; conocimiento relevante para fomentar renovadas prácticas sociales encaminadas hacia una paz estructural y duradera. Pero, sobre todo, esta aproximación les brinda a niños y jóvenes la oportunidad de que sus voces sean oídas, en muchos casos por primera vez en el foro público, e incorporadas en los procesos de justicia transicional. Pensados de esta manera, la consulta y el diagnóstico se convierten en herramientas fundamentales en cuanto abordan a los jóvenes como agentes con intereses, necesidades y puntos de vista reconocidos y valiosos. Por lo demás, al ser consultados se está promoviendo su sentido de pertenencia y relevancia social, a la vez que se les concientiza acerca de su derecho a participar como ciudadanos en los procesos que los afectan. Es una apuesta por que se vuelvan no solo emprendedores de la memoria, sino gestores de la historia y, en esa medida, agentes semánticos, productores de sentido.

Salvo en Nepal, donde se realizó una consulta a jóvenes, no hay a nivel mundial antecedentes de este tipo de diagnósticos. Incluso en aquel caso surasiático, si bien 32 jóvenes seleccionados fueron consultados por el Ministerio de Paz y Reconciliación, posteriormente sus voces y visiones no fueron incorporadas en la comisión de la verdad; motivo por el cual se experimentó como una consulta meramente protocolaria entre juventudes, que no eran tomadas en serio (Ramírez-Barat, 2014). La apuesta de esta investigación es entonces ofrecer un primer diagnóstico de los conocimientos y vacíos, de las preocupaciones, necesidades y los intereses de quienes cargarán con la responsabilidad de hacer la transición política colombiana sostenible a largo plazo. Un diagnóstico pensado en función de sus implicaciones para la política educativa, pero acompañado de elaboraciones de orden académico esbozados a continuación.

La investigación

Este estudio indaga por cómo se produce y transfiere el conocimiento sobre el conflicto armado a través de las generaciones y de la geografía nacional, articulando empírica y teóricamente los múltiples modos, espacios, fuentes y formatos de transferencia de conocimiento. Dicho de otro modo, este busca ser un estudio sobre la enseñanza y el aprendizaje de los saberes del conflicto armado, que incluye —pero también trasciende— los escenarios institucionales diseñados para la socialización y la configuración del conocimiento del pasado y del presente nacional.

Una de las preguntas que les hice a los estudiantes indaga por el momento en que supieron o fueron conscientes por primera vez de la existencia de un conflicto armado en Colombia. Notablemente muchos respondieron que saben del conflicto "desde que tienen memoria". Algunos incluso cuestionan la posibilidad de establecer el momento de aprendizaje, y señalan que "es algo que no recuerdo, como tampoco recuerdo cuándo aprendí a hablar. Toda mi vida ha existido el conflicto, podría decir que nací y viví con eso desde el comienzo".[2] En ambos casos se comunica la sensación de que no hay distinción entre la conciencia de ser y la conciencia de vivir en medio de un conflicto; y que la guerra es una constante ahistórica sobre la cual no hay injerencia posible.

Pero no todos los estudiantes pueden prescindir de momentos culminantes de aprendizaje. Muchos referencian justamente hechos victimizantes como instantes de concientización de la guerra. Así, por ejemplo, una estudiante de Algeciras (Huila) señaló que supo por primera vez del conflicto cuando fue desplazada por las Farc; mientras que en Argelia un muchacho aprendió de la guerra a los 8 años cuando uniformados lo bajaron a él y a su mamá del bus y mataron al conductor. Algunos como este joven en San Carlos (Antioquia) respondieron con dolor pero sin rodeos: "tenía 3 años cuando vi que asesinaron a mi madre".[3]

Están también quienes aprendieron por primera vez del conflicto armado oyendo hablar a los padres o al recibir explicaciones de los abuelos. Están quienes se enteraron en la escuela por las clases de los docentes o porque la escuela misma fue blanco de ataques. Por supuesto están también quienes destacan que fue viendo televisión que supieron por primera vez del conflicto armado. De hecho, los noticieros parecen ser la fuente primordial de aprendizaje sobre la guerra, aunque no la única mediática.

Hay una marcada tendencia dentro y fuera de la academia a abordar de manera separada los diferentes espacios, vehículos y agentes de la transmisión. Esta propensión subestima el papel que cumplen las fusiones, articulaciones y reinvenciones en la producción de conocimiento sobre el pasado reciente. Por eso este libro empieza con una revisión de la política educativa relativa a la enseñanza de

2   Estudiante de Bogotá, 17 de noviembre de 2016.
3   Estudiante de San Carlos, 22 de septiembre de 2015.

la historia violenta, luego explora la presencia de la guerra en los textos escolares y finalmente ahonda en las modalidades de aprendizaje y producción de conocimiento sobre el conflicto armado de los estudiantes de colegio. La trayectoria propuesta permite conectar los diferentes eslabones de la cadena de transmisión institucional, y conectarla con otros senderos de aprendizaje, posiblemente con mayor impacto pedagógico sobre las nuevas generaciones.

Para lograr tal objetivo llevamos a cabo un trabajo de campo que combinó entrevistas, etnografía y el diligenciamiento supervisado de cuestionarios con preguntas abiertas. Se visitaron 37 municipios y 40 colegios a lo largo y ancho del país para captar la voz de más de 1600 estudiantes de grados 9, 10 y 11; voces de las cuales se lograron sistematizar 1492. Cerca de la mitad de los estudiantes (45.2 %) señaló que ellos o sus familiares directos habían sido víctimas del conflicto. Una proporción notable porque, si bien muchos de los lugares visitados fueron golpeados por la guerra se supone que un número considerable de sus habitantes había logrado estar al margen de sus dinámicas. Es usual, por ejemplo, imaginar a Bogotá como ciudad relativamente ajena a las dinámicas del conflicto. Sin embargo, por un lado, como ciudad receptora de población desplazada por la violencia contiene múltiples experiencias de muchas localidades del país. Por otro, Bogotá es también hogar de las élites que definen las políticas de Estado, lo cual la convierte en un blanco importante dentro del conflicto armado. Efectivamente, el porcentaje de afectación en la capital, con un 54 %, resultó por encima de la media de la totalidad de los municipios cubiertos en esta investigación.

Al momento de la recolección de datos, el 90 % de los estudiantes consultados tenía entre 15 y 20 años,[4] mientras que la distribución por sexo fue casi perfectamente equilibrada.[5] La mayoría de los consultados cursaba grado undécimo, seguidos por estudiantes

---

[4]   La distribución de las edades fue 33 % de 16 años, 23.8 % de 17 años, 13.7 % de 15 años, 12.7 % de 18 años y 5.4 % de 19 años.

[5]   La distribución por sexos fue de 47.1 % femenino, 47.5 % masculino, 0.5 % que señaló ser trans y un 5 % que no respondió.

de décimo y en menor proporción de noveno.[6] El 26.1 % se auto-
denominó mestizo, el 15.3 % afrocolombiano, el 11.3 % dijo ser
blanco y el 10.9 % indígena. Sin embargo, es significativo que el
4.4 % respondiera que no pertenecía a ningún grupo étnico, que el
4.7 % dijera que la pregunta por pertenencia a grupo étnico no le
aplicaba y que el 26.1 % de los estudiantes consultados no respondiera esa pregunta. De hecho, en diálogo con ellos quedó claro que
para muchos eso era asunto solo para las minorías. Asimismo, había
quienes interpretaron de manera flexible su adscripción identitaria,
como lo hizo un estudiante que consideró que su afiliación étnica
era de "rockero".

Vale la pena anotar aquí que tanto el 15.3 % de afrocolombianos como el 10.9 % de indígenas superan su representación de-
mográfica nacional.[7] Esto es elocuente, porque si bien este estudio
se propuso desde el inicio captar la mayor diversidad posible, no
buscó intencionalmente una representación desproporcionada de
estas comunidades. Pero al incluir municipios golpeados por la
violencia, distantes de los centros de poder, ubicados en las periferias geográficas o políticas del país, pareciera que automáticamente
estos grupos obtienen mayor representación.

Igualmente notable es que apenas el 56.5 % de los estudiantes se
definió como católico. Hace poco menos de un siglo el 99 % de los
colombianos se consideraba practicante de esa religión. En el 2001,
El Tiempo llevó a cabo una encuesta que arrojó como resultado que
el 81.2 % de los colombianos encuestados se consideraba católico.[8]
Desde entonces esa cifra ha decrecido de manera vertiginosa, tanto
así que en los resultados del *Barómetro de las Américas del 2009* de
la Universidad de Vanderbilt, la cifra era de 58.2 %. El porcentaje
que presenta nuestra investigación resulta consistente con esa tendencia. No cabe duda de que esto responde a tendencias globales,
pero claramente también tiene explicaciones y consecuencias lo-

---

6   La distribución por grados fue 59.2 % grado 11.º, 34.2 % grado 10.º y 3.4 % grado
     9.º

7   Según el DANE, los afrocolombianos representan el 10.6 % de la población co-
     lombiana; mientras que la población indígena corresponde al 3.4 %

8   Redacción Nacional, "Qué tan católicos somos", en *El Tiempo*, 8 de abril de 2001.

cales, particularmente en aquellas zonas del país donde una de las alternativas de sentido existencial la ofrecía la ideología difundida por los alzados en armas.

Figura 1. Municipios en donde se recolectó información en colegios

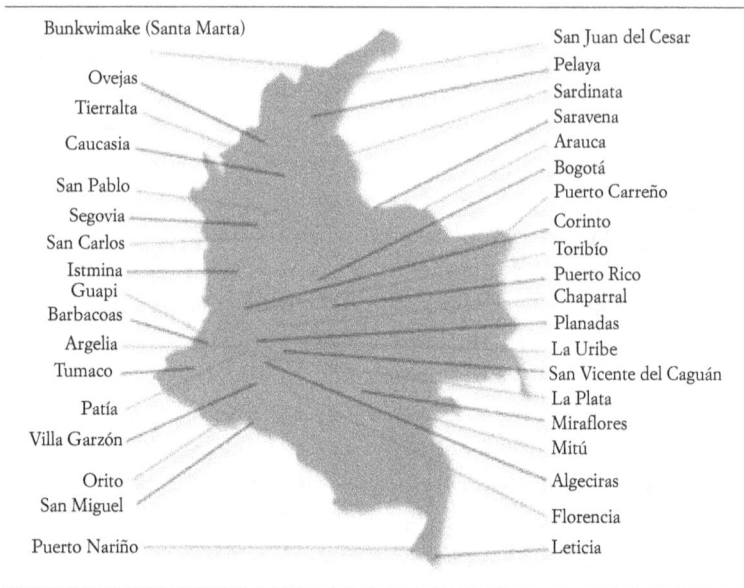

Bunkwimake (Santa Marta)
Ovejas
Tierralta
Caucasia
San Pablo
Segovia
San Carlos
Istmina
Guapi
Barbacoas
Argelia
Tumaco
Patía
Villa Garzón
Orito
San Miguel
Puerto Nariño

San Juan del Cesar
Pelaya
Sardinata
Saravena
Arauca
Bogotá
Puerto Carreño
Corinto
Toribío
Puerto Rico
Chaparral
Planadas
La Uribe
San Vicente del Caguán
La Plata
Miraflores
Mitú
Algeciras
Florencia
Leticia

La selección de estos 37 municipios se dio de manera tal que proporcionara la mayor diversidad posible en cuanto a afectación, región, etnia, dinámicas de la guerra, recursos y topografía. La muestra incluye así municipios costeros, selváticos, desérticos, andinos y fronterizos; con población mayoritariamente indígena o afrocolombiana; municipios urbanos o rurales, ubicados en zonas controladas por uno de los actores armados, ubicados en zonas en disputa, con y sin presencia de narcotráfico u otros recursos ilegales; municipios que abarcan 23 de los 32 departamentos del país. En estos lugares, además de indagar por las miradas sobre el pasado violento, les consultamos a los jóvenes por sus imaginarios del porvenir, bajo el entendimiento de que un estudio intergeneracional estaría incompleto sin explorar las proyecciones de futuro. Sus respuestas sugieren que en su mayoría la nueva generación tiene confianza en lo que la vida les depara: el 49.7 % se manifiesta optimista frente al futuro del país y de su comunidad. Pero ese optimismo no está directamente asociado a un apoyo claro al proceso de paz recientemente culminado con las Farc. Solamente un 24.8 % de los jóvenes apoyaba de manera manifiesta el proceso, superado por diferentes formas de escepticismo. Queda claro entonces que la implementación de los acuerdos ya en marcha deberá buscar cautivar particularmente a estos jóvenes reticentes, porque sin su apoyo y participación decidida los acuerdos serán insostenibles.

Este trabajo permite además explorar posibles diferencias de género en la producción y circulación de conocimiento sobre el conflicto. Una de las primeras cosas que saltan a la vista es que ante la pregunta por cuándo inició el conflicto la inclinación masculina es a dar fechas concretas, mientras que entre las jóvenes la respuesta más frecuente fue "hace mucho tiempo". ¿Es esto expresión de diferentes maneras de experimentar la temporalidad de la guerra? ¿Tiene que ver este tipo de resultados con la construcción social de la fascinación masculina por las fechas e imágenes de la guerra? Más allá de las posibles respuestas a estas y otras preguntas que suscita esta exploración, el trabajo, sustentado entre otros sobre los cuestionarios abiertos, anónimos y supervisados, permitió tener una base pocas veces tan amplia de testimonios leídos en clave diferencial, tanto de quienes sufrieron de manera directa la guerra, como de quienes no fueron afectados. Ambas voces son fundamentales en la elaboración del contrato social que emerja de la interiorización y permanente actualización de las aproximaciones a los pasados violentos.

Ante una transición política como la que se viene dando en Colombia, resulta fundamental abordar la configuración de todos estos conocimientos divergentes sin reducirlos a una síntesis estéril. Por eso hemos buscado dar cuenta de la diversidad de sentidos, reconociendo, eso sí, algunas generalidades; pero sin pretender constituir algo así como un relato maestro de cobertura nacional, fijo y definitivo. Por lo mismo, concebimos esta investigación apenas como una plataforma inicial para muchas indagaciones futuras, que sobre la base de sólidas etnografías desenmarañen —a partir de lo que aquí apenas delineamos— las especificidades profundas de la constitución de los saberes locales sobre nuestro pasado violento, sus reproducciones y sus apuestas concretas de futuro.

EDUCACIÓN, MEMORIA, JUSTICIA TRANSICIONAL Y RECONCILIACIÓN

Los conflictos pasados son frecuentemente considerados como demasiado recientes para ser abordados y enseñados en los colegios. Entender el pasado, se dice, requiere distancia y el paso de al menos un periodo generacional antes de poder discutir abiertamente eventos dolorosos (Shaheed, 2013). Esta postura dominante a nivel global desconoce varias cosas. Por un lado, desatiende el hecho de que las nuevas generaciones de todos modos reciben narrativas históricas de varias fuentes. Por otro lado, concebir que debe pasar un periodo generacional para poder abordar pasados difíciles es asumir que los cambios son externos a esas memorias, a esa interacción con el pasado. En el mejor de los casos, esa postura imagina la memoria como paliativa, pero no como generativa y transformadora. Como si la relación con el pasado se pudiera suspender, como si el cambio social se pudiera presentar en un vacío de significados. Es crucial entender la memoria, en cambio, como una "fuente epistémica generativa" (Lackey, 2005); es decir, no solo como una acción que transfiere sino que también produce conocimiento.

Enseñar la historia en la escuela sigue siendo la mejor opción para lidiar con un pasado violento porque brinda la oportunidad de ejercer un pensamiento crítico y de exponer a los estudiantes a múltiples ópticas y matices para así resignificar permanentemente la experiencia y mejorar las posibilidades de convivencia. Pero esto, claro, no sucede de manera automática, por el simple hecho de incluir el pasado violento en el currículo nacional. Exige, entre otras cosas, una capacitación robusta de docentes, porque la enseñanza de la historia también se puede convertir en la continuación de la guerra por otros medios, cuando reproduce la imagen del enemigo y prepara a las generaciones venideras para nuevas hostilidades. Dice Farida Shaheed (2013) que cuando diferentes segmentos de la misma sociedad aprenden narrativas históricas divergentes y tienen escasas oportunidades de interacción, esto puede conllevar a realidades desconectadas. Sin duda, varias entradas de esta investigación reafirman esa imagen de una juventud fragmentada, entre la cual las diversas realidades son mutuamente excluidas, ignoradas o desconocidas.

La escolarización en sí no es necesariamente la salvación. Hay más bien poca evidencia de que los sistemas formales de educación que hemos tenido durante más de un siglo hayan convertido al mundo en un lugar más racional, ordenado o pacífico. En ambos lados de los conflictos —en India o Pakistán, en el Medio Oriente o en Irlanda del Norte— han sido actores escolarizados quienes han visto el conflicto armado como solución a sus reclamos territoriales (Davies, 2004). Por eso, para que la justicia transicional y restaurativa sea exitosa, esta se debe enmarcar en procesos sociales más amplios (Shaheed, 2013). Los procesos de memorialización solamente son emancipatorios cuando las secuencias y consecuencias de los eventos son recordadas, y cuando todas las partes, en particular los dolientes centrales, tienen la oportunidad de tener voz en la creación y desarrollo de las estrategias de justicia transicional (Shaheed, 2014). Para Shaheed esos dolientes centrales son los educadores y artistas. El propósito de este libro es recalcar que también los estudiantes, las nuevas generaciones, son dolientes centrales en estos procesos transicionales. Y, sin embargo, solamente desde hace muy poco se ha venido incluyendo a niños y jóvenes en el diseño y la programación de las estrategias de divulgación de las medidas de justicia transicional. En el largo plazo, el éxito de los esfuerzos transicionales y su impacto en la sociedad depende de qué tanto las futuras generaciones participen en la producción e internalicen los mecanismos de justicia transicional. Porque a fin de cuentas los jóvenes son actores claves para llevar a cabo una renegociación del contrato social que los establezca como las piedras angulares de una verdadera transformación cultural (Ramírez-Barat, 2014).

Elizabeth Jelin subraya en su trabajo que la historización de las memorias es indispensable: "reconocer que existen cambios históricos en el sentido del pasado, así como en el lugar asignado a las memorias en diferentes sociedades, climas culturales, espacios de luchas políticas e ideológicas" (Jelin, 2002). Esta historización, me atrevo a complementar, significa además localizar y regionalizar las memorias y sus disputas, pero también quiere decir "generacionalizarla", o sea, reconocer tanto las alianzas como las disrupciones entre las diferentes generaciones en la producción de saberes. Para poder hacer esto es necesario ubicar la investigación en lo que llamo acá una *triple liminalidad*: un punto ambiguo en el que las divisiones preestablecidas de la comunidad quedan suspendidas y permiten el tránsito de una condición social a otra. Primero está la liminalidad a nivel político: el espacio incierto entre la guerra y la paz. Luego está la liminalidad mnemónica: espacio transitorio entre la memoria testimonial y la aprendida indirectamente. Finalmente tenemos la liminalidad individual, que se refiere a ese estado transicional de quienes fueron consultados para este trabajo, de la niñez a la adultez. Es fundamental entender esta alineación de transitoriedad individual y colectiva, en la cual la guerra se vive precisamente cuando la opinión y el pensamiento están en formación.

Marianne Hirsch (2008) llama "posmemoria" a la experiencia de estar separado en tiempo y espacio de la guerra recordada, pero viviendo aún entre testigos directos. En su lugar, yo me enfoco en la generación interina (*the in-between generation*), conformada por personas en las que la memoria y la posmemoria cohabitan, y que son a la vez testigos y sujetos de memorias culturales. Este grupo se erige, de alguna manera, como una generación de enlace histórico entre aquella que tiene la legitimidad cuasi automática del testimonio y aquella generación venidera que tiene en cambio la libertad creativa y artística que surge de la reconstrucción de relatos en ausencia de experiencias directas. A fin de cuentas, la sucesión de las generaciones implica inevitablemente la creación de nuevos contextos (Ashplant, 2015).

Sin embargo, aquí valdría hacer una anotación, soportada por los resultados de este estudio: la distinción entre la producción de conocimiento de la generación directamente afectada y la que "hereda o aprende" indirectamente la guerra es problemática. Lo es porque incluso aquellos directamente afectados por el conflicto armado construyen sus imaginarios y narrativas de la guerra de manera mediada y mediatizada. Todas las representaciones del pasado se alimentan de patrones de representación, de estéticas y de tecnologías mediáticas disponibles. No hay un pasado anterior a la mediatización porque toda mediatización es una remediatización (Erll y Rigney, 2012, p. 18) y por ende no hay versión inmediata (no mediatizada) de la guerra. La experiencia, lo decía ya Elizabeth Jelin, no depende ni directa ni linealmente del evento o acontecimiento, sino que está mediada por el lenguaje y por el marco cultural interpretativo en que se expresa, se piensa y se conceptualiza. Del mismo modo, las huellas en sí mismas no constituyen memoria a menos que sean evocadas y ubicadas en un marco que les dé sentido (Jelin, 2002). Tal vez por esto solamente el 7.3 % de las respuestas de los estudiantes consultados en esta investigación sugieren la experiencia directa como fuente de conocimiento del conflicto armado, a pesar de que más del 45 % de los jóvenes señaló haberse visto afectado por la guerra.

Por lo demás, si toda experiencia es mediada, entonces la distinción entre memoria biográfica y social también se disipa o cuando menos se complejiza. A esto se suma que la definición misma de qué es vivir en carne propia o ser víctima directa es también parte del proceso histórico de construcción social del sentido, de la conceptualización de la guerra; de la concepción del cuerpo personal y social (Jelin y Lorenz, 2004, p. 60). También así lo reconoce esta investigación, en donde aquello que los estudiantes consideran *afectación* de ningún modo es homogéneo o estandarizado. De hecho, en mi estudio previo llevado a cabo en Sri Lanka sobre estos procesos de transmisión intergeneracional era notable cómo los jóvenes decían no haberse visto afectados por el conflicto, para posteriormente relatar cómo habían sido desplazados, intimidados o limitados en su acceso a derechos básicos. Después de décadas de violencia, parecieran naturalizarse y rutinizarse a tal punto las extraordinarias circunstancias de la guerra que sus consecuencias aparecen como si nada tuvieran que ver con la afectación por el conflicto. De vuelta en Colombia vemos, en cambio, un espectro más amplio de comprensión de la afectación, que incluye afectación psicológica, amenazas, pérdida de tierras, o incluso el propio miedo. Es un espectro sin duda ampliado por el proceso de paz, el debate público sobre la transición y la existencia de legislación al respecto. Pero, como ya lo mencionamos, esta disposición a entender la afectación de manera más amplia no resulta necesariamente en relatos más elaborados sobre la guerra, y de hecho la afectación tal vez produzca en ocasiones una reducción explicativa. En palabras de Susana Kaufman: "la fuerza del acontecimiento produce un colapso de la comprensión, la instalación de un vacío o un agujero en la capacidad de explicar lo ocurrido" (Kaufman, 1998, p. 7). De suerte que el potencial impacto de los trabajos de la memoria no solo reside en el papel solidario por parte de quienes no fueron afectados por la guerra, o en el rol reivindicatorio de quienes no han sido paralizados y luchan por reconocimiento. La labor mnemónica tiene también la posibilidad de reactivar la agencia de aquellos a quienes la violencia, además de todo lo demás, les arrebató la posibilidad de producir conocimiento sobre lo que les ha acontecido, sobre sus propias vidas.

EL PÉNDULO ÉTICO SOBRE EL DEBER DE LA MEMORIA

Las predisposiciones de los diferentes sectores sociales frente al aprendizaje de la historia violenta del país, así como los saberes de las nuevas generaciones sobre ese pasado, se suelen mover de manera pendular. En un extremo están quienes consideran que esa historia no hay por qué enseñarla, dado que la guerra ha sido ubicua en la cotidianidad nacional o se ha vivido personalmente. Por tanto, sus consecuencias son bien sabidas intergeneracionalmente, por cuenta de algo así como una ósmosis social. No hay, entonces, pedagogía que valga algo ante la vehemencia de la experiencia inmediata. En el otro extremo están quienes creen que explorar los conocimientos de los jóvenes sobre la guerra es un ejercicio inútil porque ellos no saben nada, no les ha tocado lo que a nosotros —las generaciones anteriores que verdaderamente vivimos la guerra—. Por supuesto, está también el punto muerto del péndulo, que no genera ninguna dinámica social. Lo constituyen quienes son indiferentes ante la guerra, ante sus consecuencias y los saberes generados en torno a ella. Esta investigación desvirtúa estas tres posturas con una serie de matices.

Sin duda, la experiencia directa es una fuente importante de adquisición de conocimientos sobre la guerra; pero lo que hemos encontrado es que esa experiencia no se traduce necesariamente en relatos coherentes sobre el conflicto, en narrativas que tejan la experiencia directa local con acontecimientos y dinámicas a escalas mayores. Sabemos también —por experiencia propia incluso— que por razones de muy diversa índole las vivencias de una generación no son necesariamente comunicadas a la siguiente en los espacios íntimos de la familia. El pasado no es transmitido automáticamente entre generaciones; debe ser transmitido de manera activa, de suerte que las generaciones venideras "acepten ese pasado como significativo" (Ashplant, 2015). La memoria transgeneracional y colectiva no es, pues, un reflejo innato y de difusión mecánica; exige trabajo, inversión energética, temporal y emocional. Al fin y al cabo, el acto de recordar colectivo es una forma de acción; es, si se quiere, el proceso de socialización de la nación (Ashplant, 2015).

La distinción de Avishai Margalit (2002) entre memoria común y memoria compartida es muy útil para precisar lo que se entiende por *colectivo* en los debates sobre la memoria, el creer y el conocimiento. Dice Margalit que la memoria común es una noción agregada: si más de X por ciento recuerda un cierto incidente individualmente, entonces esa es una memoria común. En cambio, una memoria compartida no es la sumatoria de memorias individuales sino el contrapunteo comunicativo en el que se integran y calibran las diferentes perspectivas de quienes recuerdan determinado episodio, de quienes estuvieron ahí y de quienes incorporaron el recuerdo a partir de las descripciones de otros. En dicha interacción no solamente se comparte lo que pasó, sino nuestra participación en/ de lo acontecido, incluso si la conexión no es directa: todo colombiano de cierta edad sabe dónde estaba cuando mataron a Gaitán (muchos dirían incluso que se encontraban apenas a unas cuadras del lugar del asesinato); un segmento considerable de los colombianos de cierta edad sabe dónde estaba cuando el M-19 se tomó el Palacio de Justicia o cuando mataron a Galán. La confiabilidad de esos relatos es menos importante que la urgencia que tenemos por reportar (incluso falsamente) no solo el acontecimiento sino nuestra conexión con aquel al momento de contarlo (Margalit, 2002). En este proceso la memoria compartida se desprende del hecho, termina por trascender la experiencia de cualquiera y se convierte en una memoria de una memoria que puede —pero no necesariamente debe— originarse en un evento concreto. Porque no es solo el sentido del pasado lo que queremos recuperar en nuestra memoria, sino su sensibilidad (Margalit, 2002).

Uno de los epígrafes de esta introducción dice que la mayoría de lo que sabemos lo sabemos por la palabra de otros (Graham, 2000). Por más rica que sea nuestra experiencia de vida, para conocer nuestro mundo no nos queda alternativa distinta sino depender de lo que familiares, pares, académicos, políticos, religiosos dicen saber, haber visto o experimentado. Estamos inmersos en una red de testigos en quienes optamos por creer o no, dependiendo de la densidad de nuestra relación con ellos y de lealtades ya constituidas, que conforman nuestra "comunidad epistémica" (Adler y Smylie, 1994). La historia que conocemos y que postulamos como verdadera es la historia de aquellos en quienes confiamos. El seguimiento a los saberes de la guerra en este trabajo es, de esta manera, una aproximación a la conformación de comunidades epistémicas entre los jóvenes colombianos, que rastrea en quiénes confían y con quiénes se conectan para ser parte de un colectivo o comunidad. Esto bajo el entendimiento de que buscar participar en una comunidad no es otra cosa que tratar de encontrar la duración propia enlazada con la de otros (Middleton y Brown, 2005).

Hasta el sol de hoy seguimos imaginando la transmisión de conocimiento y la sostenibilidad de procesos históricos —incluida la guerra— como si se tratara de ejercicios de transferencia mecánica, unidireccional y monolítica. Pero no solamente no sucede así, sino que tampoco sería deseable que lo fuera. La manera como se transmite y se constituye conocimiento, sostengo acá, sucede a través de un complejo conglomerado de alianzas semánticas. Esto es, un intercambio entre actores locales y supralocales de unidades de sentido, que les ofrecen a los agentes nacionales la posibilidad de alimentar sus relatos de experiencias concretas a nivel local. En ese intercambio también los agentes locales aprovechan los referentes nacionales para darles sentido a sus vivencias específicas y así insertarlas en la historia. Esto hace que las narrativas sean siempre en algún grado inestables y susceptibles de ser modificadas. Y como se trata de alianzas estamos hablando de interacciones inmersas en entramados de poder, cargadas de intereses y sujetas a manipulación, pero por lo mismo abiertas a permanente transformación. Todo tipo de conocimiento, si se ha logrado perpetuar, lo ha hecho porque en su mismo proceso de producción y de ejecución se garantiza su aprendizaje (Miñana, 2009). Ahora bien, esta reproducción cultural no responde a un orden consensuado y homogéneo transferido entre generaciones (Lave, 1991). Siguiendo a Walter Benjamin, se afirma que la transmisión es más bien un proceso "sin momento preciso, presto a malentendidos, sin seguridades, incluso reacia a una direccionalidad de sentido nítida" (Serna y Gómez, 2008). Dicho de otro modo, los significados y sentidos, más que transferidos, son de hecho construidos en esas relaciones intergeneracionales (Ingold, 1994).

Por ello esta investigación indaga por "la forma como se construye socialmente el conocimiento" del conflicto armado, y lo entiende como un proceso histórico en el que se configuran y transforman ideas, valores y prácticas (Bello y Ruiz C., 2002, p. 260). Se trata, entonces, de una aproximación a las prácticas pedagógicas como dispositivos y estrategias implementadas para la transmisión, continuidad y/o transformación de los conocimientos disponibles en la sociedad. Prácticas mediante las cuales se configuran los sujetos interactivamente, en medio de la compleja relación entre saber, poder (Herrera y Merchan, 2011) y violencia.

Según un estudiante en Nariño, "el conflicto armado durante su desarrollo ha generado muchas discusiones entre regiones, y esto hace que haya mucha violencia de parte de las ciudades". Otro estudiante, esta vez en Bogotá, considera que el conflicto armado "surgió por la falta de escucha del gobierno para el pueblo, motivándolos a hacerse escuchar con las armas". No hay que estar de acuerdo con estos diagnósticos para sentir que vale la pena sentarse a escuchar a estos jóvenes, más que nunca, en medio de los vientos de cambio que soplan hoy en día.[9]

John Borneman define la reconciliación, no en términos de paz permanente o armonía, sino como un proyecto de distanciamiento

---

[9] Estudiantes de Barbacoas, 15 de septiembre de 2015; Bogotá, 17 de noviembre de 2016.

de la violencia (Borneman, 2002). No se trata de armar consensos sobre el pasado ni sobre el futuro, pero sí de apostarle a un cierto presente compartido. Esto implica crear una sensación de ruptura con ciertos modos de relacionarse e inaugurar nuevas relaciones de afinidad marcadas no por ciclos de violencia, sino por confianza y respeto crecientes. El tiempo que le lleve a esta nueva generación acceder al poder es el tiempo que tenemos para asegurar que las riendas del país y la consolidación de la posguerra termine en manos de ciudadanos dispuestos a relacionarse en nuevos términos, conscientes y críticos de sus fuentes de saberes, empáticos y receptivos ante las realidades del otro.

ESTRUCTURA DEL LIBRO

La propuesta desarrollada en este libro es explorar los manejos dados a los saberes de la guerra, siguiendo la cascada institucional, desde la política educativa, pasando por los textos escolares, las instituciones educativas, los educadores y, finalmente, los estudiantes. A partir de las voces de los estudiantes, el espacio de análisis se amplía, cubriendo y articulando diversos dominios discursivos, como la familia y los medios de comunicación, entre otros.

El primer capítulo de este libro se ocupa de los elementos centrales de la política educativa, como lo son la Ley de Víctimas y la Cátedra de la Paz, para posteriormente rastrear las entradas que la historia del conflicto armado tiene en diversos textos escolares y sus respectivos materiales de apoyo. Se indaga, de esta manera, no solamente por los contenidos concretos, sino también por las propuestas de actividades y debates consignadas en los manuales. Este capítulo permite abordar las apuestas estatales y sus proyectos de largo aliento, así como la articulación de estos desarrollos en el ámbito educativo con otras áreas pertinentes para el posacuerdo colombiano.

El segundo capítulo se ocupa de las diferentes formas en que se intersectan la guerra y el aula en Colombia. Se abordan la escuela como teatro del conflicto armado, y a los educadores como encarnaciones locales de la institucionalidad y a la vez como sujetos apetecidos por la subversión. Exploramos posteriormente las diferentes modalidades de afectación sufrida por la comunidad educativa. Luego discutimos algunas iniciativas que conciben la escuela como potencial espacio transformador de las violencias y gestor de memorias para la paz. Este capítulo permite visibilizar las condiciones concretas en las que se han tenido que ejecutar las políticas educativas, así como las circunstancias que dichas políticas buscan transformar.

El tercer capítulo se enfoca en las fuentes que los estudiantes destacan para construir su conocimiento sobre el conflicto armado y en los modos como este es aprendido. Igualmente, recorremos los recuerdos de violencia mencionados por los jóvenes y los hitos que trascienden las generaciones. Este segmento cierra con una geografía de los saberes y la violencia, y le hace seguimiento a los lugares que la nueva generación asocia con la guerra. Esta suerte de territorialización de los imaginarios es crucial para develar el papel de los medios en la producción de las topografías de la memoria colectiva. Pero también para atender el rol que cumplen en este proceso las percepciones que se tienen del *Otro* y sus espacios en la producción y fragmentación de la identidad nacional. Este capítulo es el primero en enlazar las condiciones políticas e institucionales con las vivencias concretas de la nueva generación, coproductora del conocimiento transferible de la guerra. Es una primera apuesta por tejer los trayectos de vida personales con las narrativas nacionales de la violencia.

El cuarto capítulo continúa el seguimiento a las voces estudiantiles, pero esta vez examinando lo que los jóvenes dicen saber sobre las causas de la guerra, sus orígenes, sus actores principales y su temporalidad. Semejante indagación permite dilucidar cuáles son los pilares sobre los cuales se elaboran las narrativas sobre la guerra entre las nuevas generaciones, y resaltar a la vez el impacto de sus entornos, las instancias educativas, el consumo mediático y las herramientas pedagógicas existentes. Asimismo, abordar la memoria y los saberes de las generaciones venideras es claramente una apuesta y una preocupación por el futuro. Por ello, este segmento se sella con las visiones del porvenir que proyectan los jóvenes estudiantes consultados, así como con las estrategias de terminación del conflicto que consideran más pertinentes. Anhelos, preocupaciones, ansiedades, proyectos y frustraciones se develan mientras se unen y desunen los trayectos personales con los comunitarios y los nacionales.

El quinto y último capítulo retoma los resultados de esta investigación a la luz de un nuevo concepto —alianzas semánticas—. Este es desarrollado para dar cuenta de los procesos de transmisión y reproducción cultural, sin desconocer las variaciones y transformaciones regionales como temporales en la producción de saberes. Cerramos esta exploración presentando algunas propuestas y sugerencias aún incipientes, para reforzar las políticas públicas de la memoria; insistiendo en proyectos innovadores centrados en lo que se conoce como *peer education*, educación por pares. Con estas propuestas, el objetivo final es lograr que las voces de los estudiantes sean los pilares de los diálogos intergeneracionales sobre el pasado violento, de manera que se tejan sobre el intercambio de pares las narrativas siempre cambiantes sobre el conflicto. Al debatir y aprender en contrapunteo con las visiones de sus compañeros, los estudiantes quizás se conviertan en agentes históricos a cargo, tanto de su futuro como de su pasado.

CAPÍTULO 1. LA CÁTEDRA ARMADA Y DESARMADA

Lo que uno finalmente sabe o recuerda es lo que uno allá,
en ese momento, logró formarse, interpretar o descifrar
en una operación de juntar cosas y acontecimientos, de
interpretar gestos y signos.

(Gonzalo Sánchez)

Desplazarse es también desorientarse en el tiempo.

(Donny Meertens)

A mi padre, nacido en una de las cunas del bandolerismo en Colombia, jamás le enseñaron sobre La Violencia en la escuela. La cuestión no era muy distinta en casa, porque los niños eran obligados a retirarse apenas los adultos tocaban el tema. Sin embargo, imágenes cuasi míticas, como la del legendario caballo blanco de Chispas, permeaban esos bloqueos generacionales; como también lo hacían las muy reales imágenes de mulas cargando muertos, o los supuestos ritos de iniciación para poder ingresar a algunas de estas bandas, que incluían —según le contaban sus hermanos— beber la sangre de su primera víctima. Por lo demás, mientras los adultos impedían la participación infantil en las discusiones y los relatos de la guerra, los niños salían al anfiteatro del pueblo para

57

averiguar quiénes eran los muertos del día. Hoy me pregunto si lo hacían justamente debido a la censura de sus padres. Así, muchos de los saberes juveniles de ese entonces se forjaban sobre lo visto y sobre la intuición, en un juego de "interpretar gestos y signos" tejidos entre la experiencia y la fantasía.

Mi madre nació en Rotterdam (Países Bajos), un año después del fin de la Segunda Guerra Mundial, durante la cual la fuerza aérea alemana bombardeó el centro de la ciudad. Ella hizo parte de una generación que creció jugando entre las ruinas, y aunque no vivió rodeada de manifestaciones de violencia como mi padre, también experimentó cierta censura oficial. Esto porque la administración de la ciudad había decidido enfocar sus esfuerzos en la reconstrucción urbana, en un proyecto de ciudad que no contemplaba mirar hacia atrás. Pero a pesar de pertenecer a ese gobierno municipal, mi abuelo no extendió tal censura al ámbito familiar y, por el contrario, transmitió historias que también parecen habitar entre la fantasía y la realidad, aunque de un modo muy distinto a como le ocurrió a mi padre. Así, por ejemplo, mis abuelos le contaban a mi madre que por los días inmediatamente posteriores al bombardeo era muy peligroso ir al centro de Rotterdam, no solo por los restos de edificios en llamas o a punto de colapsar, sino por la cantidad de animales salvajes —leones, tigres, elefantes, rinocerontes— que merodeaban por las calles como resultado del también bombardeado zoológico de la ciudad. Mi mamá no recuerda los momentos en que le contaban esas historias, pero me dice "todo era antes de yo tener 10 años. Por ser pequeña no había mayor detalle político, aunque era claro que los nazis eran gente malísima y que la reconstrucción de Rotterdam era algo maravilloso".[1]

En el Tolima o en Holanda, la memoria permea las generaciones a pesar de las barreras impuestas por los guardianes del recuerdo. Lo curioso es que fue este proyecto lo que me llevó a preguntarles a mis padres por esos saberes. Este tardío interés resalta algo que algunos autores ya han señalado en el marco de discusiones académicas: la transmisión intergeneracional no es automática. Exige momentos, voluntades, trabajo. Y, al mismo tiempo, negarle su espacio en el

---

[1] Conversación personal, 12 de diciembre de 2016.

debate público es una apuesta baladí porque de ninguna manera esa negación contendrá los relatos de quienes vivieron eventos críticos. En su dinamismo, a veces inaprehensible, la memoria abre nuevas combinaciones lingüísticas, históricas o energéticas que normalizan o, por el contrario, reinventan la manera en que se estructura el campo social (Parr, 2012). Asimismo, es claro que los trabajos de la memoria tienen vaivenes, corrientes visibles e invisibles, apogeos y ocasos. Por eso vale la pena traer a colación nuevamente el caso de Rotterdam. Si bien hubo ese silencio institucional durante las primeras décadas de la posguerra, para los años ochenta la cultura mnemónica local se reactivaría; y lo haría justamente gracias un proyecto educativo municipal.

El proyecto se llamó sencillamente *Bombardament 14 Mei 1940*.[2] Consistió en la creación de un paquete educativo para ser usado durante los últimos años de primaria y los primeros de secundaria, y cubrió simultáneamente a más de 30 000 estudiantes en la ciudad. En cientos de escuelas, por todo Rotterdam, fueron distribuidos cartillas, manuales para docentes, tarjetas con tareas, fotografías, diapositivas y audiocasetes sobre la ciudad de antes, durante y después del bombardeo. El proyecto era una apuesta por la comunicación intergeneracional, e incluía como una de las tareas entrevistar a los abuelos.

Con la conmemoración en el 2015 de los 70 años del fin de la Segunda Guerra Mundial, el Museo de Rotterdam decidió ofrecer la experiencia del bombardeo de la ciudad con una exhibición en multimedia. Porque para la generación actual la historia de la guerra y sus legados materiales al parecer ya no hablan por sí mismos. Hay que aplaudir los esfuerzos por acercar a los jóvenes a ese pasado, mediante las herramientas que la tecnología pueda ofrecer. La espinosa consecuencia es, sin embargo, que el testimonio lentamente se está volviendo obsoleto. Al "vivir el bombardeo" a través de su simulacro tecnológico, las memorias personales ya no son necesarias para mediar los saberes entre las generaciones (Hogervorst, 2015). Encontrar un equilibrio entre tecnología y viva voz es crucial.

---

2   Bombardeo del 14 de mayo de 1940.

Después de vivir la experiencia del bombardeo, se invita a los estudiantes de secundaria a aprender más sobre la trayectoria de un objeto específico de la colección mediante la creación de una historia en diferentes formatos (diario, artículo de prensa, un comic o bajo cualquier otra modalidad). Lo más interesante es que el producto se convierte subsecuentemente en parte de la colección del museo y los visitantes pueden usar una aplicación para navegar estas historias también. De suerte que lo que se expone es tanto el relato curado del museo, como los procesamientos individuales de la historia por parte de los estudiantes. Los jóvenes se convierten así no solo en receptores de proyectos educativos y medios mnemónicos, sino en consumidores y productores auxiliares de la memoria de guerra (Hogervorst, 2015), poniendo incluso la mismísima *transmisión efectiva* de la memoria en la vitrina.

Traigo a colación esta experiencia porque la política de la memoria de Rotterdam revela el gran impacto que pueden alcanzar las iniciativas pedagógicas innovadoras frente a la producción de conocimientos sobre pasados violentos. Tanto así que valdría la pena pensar en la viabilidad de implementar estrategias semejantes en Colombia; cuestión que abordaremos en el capítulo final de este libro. Sin embargo, así como hay estrategias pedagógicas para abordar violencias pasadas en función reconciliatoria o de no repetición, también hay políticas educativas en clave bélica, que incitan o celebran el uso de la violencia. En algunos casos esto se ha dado a través de la reproducción en el sistema educativo de desigualdades que alimentan los desencuentros; otras veces a través de la reiteración de estereotipos sociales. A veces ocurre, mediante el adoctrinamiento de los niños con discursos belicistas, o incluyendo literalmente en los textos escolares instrucciones para la guerra.

EDUCACIÓN PARA LA GUERRA: ALGUNAS PEDAGOGÍAS DE LA VIOLENCIA

A finales de la década de los noventa algunos colegios en Kosovo contaban con la presencia de auxiliares militares que les enseñaban a los niños cómo usar minas o trampas explosivas. En lo que se podría denominar un *pensum* de autodefensa, ciertos textos escolares incluían diagramas e instrucciones para activar las minas y para encontrar y atacar los puntos débiles de un tanque de guerra (Davies, 2004). Retrocediendo más en el tiempo, nos encontramos con que para el Ministro de Educación de la Alemania de la década de los cuarenta, la función de la educación era crear nazis y la de los textos escolares era convertir a los jóvenes en miembros de la comunidad nacional prestos a "servir y sacrificarse" (Trueman, 2015). En ese entonces empezaron a salir nuevos textos, reescritos por autores miembros de la Asociación de Profesores Nacional-Socialistas y aprobados por el ministerio, primero con apenas algunas novedades, como la inclusión de la esvástica y los eslóganes del partido, para luego diseñar ilustraciones que promovieran, consolidaran y finalmente naturalizaran la ideología nazi.

Hitler se convirtió en una figura prominente en los nuevos manuales, con frecuencia acompañado por imágenes de niños que se dirigen a él diciendo cosas como: "Siempre te obedeceré como lo hago con papá y mamá" (HBC, 2004). Se insistía e inculcaba de esta manera una obediencia radical, que posteriormente facilitaría su cooperación, incluso en las más atroces de las actividades; estas, por cierto, obviadas en los textos pero no por ello necesariamente desconocidas por los estudiantes. El despliegue pedagógico para alinear a los estudiantes trascendía incluso las clases de historia contemporánea para incluir materias como biología, dictada con énfasis en la supervivencia del más fuerte; matemáticas, que incluía cálculos sobre el alto costo de sostener a la población discapacitada; o manualidades, en donde se construían modelos de aviones para estimular el interés por la fuerza aérea. También se discutían los boletines del comando central de las fuerzas armadas y se les pedía a los estudiantes escribir ensayos sobre, por ejemplo, "la culpa de Inglaterra en la actual guerra", "por qué los alemanes tienen asegurada su victoria sobre Inglaterra" o "qué voy a hacer yo por el frente local" (Lowe, 1992, p. 22).

Cuando, en 1972, se promulgó una ley que restringió considerablemente el acceso a la educación superior para los jóvenes tamiles, la educación en Sri Lanka se convirtió en factor decisivo para el surgimiento de los grupos insurgentes. De hecho, se ha registrado a varios excombatientes que afirman que las políticas educativas discriminatorias fueron la razón principal que los llevó a las actividades guerrilleras (Nissan y Group, 1996). Pero lo que hace aún más llamativo el caso esrilanqués es que la insurgencia tamil (LTTE) logró establecer un cuasi Estado paralelo que incluía su propio Departamento de Educación (Sørensen, 2008). Los llamados Tigres Tamiles introdujeron lo que Lal Perera llamó una "versión localizada de la historia del país" (Perera, 2002, p. 395), en donde *localizada* pareciera operar como un eufemismo para decir desafiante. En efecto, la insurgencia produjo y publicó textos escolares "corrigiendo la historia" de la isla, y para el 2004 logró distribuirlos incluso en zonas controladas por el gobierno, en medio del fallido proceso de paz (Sánchez Meertens A. , 2013).

En Colombia no solamente contamos con una división entre la educación pública y privada, que reproduce y sostiene las inequidades, sino que en diversas regiones del país los actores armados han incursionado dentro y fuera de las aulas para impartir una suerte de cátedra armada. Se ha convertido en emblemático el caso de Pelaya, Cesar, registrado así por la prensa nacional:

> Las ideas de Platón y las dudas de Descartes no les gustaron a las autodefensas. Estos dos filósofos fueron desterrados junto con varios profesores del municipio de Pelaya, en el sur de Cesar. Allí las AUC prohibieron desde septiembre del año pasado [2000] las cátedras de filosofía y sociales en todos los colegios [...]. Y es que los actores armados han tomado a las escuelas como escenario para dictar su **cátedra armada**. En el norte del Cesar, por ejemplo, las autodefensas llegan intempestivamente a las aulas de los corregimientos de La Mina, Atánquez, Chemeskemena y Guatapurí, pero no precisamente a estudiar. Aprovechan los actos cívicos para dirigirse a los alumnos de primaria, con sus consignas de guerra. "Por esto muchos niños se animan a vincularse a sus filas, creyendo tener un mejor futuro que en el estudio. Nosotros tenemos que quedarnos callados", dice otro profesor que huyó el año pasado de La Mina. Y cuando no vienen los paras llega la guerrilla. [...] **Guerrillas y autodefensas están trasladando parte de su guerra militar e ideológica a las aulas** [...].[3]

---

[3] Fragmento de Redacción Nacional, "Hasta a Platón lo sacaron corriendo", en *El Tiempo*, 22 de abril de 2001.

Esta batalla librada en los espacios escolares a veces era más sutil, pero no por ello menos peligrosa. No solamente eran aprovechadas las instalaciones y la conglomeración de jóvenes para expandir la ideología de cada bando y reclutar, sino que también ejercían un control curricular en lugares de alto dominio militar. Esto lo hacían "aconsejando" a docentes sobre la inclusión y el manejo de ciertos tópicos o exigiéndoles a los profesores recurrentemente una rendición de cuentas "en el monte".[4] Por lo demás, no podemos olvidar los procesos de transmisión de conocimiento interno de las organizaciones armadas. Porque también las Farc produjeron sus propios textos escolares, aunque su circulación fuera mucho más restringida.

Claramente la educación en general, y la enseñanza de la historia en particular, se pueden fácilmente convertir en la continuación de la guerra por otros medios (Shaheed, 2013). Sin duda, la tarea de justificar un conflicto violento recae frecuentemente sobre el sistema educativo y sus escuelas. De esta manera, se inscriben poderes políticos, económicos y bélicos en formas pedagógicas mediante un proceso conocido en la literatura especializada como la *codificación educacional de la guerra*, que transfiere los términos de las disputas más amplias al dominio de la educación (Cowen, 2000, p. 339).

En este cifrado educacional, los textos escolares cumplen un papel central. A veces juegan un rol directo en el llamado explícito a la violencia, pero en muchas otras ocasiones intervienen mediante modalidades más sutiles, tales como: la selección de hechos y contextos de acuerdo con intereses preestablecidos, la diseminación de estereotipos, el uso de fotografías para inducir reacciones y evocar emociones de victimización colectiva, en vez de análisis crítico; la presentación de mapas históricos o geográficos que resaltan o excluyen regiones o poblaciones; el uso de cierto léxico, como por ejemplo "guerra de liberación"; el uso de lenguaje apodíctico, que no deja espacio para disputa o duda; y la exclusión de periodos para resaltar solo las victorias convenientes (Shaheed, 2013, p. 18).

Este potencial de uso de los textos escolares para la guerra y la paz no ha pasado inadvertido en las discusiones y producciones, tanto académicas como de política educativa a nivel internacional.

---

[4] Entrevista docente Planadas, 15 de julio de 2015.

TEXTOS ESCOLARES, MEMORIA Y CONFLICTO

Particularmente desde el fin de la Segunda Guerra Mundial, organizaciones como la Unesco y el Instituto Georg Eckert llevan a cabo investigaciones sobre la producción y los contenidos de los textos escolares. Lo han venido haciendo con el firme propósito de atacar los estereotipos, prejuicios y la xenofobia, para así contribuir a una cultura de paz (Bryant y Papadakis, 2014). Es claro para esas instituciones, como para todos los académicos que se ocupan del tema, que los textos escolares cumplen un papel importante en la configuración de "plantillas narrativas" para recordar el pasado. Estos manuales son instrumentos críticos en el establecimiento de los parámetros para la integración de la historia dentro de la conciencia colectiva (Kaiser, 2005; Bellino, 2014). En esa medida, los textos escolares son una herramienta fundamental del Estado para sacar adelante el proyecto nacional (Williams, 2014).

De alguna manera los textos de historia son entonces un medio de diseminación masiva de imágenes oficialmente aprobadas de la historia, al tiempo que reflejan las controversias sociales más sobresalientes frente a esos delicados pasados. Los libros escolares son, por ende, una forma particular de textos mnemónicos, que orientan lo que se supone debe ser transmitido a la nueva generación (Macgilchrist, Christophe y Binnenkade, 2015). Además, estos libros organizan en un esquema simplificado la historia y la geografía del país —e incluso del mundo—, con lo cual se convierten en un medio privilegiado para abordar los parámetros sociales y políticos de una sociedad, así como sus preocupaciones y ansiedades (Bryant y Papadakis, 2014).

Pero, ¿hasta qué punto esta afirmación es válida para una nación en la que los textos escolares son producidos por editoriales privadas y en la que no existe un texto considerado oficial? En esos casos, incluido el colombiano, posiblemente sean el gobierno y el mercado los que cumplan el rol decisivo en la definición de los contenidos. Como es propio del sector privado, los textos escolares en estos casos pasan necesariamente a ser (también) pensados en términos de volumen de venta, mediante el rastreo de potenciales consumidores y la búsqueda de ganancias maximizadas. Desde el punto de vista de las editoriales privadas, la gracia está entonces en ofrecer un producto que sea percibido como innovador por sus clientes, pero que reduzca los recursos más costosos, como por ejemplo los derechos de autor, mediante el reciclaje de módulos, conceptos e insumos pedagógicos.

A esto se suma que, en Colombia, como en muchos otros lugares del mundo, se vienen constituyendo equipos de trabajo ya establecidos bajo el liderazgo de algún autor famoso que opera como una marca. Como consecuencia, un equipo que vende no se cambia y asimismo el producto se mantiene en circulación el mayor tiempo posible, con tan solo algunas ediciones menores y muchas veces sobresimplificando el discurso para maximizar la cobertura y minimizar las adaptaciones a diferentes sistemas escolares o condiciones regionales. Por eso, en contra de lo que las constantes renovaciones parecieran indicar, en general los textos escolares a duras penas cambian y solo lo hacen lentamente (Binnenkade, 2015).

No obstante, ciertos momentos incentivan una aceleración de los cambios en los contenidos de los textos escolares. Esto ocurre particularmente durante las transiciones políticas después de sufrir conflictos armados prolongados, como el colombiano. Pero incluso en estos casos la aceleración es frecuentemente menor de lo políticamente posible y deseable. Por eso diversos autores han pregonado que se logre una conexión más estrecha entre la enseñanza de la historia y la justicia transicional, en especial en torno a las comisiones de verdad y sus informes (p. e., Cole, 2007; Oglesby, 2007a; Paulson, 2009). De hecho, los reportes de diferentes comisiones de la verdad han provisto materiales para textos escolares en Guatemala (Oglesby, 2007b), Suráfrica (Weldon, 2010) y Perú, entre otros (Paulson, 2010). Dicho tránsito, sin embargo, rara vez sucede sin contención o polémica. En Perú, por ejemplo, los contenidos de los textos escolares llegaron a poner en duda la legitimidad misma de la comisión de la cual derivaron el material. De hecho, los textos escolares fueron suspendidos temporalmente luego de que, según una congresista, los libros fueran considerados como una "apología al terrorismo". Acusación semejante a otras que también han incentivado protestas y rechazo en diversos lugares, como en El Líbano (van Ommering, 2015) o en Bosnia y Herzegovina (Ahonen, 2013;

Freedman, Weinstein, Murphy y Longman, 2008). También en Chipre sucedió algo parecido, en donde el partido de ultraderecha Unión Nacional prometió cambiar los renovados textos escolares si resultaba elegido. Efectivamente, una vez en el poder, el partido produjo nuevos manuales de historia sustentados en sus principios etnonacionalistas (Bryant y Papadakis, 2014).

Dado el actual clima de polarización política en el país, no sería de extrañar que presenciáramos en un futuro no muy lejano reacciones semejantes en Colombia; particularmente si se llegan a incorporar materiales de las comisiones derivadas del Acuerdo de Paz entre el gobierno Santos y las Farc. Pero eso no debe frenar las discusiones sobre una pedagogía de la posguerra que incluya lo que Jansen y Weldon (2009) llaman una *epistemología de la empatía*, así como la producción de nuevas historias polifónicas que reconozcan variedad de experiencias y formas de relatar locales y regionales. Porque, a pesar de las posibles controversias, hay un gran potencial en la colaboración entre educadores, ¡estudiantes! y actores de la justicia transicional (Paulson, 2015).

Precisamente por el reconocimiento de esa potencial sinergia entre la justicia transicional y la enseñanza de la historia han surgido recientemente algunos lineamientos internacionales sobre cómo abordar los pasados violentos. Primero, hay que mencionar que en 1996 las Naciones Unidas publicó el reporte preparado por Graça Machel sobre el impacto del conflicto armado en los niños. En él se evaluó la situación de derechos humanos de los niños afectados por la guerra usando la Convención sobre los Derechos del Niño como marco de referencia y haciendo especial énfasis en niños reclutados, desplazados, refugiados y víctimas de minas antipersona, así como en las consecuencias psicosociales del conflicto. Con ese informe se logró que estas preocupaciones se convirtieran en parte esencial de la agenda internacional de paz y seguridad. Fue un llamado importante para incorporar de manera más contundente la educación como parte esencial de la asistencia humanitaria, reconociendo, por lo demás, la urgente necesidad de un entrenamiento específico para docentes en áreas golpeadas por la guerra. Como lo dijera luego Davies, una emergencia compleja también exige una respuesta educativa compleja, que articule asuntos como recreación, terapia y habilidades prácticas con una educación para la paz (Davies, 2004).

El reporte logró abrir las puertas para abordar de manera más decidida la relación entre escuela, historia y conflicto e indagar por cómo el sistema educativo puede contribuir a la prevención de conflictos (Bush y Saltarelli, 2000). El reporte logra esto a pesar de reproducir cierta imagen idealizada de la escuela como un oasis libre de las tensiones y disputas propias del conflicto en el que se encuentra inmersa la institución. De manera que los informes recientes que nos incumben acá parten de una profundización del enfoque de derechos del reporte de Machel. En particular, parten del derecho del niño a desarrollar su propia perspectiva histórica como un componente integral de su derecho a la educación (Shaheed, 2013, p. 22).

Ya en la introducción de este libro referenciamos algunos pasajes de los reportes sobre la enseñanza de la Historia y otro sobre procesos de memorialización producidos por la Relatora Especial de Naciones Unidas para los Derechos Culturales, Farida Shaheed. Baste aquí resaltar brevemente solo algunos aspectos, partiendo del reconocimiento mismo de que los derechos culturales tienen efectivamente un papel importante que cumplir en la justicia transicional y en las estrategias de reconciliación. El segundo punto que vale la pena retomar es que en las últimas décadas han venido emergiendo estándares internacionales de referencia para los procesos de memorialización, conocidos como los principios de Joinet-Orentlicher y los principios de Van Boven-Bassiouni. Uno de los puntos clave en ellos es el *derecho a saber* (que va más allá del *derecho a la verdad)* y que reconoce que el derecho colectivo de un pueblo a conocer la historia de su opresión es parte de su legado. Como tal, este debe ser preservado mediante medidas apropiadas, en cumplimiento con el deber del Estado de recordar (Shaheed, 2014, p. 7). Finalmente, uno de los principios Van Boven/Bassiouni es entender los procesos de memorialización como parte importante de la reparación de las víctimas, que para su satisfacción debe incluir, entre otros, el reconocimiento de los hechos, así como su inclusión en materiales pedagógicos en todos los niveles (Shaheed, 2014, p. 8).

Uno de los puntos más destacados del primer reporte sobre la enseñanza de la historia es el llamado a superar los modelos de enseñanza basados en un solo libro de texto. Dado que toda comunidad es siempre internamente diversa, hay que evitar a toda costa sugerir que las sociedades tienen una narrativa monolítica sobre su pasado. A ello se suma la necesidad de replantear y cuestionar la tendencia a que la enseñanza de la historia sea usada para promover un patriotismo ciego y para fortalecer el orgullo nacional. Por el contrario, la enseñanza de la historia debe apuntarle al favorecimiento de un pensamiento crítico, un aprendizaje analítico y el fomento del debate, recalcar la complejidad de la historia y promover una aproximación comparativa y multidisciplinar (Shaheed, 2013, pp. 15-23).

La relatora resalta también la necesidad de que se diseñen nuevas competencias encaminadas hacia la construcción y el sostenimiento de la paz en la formación de maestros que trabajan en situaciones de posconflicto. Por último, se presentan buenas prácticas a nivel mundial, algunas de las cuales vale la pena reseñar acá. Entre ellas está el proyecto de la Unesco llamado *Historias generales y regionales*, mediante el cual se aboga por una visión pluralista a partir de lo que se podría denominar el *desarme de la historia*. Menciona también la producción del libro de texto *Historie/Geschichte*, resultado de un esfuerzo conjunto entre historiadores franceses y alemanes para generar una misma narrativa consensuada, pero con espacios para perspectivas divergentes. Está también la apuesta desarrollada por investigadores israelíes y palestinos del Peace Research Institute en el Medio Oriente, con la cual se produjo un texto escolar binacional. Contrario al ejemplo anterior, este manual renunciaba a una narrativa consensuada para, en cambio, producir páginas de historias con tres columnas: una con el relato palestino, otra con el relato israelí y una tercera en blanco para que los estudiantes incluyeran sus propias visiones, reacciones y preguntas. Sin embargo, este libro no ha sido aprobado por los ministerios de educación y, por tanto, no es usado abiertamente (Shaheed, 2013, pp. 20-22).

POLÍTICA EDUCATIVA FRENTE AL PASADO VIOLENTO EN COLOMBIA

Hasta hace muy poco los lineamientos de la política educativa en torno a la historia del conflicto armado eran algo desalentadores, a pesar de diversos esfuerzos de inclusión. Como lo señala María Isabel González, no es que fuera negada la violencia del país, pero en vez de orientar el currículo hacia la comprensión de dicha realidad, la aproximación hasta entonces sugerida era la de formar "posturas éticas y cívicas de rechazo a la violencia" (González M. I., 2011), como por cierto viene sucediendo en casi todos los países con un historial de guerra. Tal como ya lo destacamos en la introducción, Rodríguez y Sánchez afirmaban, apenas un poco más de un lustro atrás, que no se encontraba en la agenda educativa una política de incorporación de la historia o de la memoria del conflicto armado colombiano, ni como tema curricular ni como objeto de trabajo pedagógico (Ortega Valencia y Herrera Cortés, 2012). El panorama es otro para el año 2017. Hoy existen varios pilares de política pública relacionados con el pasado violento que complementan algunos de los lineamientos ya esbozados en la Constitución de 1991, en la Ley General de Educación (Ley 115, 1994), en los Estándares Básicos para Competencias Ciudadanas (2004) y en El Plan Nacional Decenal de Educación 2006-2016.

Así las cosas, el conflicto armado hace una breve aparición en la política educativa desde el 2002 dentro de los lineamientos curriculares para ciencias sociales. Lo hace, no obstante, solamente como ejemplo de implementación en su segundo eje titulado: "Sujeto, sociedad civil y Estado comprometidos con la defensa y promoción de los deberes y derechos humanos, como mecanismo para construir la democracia y buscar la paz". En el ejemplo para la implementación de este eje se formula la siguiente pregunta: ¿Cómo podemos establecer límites a las atrocidades de la guerra? Además de destacar los diferentes instrumentos internacionales, también se propone entre las competencias que el estudiante seleccione, compare y analice "noticias provenientes de los medios de comunicación o de las ONG relacionadas con el DIH y con el conflicto armado colombiano, para elaborar distintos ensayos" (Castro Valderrama, 2002, p. 63).

Este ejemplo se presenta como parte de un llamado de los autores para pactar unos "mínimos" que permitan resolver el conflicto armado por medio de la negociación y el diálogo. Sin embargo, como lo señala González (González M. I., 2011), la aproximación al conflicto armado propuesta hasta entonces era más bien tangencial, fundamentalmente a través del abordaje de los derechos humanos. Esta perspectiva optó, en últimas, por una formación en derechos pero sin contexto, por una historia sin hechos. Es notorio, por lo demás, que en los Estándares Básicos de Competencias Ciudadanas (Ministerio de Educación Nacional, 2004) no aparezcan la palabra *memoria* ni la palabra *guerra*, mientras que la expresión *conflicto armado* figura solamente entre paréntesis en el capítulo para décimo y undécimo dentro del segmento sobre participación y responsabilidad democrática, titulado: "Conozco los principios básicos del Derecho Internacional Humanitario (por ejemplo, la protección a la sociedad civil en un *conflicto armado*)" (Ministerio de Educación Nacional, 2004).

Posteriormente, con la formulación del Plan Nacional Decenal de Educación 2006-2016, el conflicto armado aparece mencionado también solo una vez, a pesar de que se le dedica un capítulo entero a la educación para la paz. Esa mención se refiere a la necesidad de "diseñar propuestas pedagógicas, y crear condiciones materiales, psicosociales y de seguridad, que respondan a las necesidades educativas de todas las comunidades víctimas del *conflicto armado*" (Ministerio de Educación Nacional, 2007, p. 15). Únicamente dentro de uno de los objetivos de la educación para la paz y de manera muy indirecta se considera una mirada hacia nuestro reciente pasado violento, cuando se afirma que se debe garantizar "con un enfoque de derechos culturales el fortalecimiento de identidades de género diversas que resignifiquen la *memoria histórica* del país y la ciudadanía" (Ministerio de Educación Nacional, 2008, p. 3).

LEY DE VÍCTIMAS, CÁTEDRA DE LA PAZ Y PEDAGOGÍA

Es tras la promulgación de la Ley de Víctimas (Ley 1448, 2011) cuando realmente aparecen las primeras exigencias pedagógicas explícitas en torno a la historia del conflicto armado. En efecto, dice el artículo 145 que el Ministerio de Educación Nacional fomentará proyectos

> que promuevan la restitución y el ejercicio pleno de los derechos, desarrollen competencias ciudadanas y científico-sociales en los niños, niñas y adolescentes del país; y propendan a la reconciliación y la garantía de no repetición de hechos que atenten contra su integridad o violen sus derechos. (Ley 1448, 2011, p. 67)

También se establece, en el ordinal *e* del artículo 149 sobre las garantías de no repetición, que el Estado colombiano adoptará "la creación de una pedagogía social que promueva los valores constitucionales que fundan la reconciliación, en relación con los hechos acaecidos en la verdad histórica" (Ley 1448, 2011, p. 68). Además, en el artículo que versa sobre los "Componentes del programa de derechos humanos y memoria histórica" del decreto que reglamenta esta ley, se disponen actividades pedagógicas para "crear y cimentar una cultura de conocimiento y comprensión de la historia política y social de Colombia en el marco del conflicto armado interno" (Decreto 4800, 2011, p. 57).

Si bien la Ley de Víctimas aboga por acciones pedagógicas en torno a la memoria histórica, tampoco hay en ella un llamado concreto a incluirla dentro del pensum escolar. Sin embargo, tres años después, y en medio de las negociaciones entre el gobierno colombiano y las Farc, se promulgó la Ley 1732 de 2014, más conocida como la Cátedra de la Paz. Aunque sobre todo esté concebida en clave de convivencia, derechos humanos y resolución de conflictos en abstracto, entre los objetivos relacionados en el artículo 2.° de esta ley se incluye "fomentar el proceso de apropiación de conocimientos y competencias relacionados con el territorio, la cultura, el contexto económico y social y la memoria histórica" (Ley 1732, 2014). Además, el artículo 4.° del Decreto 1038 de 2015 que reglamenta esta ley, señala que dentro de la Cátedra de la Paz se deben desarrollar al menos dos de los 12 ejes temáticos propuestos, entre los cuales se encuentra el de memoria histórica. Finalmente, el artículo 5.° del decreto destaca que el Icfes deberá incorporar a partir de 2016 la evaluación de los logros correspondientes a la Cátedra de la Paz dentro de las pruebas Saber 11.

Aunque loable en muchos aspectos, con esta ley una vez más se evita una incorporación decisiva de la memoria histórica del conflicto armado como un componente obligatorio del currículo nacional, toda vez que esta es apenas uno de los 12 ejes de los que disponen los colegios y entre los cuales solo son requeridos dos. Por lo tanto, es factible eludir por completo una aproximación a la historia de nuestro pasado bélico y aun así cumplir a cabalidad con las exigencias de la Cátedra para la Paz.

CARTILLAS Y JUEGOS DE ROL PARA LA PAZ

A principios del 2016 el Ministerio de Educación Nacional publicó una serie de cartillas para acompañar a los establecimientos educativos en la implementación de la Cátedra de la Paz. El compendio está compuesto por unas orientaciones generales, una serie de secuencias didácticas y una propuesta de desempeños. Los niños y adolescentes —destacan los autores— necesitan guías para comprender "las tragedias del pasado" y repensar la manera de relacionarse con los demás (Ministerio de Educación Nacional, 2016a).[5] Frente a las orientaciones en lo que concierne a la memoria histórica, se anota que esta dista de la historia clásica escolar puesto que se construye siempre en relación con el presente y no se basa ni en una colección de datos ni en un relato de héroes y villanos (Ministerio de Educación Nacional, 2016a, p. 22). Así las cosas, para el Ministerio, abordar la memoria histórica tiene un potencial reconciliador y generador de empatía, así como la capacidad de fomentar un pensamiento crítico, mediante el cuestionamiento de dinámicas sociales pasadas y actuales que favorecen el uso de la violencia. Finalmente, se señala que los diferentes ejes de la Cátedra para la Paz pueden generar diversas intersecciones, como por ejemplo "un conflicto ambiental que involucra temas de convivencia pacífica, desarrollo

---

[5]   Se reconoce en este texto que hay una enorme cantidad de experiencias en educación para la paz de diversas instituciones que se piensan juntar a modo wiki en un portal de internet.

sostenible, identidades étnicas y territoriales, memoria histórica y reconciliación" (Ministerio de Educación Nacional, 2016a, p. 27). En cuanto a las secuencias didácticas, para el grado décimo se plantea, entre otras estrategias, un recorrido que les permite a los estudiantes abordar el tema de La Violencia a partir del cuento "Un día de estos", de Gabriel García Márquez. Después de su lectura los estudiantes deben ponerse en los zapatos de los protagonistas de la historia y generar un debate. Posteriormente tendrán que nutrir la experiencia con la realización de entrevistas a sus abuelos o miembros de la comunidad que puedan complementar el relato sobre La Violencia. Esto luego se contextualiza presentando diferentes perspectivas académicas y no académicas sobre el Bogotazo, para finalmente conectar ese episodio con la violencia guerrillera posterior. Por último, para la siguiente sesión se propone un juego de roles para trabajar en parejas, en el cual los estudiantes asumen papeles dentro de un pueblo ficticio —Última Esperanza— en 1947.[6] Los personajes son los jefes de los partidos conservador y liberal, quienes se enfrentan al siguiente escenario:

> Te acabas de enterar que el cura del pueblo quiere que te reúnas con don Escarlato Rojas, jefe del partido liberal. No estás muy seguro de reunirte con él, pues no te inspira mucha confianza. Es posible que quiera engañarte, diciéndote que ellos son tan religiosos y respetuosos de los valores morales como nosotros. En todo caso, el cura te convence de asistir a la reunión. Quizás no todo esté perdido. Ya va a empezar la reunión. (Ministerio de Educación Nacional, 2016c, p. 266)

Poniendo a prueba sus habilidades negociadoras y de resolución de conflictos, los estudiantes exponen su versión de lo que acontece en aquel encuentro. En la sesión siguiente se expone un nuevo escenario de confrontación, pero esta vez entre barras bravas de equipos de fútbol rivales, para luego trazar algunas similitudes y divergencias entre una y otra modalidad de violencia.

La secuencia didáctica para undécimo parte de los debates en torno a la identidad y la diversidad. Sin embargo, la segunda sesión

---

6   Elaborado por Enrique Chaux, de la Universidad de los Andes.

se propone unas lecturas que introducen la experiencia de la Guardia Indígena; experiencia mediante la cual se entrecruzan diversidad étnica y algunos aspectos de la historia del conflicto armado. Uno de los textos para leer en clase es la crónica de Juanita León, titulada "A los ladrones los juzgamos nosotros y nadie más", en la cual se narra el caso de Críspulo Fernández y Leónidas Troches. El texto permite abordar los efectos de la guerra sobre las comunidades ubicadas en territorios en disputa entre los diferentes actores armados. Igualmente, permite destacar el poder de la resistencia civil y presentar, de paso, no solo la historia de la Guardia Indígena, sino la del conflicto armado en la región, incluida la lucha armada del Quintín Lame y su posterior desmovilización. Después de debatir sobre este caso pasan a leer sobre el comportamiento del alemán común durante la consolidación del nazismo a partir del texto "Sin tiempo para pensar" (tomado del proyecto Facing History and Ourselves), para desde ahí comparar la posición del pueblo Nasa, la del pueblo alemán en la época del Holocausto y, finalmente, la de la comunidad de los estudiantes "frente al uso de la fuerza y la fuerza de la unidad" (Ministerio de Educación Nacional, 2016c, p. 301).

En cuanto a la propuesta de desempeños de la educación para la paz del grado décimo, esta cartilla sugiere tener como periodo histórico de referencia el comprendido entre los años 1948 y 1991 (Ministerio de Educación Nacional, 2016b, p. 177). Claramente, como es el caso de las demás cartillas, la lógica detrás de esto es que el periodo histórico de La Violencia y la subsecuente primera fase de la violencia guerrillera sirvan como punto de referencia para pensar y abordar las violencias de los últimos 30 años. Aunque se trata de una estrategia pedagógica válida, también demuestra la persistencia de un cierto temor por incluir fenómenos recientes de violencia dentro del debate en las aulas, probablemente por considerarlos demasiado sensibles, de difícil manejo o de poca previsibilidad. Sin embargo, su extensión hasta 1991 permite en todo caso abordar desempeños específicos relevantes, como por ejemplo "reconoce[r] los cambios en el conflicto interno a partir del ingreso del narcotráfico como un nuevo actor, y las repercusiones que esto tuvo en la sociedad colombiana"; o "valora[r] iniciativas de paz en medio del conflicto interno en Colombia que vinculan a la escuela" (Ministerio de Educación Nacional, 2016c, p. 181). Estos desempeños están, por lo demás, enmarcados dentro del propósito general de establecer "relaciones entre la historia local, la historia nacional y la historia de otras regiones del mundo; entre los acontecimientos del pasado y la realidad actual; entre periodos de guerra, conflicto armado, violencia y experiencias de paz" (Ministerio de Educación Nacional, 2016c, p. 181).

Los desempeños deseados se orientan entonces hacia una comprensión de los intereses y los mecanismos mediante los cuales se ha reproducido la guerra en Colombia, e identifica el papel que en ella han cumplido los diferentes actores —incluido el Estado—, así como el impacto que ha tenido la guerra sobre la sociedad civil. En últimas, la intención expresa es lograr generar reconocimiento y empatía, y visibilizar a su vez que la trayectoria de vida de los estudiantes ha sido afectada por dichas dinámicas, sean ellos víctimas directas o no del conflicto armado colombiano (Ministerio de Educación Nacional, 2016b).

Las últimas tres décadas del conflicto armado finalmente hacen presencia en los desempeños propuestos para undécimo, donde, además de sugerir una aproximación a los acontecimientos recientes, se propone que los jóvenes participen de manera activa en la reconstrucción de la memoria histórica a partir de sus experiencias locales. Por último, se sugiere un estudio comparativo con otros procesos de paz en el mundo, que tenga en cuenta sin embargo "la singularidad, tanto de las historias de guerra y del conflicto interno estudiadas, como de los procesos de paz subsecuentes, con el objeto de no homogeneizar aprendizajes o intentar aplicarlos de manera descontextualizada" (Ministerio de Educación Nacional, 2016c, p. 207).

LA BRECHA ENTRE EL PAPEL Y EL PLANTEL

Desafortunadamente, al momento de recolectar información estas cartillas no habían llegado a las manos de los docentes a lo largo y ancho del país. El problema no tiene que ver solamente con el momento de ejecución de esta investigación, sino con que se exigió la implementación de la Cátedra de la Paz antes de poder informar a los educadores de la existencia de este material de acompañamiento. Como consecuencia, encontramos un malestar generalizado entre los docentes, no solo por no haber recibido capacitación ni orientación, sino por no haber sido consultados previamente en el proceso de creación y diseño de la Cátedra. Es, por ende, factible que cuando estas cartillas lleguen finalmente a sus manos ya exista entre muchos una predisposición o un rechazo a usarlas. Los procesos participativos, el orden de implementación y los tiempos de la política pública son tan importantes como sus contenidos.

Para cerrar este segmento hay que anotar que ha aparecido recientemente un posible tercer pilar de política pública sobre la enseñanza del pasado violento en nuestro país. Me refiero al breve pero importante pasaje del acuerdo final entre el gobierno Santos y las Farc, que dice que el informe final de la Comisión para el Esclarecimiento de la Verdad, la Convivencia y la No Repetición deberá tener "la más amplia y accesible difusión, incluido el desarrollo de iniciativas culturales y educativas, como por ejemplo la promoción de exposiciones y *recomendar su inclusión en el pensum educativo*" (Acuerdo Final, 2016, p. 136). Sin embargo, una vez más, y a pesar de la importancia de esta inclusión dentro del acuerdo, queda consignada una voluntad sin obligatoriedad que ofrece no un mandato de enseñanza sino apenas una recomendación. A mi juicio, tanto el informe final de la Comisión para el Esclarecimiento, como el de la Comisión Histórica del Conflicto y sus Víctimas (CHCV), al igual que los diferentes informes del Centro Nacional de Memoria Histórica, deberán ser material obligatorio en la escuela, aunque por supuesto desarrollados en versiones didácticamente ajustadas a la audiencia estudiantil. Así ha ocurrido en otros países de transiciones políticas emblemáticas, como Perú, Guatemala, Argentina o Sudáfrica.

La guerra en los textos escolares contemporáneos

Con todas sus limitaciones y falencias, el actual marco normativo colombiano ha habilitado un espacio curricular para abordar los aportes de la educación a "la tramitación del pasado-presente de violencia política" (Ortega Valencia y Herrera Cortés, 2012). Efectivamente, a los pilares ya señalados se suma la decisiva presencia del conflicto armado colombiano en muchos de los textos escolares contemporáneos que, aunque no responden a una normatividad que explícitamente regule o exija estos contenidos, sí ha generado una estandarización curricular *de hecho*. Empero, con los textos escolares en Colombia ocurre algo semejante a lo que acontece con los textos legales en general: suelen estar bien desarrollados, comparativamente hablando son incluso sofisticados y hasta progresistas; pero no son ni leídos ni aplicados. Hablaremos de esto más adelante.

Es, no obstante, fundamental indagar por los contenidos de los manuales escolares como un tipo muy significativo de representaciones sociales del conflicto armado. Esto, entre otras razones, porque la selección de un curso de acción depende precisamente de la representación del problema que la persona pueda construir (Bello Ruiz C., 2002). En otra oportunidad habrá lugar para explorar las particulares condiciones de producción de estos textos, pero por ahora nos centraremos en sus contenidos.

Varios investigadores denunciaban que en los textos escolares no se analizaban las condiciones históricas del conflicto armado, ni sus transformaciones o sus repercusiones en la tenencia de la tierra, en las organizaciones sociales o en el medio ambiente; como tampoco se identificaban o comparaban los procesos de paz entre el Estado y los diferentes actores armados (Serna y Gómez, 2008, pp. 202-203). Sin embargo, en las más recientes ediciones, tanto los sobrevivientes y sus palabras, así como descripciones elaboradas de casos concretos de violencia, han empezado a conquistar espacios dentro de estos textos escolares. Lo han hecho sobre todo a través de materiales adicionales disponibles en las plataformas virtuales correspondientes a los manuales, pero también en las secciones de los textos destinados a las actividades propuestas para los estudiantes. En buena medida este viraje en los contenidos y las aproximaciones de los manuales parece ir de la mano con la promulgación de la Ley de Víctimas. Por eso es notoria la expansiva presencia del conflicto armado a partir del año 2011, si bien ya algunos presentaban contenidos notables desde el 2010.

Así, por ejemplo, en el libro *Hipertexto 10* (Caballero Escorcia, Cote Rodríguez, Cristancho Garrido y Fajardo, 2010), las 25 páginas de la unidad 3 son dedicadas en su totalidad a la violencia en Colombia. En este texto es notable la mención de la masacre de El Salado, un segmento sobre el bombardeo de La Uribe y la presentación de varios mapas sobre el desplazamiento forzoso, además de discusiones sobre los orígenes de las guerrillas y el paramilitarismo. Pero tal vez lo más llamativo de este manual sean las actividades y preguntas. Una de las tareas presenta dos mapas, unas gráficas y unas preguntas relacionadas con estas, entre las cuales aparecen las siguientes: "¿En qué departamentos se concentraron las acciones guerrilleras? ¿En qué departamentos surgió el fenómeno paramilitar y hacia cuáles se extendió? ¿Qué similitudes y diferencias encuentras entre la ubicación de la guerrilla y la de los paramilitares en los dos mapas? ¿Qué relación existe entre el incremento de los cultivos de coca y el aumento del pie de fuerza de los actores armados? ¿Cuál es la relación entre la mayor presencia de cultivos ilícitos y la violencia en esos municipios? A partir de esta información, ¿qué elementos debe tener una política de negociación con los grupos armados?" (Caballero Escorcia, Cote Rodríguez, Cristancho Garrido y Fajardo, 2010, pp. 54-79). El libro *Hipertexto 11* (Ortiz Jiménez, Galindo y Mejía Neira, 2010) contiene en su página 68 un breve resumen del conflicto y presenta casos icónicos de la guerra, como las masacres de Trujillo, Mapiripán y San José de Apartadó; adicionalmente, invita al lector a investigar sobre el conflicto armado y ofrece algunas definiciones de *masacre*.

LA GUERRA EN LAS NORMAS Y LOS HORIZONTES SOCIALES

Un año después de *Hipertexto* salió al mercado *Norma Sociales para pensar 9* (Norma, 2011), en el cual el tema 26 (pp. 172-177) es la violencia de mediados del siglo XX. Son siete páginas en las que se recuenta de manera sencilla la llamada época de La Violencia hasta el surgimiento de los movimientos guerrilleros, incluidas las Farc. El tema culmina con un ejercicio que le pide al estudiante argumentar dos posibles causas que dieron origen al periodo de La Violencia en Colombia. Vale la pena mencionar qué elementos del conflicto armado reaparecen también en el tema 29 de la siguiente unidad, donde se destacan, por ejemplo, la reducción de las pescas milagrosas, el desarrollo de la Operación Jaque y finalmente la parapolítica y la Farc-política. Inclusive, como tarea se les sugiere a los estudiantes ampliar la información sobre este último punto. En esa sección también se presenta un extracto de un texto de Claudia López, y se mencionan tanto la Ley de Justicia y Paz como la Ley 1448, respecto a la cual se propone como trabajo averiguar detalles sobre la reparación a las víctimas (Norma, 2011, pp. 197-200).

El octavo tema en el manual para el grado siguiente de esta misma editorial es el titulado "El conflicto armado y la violencia" (Ramírez Arcos, Estévez Pedraza, Miranda Canal, Quiceno Machado y Oviedo Correa, 2011, pp. 59-70). Es destacable que quien escribe esta unidad es una investigadora con maestría en Estudios Políticos del Instituto de Estudios Políticos y Relaciones Internacionales de la Universidad Nacional de Colombia. Esto lo menciono para subrayar el alto nivel de profesionalización exigido para estas labores. Dicho esto, aunque el relato ofrecido es claro, informativo, conciso y relativamente completo, una de las preguntas presentadas para trabajar en grupo resulta menos razonable por el limitado valor pedagógico. La pregunta reza: "¿qué es una masacre y cuántos muertos necesitamos para considerar que en el país ha ocurrido u ocurre algo que debe cambiar?" Sin embargo, a pesar de la anterior, también hay preguntas más sensatas, que llaman a analizar y a presentar los que los estudiantes consideren como factores que llevaron a la conformación de grupos guerrilleros en Colombia y las razones de su actual persistencia.

Posteriormente son abordados la formación del M-19, el surgimiento de la Unión Patriótica, así como los diferentes procesos de paz de los gobiernos Barco, Gaviria, Samper y Pastrana. Los estudiantes son llamados a escoger uno de ellos, a identificar sus particularidades y a evaluar si fue efectivo y por qué. Luego se tocan temas relacionados con el narcotráfico, y aunque el seguimiento a la aparición del paramilitarismo es algo simplista, es interesante que se vincule el uso de ejércitos particulares de esmeralderos al origen, tanto del narcotráfico como del paramilitarismo (p. 62). Hay también un segmento sobre las Bacrim basado en un reporte de la Comisión Nacional para la Reparación y Reconciliación, para finalmente solicitar la opinión del estudiantado sobre los siguientes factores generadores de violencia: el conflicto bipartidista, la etapa de crecimiento económico entre los años 1945 y 1955, la acumulación de capital que propició la concentración de la tierra, la creación del PSR y del PCC, la huelga de las bananeras de 1920, la guerra fría, y la declaración del Partido Comunista Colombiano como partido ilegal.

Aunque el siguiente tema del manual es la política exterior, contiene varias entradas asociadas al conflicto armado y el narcotráfico. Entre ellas se referencian el incidente internacional causado por el bombardeo en el que murió el miembro del Secretariado de las Farc —Raúl Reyes— en Ecuador y notablemente el Plan Laso y la Operación Marquetalia. De estos últimos no solo llama la atención su inclusión en el manual, sino que se plasme tal como reza parte del mito fundacional de las Farc:

> En 1964, producto del Plan Laso, con la ayuda estratégica y económica de Estados Unidos, el ejército colombiano lanzó la "Operación Marquetalia", una campaña cívico militar en la cual el ejército atacó la población de Marquetalia que contaba con cerca de 1000 habitantes y donde había presencia de grupos revolucionarios. Luego de escapar con vida de este ataque, Manuel Marulanda Vélez junto con otros 47 campesinos armados se refugian en las montañas y, en 1966, crean las Farc. (Ramírez Arcos, Estévez Pedraza, Miranda Canal, Quiceno Machado y Oviedo Correa, 2011, p. 67)

Unas páginas más adelante se les propone a los estudiantes que se imaginen a sí mismos como presidentes de Colombia en diferentes años y planteen las decisiones que hubieran tomado frente a las siguientes problemáticas: 1948, La Violencia entre liberales y conservadores; 1964, Operación Marquetalia; 1970, surgimiento del narcotráfico; 1990, discusión sobre la extradición y Asamblea Constituyente; 2001, políticas de seguridad y políticas educativas. Finalmente, se les pide a los pupilos elaborar dos ensayos: el primero, a partir de una nota de prensa que hable sobre el conflicto armado; el segundo, para sustentar o refutar la siguiente afirmación: "el conflicto armado es una amenaza para las relaciones de Colombia con otros países" (pp. 74-75). Finalmente, aunque en el texto *Norma*

Sociales para pensar 11 (Norma, 2011) el conflicto armado es menos prominente, es importante anotar que este registra discusiones sobre el desplazamiento en Colombia (p. 23), sobre el caso de la comunidad indígena Uwa y sobre la relación entre tierra y conflicto (p. 40). Por su lado, la Editorial Educativa produce el texto escolar *Nuevos horizontes sociales* para noveno, en el año 2012. Resulta llamativo que en su primera unidad aparece un tema cuya ausencia había sido criticada en manuales anteriores: "Colonizaciones, uso del suelo y su relación con la violencia del siglo XX". Interesante resulta también la inclusión del discurso de la "Marcha del silencio" de Gaitán (Rivera Serrano, 2012, p. 62) y la posterior actividad sugerida: "explica tres causas del desplazamiento del campesinado en Colombia" (p. 63). Luego, en la unidad 3, se mencionan el asesinato de Galán, la aparición de las Convivir, El Caguán y los "falsos positivos" (p. 226). En esta sección se propone además una inusitada actividad: dibujar una caricatura que represente las posiciones del gobierno de Pastrana y Uribe frente al conflicto armado en el país (p. 225). Por último, en un tono más serio, se le pide al estudiante que adelante un debate sobre los falsos positivos (p. 226).

LOS CAMINOS DEL SABER SOBRE EL PASADO VIOLENTO

En el 2012 también aparece el manual escolar *Caminos del saber 10*. En este texto para grado décimo la aproximación al conflicto armado empieza a ser más comprehensiva y trasversal, abordando inicialmente algunos datos sobre secuestro, desplazamiento y desaparición forzada (Marabolí y otros, 2012, p. 154). La octava unidad, titulada "La Violencia y el conflicto en Colombia", arranca más adelante con una cronología de la violencia que parte del asesinato de Gaitán y culmina en la promulgación de la Ley de Víctimas; cronología acompañada a su vez de un mapa de los actores armados. Esa unidad contiene además un extracto de la escritora Laura Restrepo sobre el uso del término genérico de la *violencia*, a partir del cual se formulan las siguientes preguntas: "¿A quiénes se refiere cuando dice *explicaciones que a todos lavan las manos* y qué significa que la violencia sea un fenómeno interclasista?" (p. 199). El segmento habla también del paramilitarismo y su proceso de paz e incluye otras gráficas —entre las cuales hay una que muestra las cifras de víctimas desagregadas—, así como un mapa con la ubicación de fosas comunes (pp. 204-205).

Se proponen subsecuentemente una serie de actividades que vale la pena anotar acá: en primer lugar, se les pide a los estudiantes que expliquen en una cuartilla los factores generadores de violencia en Colombia que pudieron estar asociados con la proliferación del fenómeno de las Bacrim; luego se les pide elaborar un cuadro sinóptico o una línea del tiempo en la que sinteticen la historia de la violencia en Colombia; posteriormente se les propone comparar las violencias de los años cuarenta y cincuenta con la de los años ochenta, tomando en cuenta los actores, hechos y contextos; a continuación, se les sugiere ver un cuadro y decidir si los hechos o personajes que ahí aparecen han contribuido a la paz.

Después se les presenta a los estudiantes una nota sobre la masacre de Bojayá, se les pregunta por qué creen que la población se refugió en la Iglesia y las consideraciones que deben tener los actores armados con lugares como los templos religiosos en medio de un conflicto. También se les pregunta por las responsabilidades que deben asumir los autores de la masacre en caso de someterse a la justicia en un eventual proceso de paz y se les consulta a los estudiantes si creen que los responsables de la masacre podrían reparar a las víctimas. Por último, se invita a los estudiantes a imaginar que fueron contratados por la Cruz Roja Internacional como asesores para que ayuden a preparar una agenda en una mesa de diálogo con la guerrilla. Los estudiantes deben entonces escribir su propuesta teniendo en cuenta el proceso histórico de la guerrilla y argumentar sus recomendaciones (pp. 206-207).

Más adelante en el texto se les propone igualmente presentar su opinión sobre el intercambio humanitario y los parámetros que consideran se deben establecer en un acuerdo entre la guerrilla y el gobierno para la liberación de secuestrados. Acto seguido, se les sugiere un juego de rol entre cuatro estudiantes, que vale la pena reseñar:

> Vas a suponer que el gobierno se encuentra en un proceso de negociación para la paz donde están involucrados otros actores: guerrilla,

paramilitares y sociedad civil. Consulten información y realicen una breve reseña de los últimos 5 años del proceso. Evalúen la voluntad de negociación, el apoyo que reciben de la comunidad internacional y cómo actúan en las zonas de conflicto (cada actor). Distribuyan los papeles de los cuatro actores entre los miembros del grupo. Luego cada personaje estudiará cuál sería su actitud ante las siguientes circunstancias hipotéticas: representantes de las víctimas van a denunciar a todos los actores ante organismos internacionales por la violación de derechos humanos. Los paramilitares en Colombia se reorganizan y manifiestan estar en capacidad y disponibilidad de conformar más frentes. Tanto guerrilla como sociedad civil expresan que el gobierno no hace nada para detenerlos. Los negociadores de la guerrilla anuncian que terminarán sus acciones violentas y que dejarán de financiarse con el narcotráfico y el secuestro si les permiten integrar un partido político. El gobierno manifiesta que está listo para hacer la paz pero que no acepta ninguna condición ni reclamo por parte de los grupos armados ilegales. (Marabolí y otros, 2012, p. 217)

Finalmente, en la página 220 se invita al estudiante a concebirse como científico social y señalar cómo influye la violencia cotidiana en el conflicto armado colombiano.

En el 2013 sale el nuevo *Caminos del saber* para noveno grado, en el cual tres unidades se ocupan de diferentes aspectos del conflicto armado y su relación con otros fenómenos. La unidad tres, por ejemplo, aborda la relación entre la economía del narcotráfico, el medioambiente y la guerra. Se resaltan en este segmento las pérdidas económicas y el gasto militar adicional que implica el conflicto armado, así como el desplazamiento forzoso de miles de campesinos, la pérdida de sus tierras, la subsecuente continuación de la concentración de la propiedad y la recurrencia de muchos a los cultivos ilícitos ante la ausencia de alternativas de subsistencia (Santillana, 2013a).

La quinta unidad retoma la violencia de la primera mitad del siglo XX, pero vale la pena destacar que aborda el llamado periodo de La Violencia no a partir del asesinato de Gaitán sino entre 1930 y 1953 (p. 162). Luego se menciona a Marquetalia como una de las llamadas Repúblicas Independientes, y se toca el surgimiento del

M-19. Se habla del alegato de fraude electoral, se menciona el robo de armamento del Cantón Norte y la toma de la embajada dominicana, incluido un aparte del comunicado que expidió el M-19, a partir del cual se les pide a los estudiantes consultar el significado de democracia restringida y se les pregunta si están de acuerdo con el texto y con los métodos de ese movimiento guerrillero. Para concluir se les consulta si consideran que los problemas del país justifican el uso de la fuerza y las vías de hecho (p. 271).

La octava unidad retoma el conflicto armado, esta vez explorando su relación con el narcotráfico y la política. Se presenta una breve pero interesante historia del paramilitarismo, que ubica su origen en el Decreto 3398 de 1965, el cual autorizaba a los civiles a formar grupos armados con el fin de perseguir a guerrilleros y bandoleros. Según el texto, el presidente Barco derogó el decreto en 1981, pero ya era demasiado tarde. Luego, el gobierno de Gaviria expide nuevamente un decreto —el 356 de 1994— mediante el cual se regulan las Convivir, "patrocinadas desde 1995 por el entonces gobernador de Antioquia Álvaro Uribe Vélez" (p. 279). Después de una breve mención del proceso de paz en El Caguán, se traen a colación la Operación Jaque y la parapolítica, y se cierra con la promulgación de la Ley de Víctimas (p. 280).

Hacia el cierre de la unidad se mencionan tres tipos de factores —políticos, económicos y sociales— para explicar el conflicto armado y la violencia. Entre los políticos destacan la corrupción, la ambición de poder y el control de territorios; los factores económicos son, según el texto, los recursos naturales, los cultivos ilícitos y el tráfico de armas; y los sociales se refieren a la pobreza, la exclusión y el abandono de las regiones (p. 284). Por último, se les pide a los estudiantes que señalen en el mapa dónde se observa mayor presencia de Bacrim y Farc, para luego indicar la región donde cada estudiante vive y mencionar qué grupos armados ilegales operan en esa zona.

Los caminos del saber 11 (Santillana, 2013) explora el conflicto armado a la luz de la normatividad internacional, menciona los falsos positivos, así como las masacres de Tacueyó, Mapiripán, El Salado y Bojayá. Al texto lo acompañan gráficas con los desplazamientos masivos del 2011 y otra con la presencia de minas antipersona.

En este manual también se formulan una serie de actividades notables. La primera dice:

> Con tres compañeros consulten información sobre la masacre ocurrida en Bojayá en 2002. Imaginen que fueron contratados por la Cruz Roja para hacer un informe que permita llevar el caso a la corte penal internacional. Organicen la información y analicen el caso con base en contexto espacial y temporal, actores involucrados. Aquí debe hacer un breve recuento de las condiciones políticas, económicas y sociales que suscitaron su conformación y enfrentamiento. Debe tener una descripción detallada del hecho y sus víctimas, así como la forma como el Estado se ha mantenido al tanto de la situación. Emitan un concepto sobre la viabilidad o inviabilidad de presentar el caso ante la Corte Penal Internacional teniendo en cuenta lo aprendido sobre el Derecho Internacional Humanitario. (Santillana, 2013, p. 187)

Otra de las actividades recuenta la Operación Jaque, resalta que para ello se usó sin autorización el emblema de la Cruz Roja y le propone al estudiantado que discuta con compañeros la legitimidad del uso de un emblema de una entidad humanitaria en una acción militar (p. 193). Adicionalmente se les presenta a los adolescentes un mapa con desplazamientos forzosos del año 2010, y se les piden tareas de investigación al respecto; entre ellas, comparar el mapa del 2010 con el mapa de desplazamiento del 2011. Como conclusión se propone aquí también un simulacro de negociación para llevar a cabo en clase (p. 195).

TEXTOS DE ÚLTIMA GENERACIÓN

A diferencia de la transversalidad de la colección anterior (*Caminos del saber*), los textos escolares de última generación, *Saberes 9, 10 y 11* (Santillana), condensan la aproximación al conflicto armado colombiano en solo dos unidades: "Conflicto armado" y "Violencia" para décimo, y "Normatividad internacional" y "Conflicto armado" para undécimo. En noveno el conflicto no está del todo ausente, pero no existe una unidad completa enfocada en este tema, y las tres entradas que tiene suman acaso 6 páginas en total, con algunos párrafos adicionales indirectos dentro de los segmentos, que relatan los diferentes periodos presidenciales. Aun así, resulta muy sugestiva la propuesta de proyecto transversal que aparece al final del libro, donde se le propone al estudiante la siguiente pregunta de investigación: "¿De qué forma los gobiernos brindan atención a las víctimas del conflicto armado para restituir sus derechos?" (Marabolí, Buitrago Piñeros, Pérez Pérez y Riveros Alfonso, 2016, p. 282). Pregunta acompañada de un sucinto párrafo sobre las dinámicas violentas del país y sus consecuencias.

A cambio de la reducción en visibilidad en noveno, en la unidad 8 del libro para grado décimo se ofrece una lectura más continua y de mayor alcance de la historia de la violencia en Colombia. Allí, el recorrido histórico de la violencia no empieza —como es común— con el asesinato de Gaitán, sino que se aborda desde la Conquista, y solo luego de presentar factores estructurales generadores de violencia. Incluso antes, uno de los subtemas es el ordenamiento territorial y el conflicto armado, sección en la cual se tocan temas como reforma agraria, corredores estratégicos, recursos naturales, desplazamiento, cultivos ilícitos, equilibrio ecológico, minorías étnicas y violencia (Parra y Riveros Alfonso, 2016).

Antes de profundizar en los factores de violencia en Colombia, el texto hace una aseveración interesante pero controversial. Dice, al empezar la octava unidad, que "la violencia en su totalidad ha penetrado la sociedad a tal punto que los ciudadanos conciben de modo natural o habitual diversas formas de violación de los derechos humanos" (Parra y Riveros Alfonso, 2016, p. 188). Notables son también los diferentes factores políticos, económicos y sociales que vinculan a las dinámicas de la violencia. Mencionan entre ellas la fragilidad del Estado, el clientelismo, la corrupción, el acceso y la explotación de la tierra, las migraciones masivas, la pobreza, la exclusión educativa y la falta de acceso a la justicia. Llama igualmente la atención una de las actividades, en la cual le proponen al estudiante marcar si están totalmente de acuerdo, parcialmente de acuerdo o en desacuerdo con las siguientes tres provocadoras afirmaciones:

• El Estado colombiano no tiene la capacidad militar y estratégica para contrarrestar las acciones de los grupos armados.

• La corrupción política es un fenómeno necesario, ya que los gobiernos deben mejorar su administración bajo cualquier mecanismo.

• El desplazamiento beneficia a la industria y la composición social de ciertas zonas del territorio, a pesar de registrar grandes conflictos históricos. (Parra y Riveros Alfonso, 2016, p. 189)

También vale la pena hacer mención acá del segmento que presenta las diferentes fases del paramilitarismo, el cual, según el texto empieza en 1965 (contemporáneo con las primeras guerrillas comunistas) y termina en el 2006. En ese breve pero denso pasaje se muestran las diferentes modalidades de paramilitarismo; su cercanía con fuerzas gubernamentales a través de, por ejemplo, las Convivir o la parapolítica; su impacto en la sociedad (se señala que cometieron más de 3500 masacres, desaparecieron a miles de personas y se apropiaron de más de seis millones de hectáreas); su desmovilización; y la emergencia posterior de las llamadas Bacrim (Parra y Riveros Alfonso, 2016, p. 195).

En un segmento posterior sobre procesos de paz se incluye un apartado sobre los diálogos en La Habana, aunque desafortunadamente, por haber sido redactado a mediados del 2015, aún no incluye detalles de lo pactado. Finalmente, en la sección sobre las cifras del conflicto armado llama la atención que no solamente se presentan los números, sino que estos son antecedidos por la siguiente aseveración:

[...] la información estadística del conflicto armado está mediada por el interés de quien la emite [...]. Además, las variables manejadas para recolectar información por parte de las diferentes instituciones públicas, organismos internacionales y ONG obedecen a los objetivos misionales de cada una de las entidades, por lo que se dificulta la obtención de información confiable. (Parra y Riveros Alfonso, 2016, p. 202)

El material de apoyo para el texto de décimo, disponible en línea, incluye documentación sobre narcotráfico, pandillas, procesos de paz anteriores, el surgimiento de los paramilitares, debates sobre la Ley de Justicia y Paz, discusiones en torno a los conceptos de revolución, subversión y terrorismo; así como una entrada sobre el exterminio de la Unión Patriótica, catalogado en el texto como genocidio. Luego de unos comentarios introductorios, presentan de hecho un extracto del libro escrito por Iván Cepeda, titulado *Genocidio político: el caso de la Unión Patriótica en Colombia.* Finalmente, en el texto *Saberes 11* la aproximación al conflicto se propone a partir de la normatividad internacional. Arranca con un breve resumen sobre la escala de nuestra guerra. Este segmento incluye, además, un pasaje sobre la afectación particular en los niños, que según Natalia Springer, citada en el libro, constituyen cerca del 40 % del pie de fuerza de los grupos al margen de la ley. Significativa resulta la inserción subsecuente de un párrafo sobre las minas antipersona, en donde se reconoce a Colombia como el tercer país más golpeado por este flagelo, con alrededor de 12 mil víctimas. Se mencionan asimismo las consecuencias humanitarias del desplazamiento forzoso, y en un pequeño apartado se abordan los llamados "falsos positivos", definidos como "una práctica perversa de asesinar civiles inocentes para mostrar resultados en combate", usualmente engañando a los jóvenes con ofertas laborales (Pérez Pérez y otros, 2016, p. 205). La unidad cierra con una mirada al para entonces aún inconcluso proceso de paz, y propone la siguiente pregunta: "¿Cómo crees que las opciones negociadas y dialogadas entre el Estado y los grupos armados ilegales es interpretado [sic] por la sociedad civil y por qué?" (Pérez Pérez y otros, 2016, p. 207).

MANUALES DE EDUCACIÓN PARA LA PAZ

Sigamos con un breve vistazo a las guías para la implementación de la Cátedra para la Paz que Santillana ha publicado recientemente. La serie titulada *Educación para la Paz* es una propuesta pedagógica que responde a las exigencias establecidas por el Ministerio de Educación Nacional como orientaciones generales para la implementación de la Cátedra para la Paz.

Antes de abordar los contenidos, es necesario hacer una referencia a las portadas de los tres manuales. En la cartilla de noveno aparece una foto de hinchas de la selección Colombia celebrando, lo que supongo es una simbolización de la identidad nacional. El manual para décimo tiene, en cambio, una foto de unos niños arhuacos, que asumo como una referencia a la diversidad cultural del país. La portada del libro para undécimo es una imagen de Ciudad Perdida, que imagino hace alusión a la profundidad de nuestras raíces culturales en conjunción con la riqueza ambiental de Colombia. Sin duda, una preocupación por la identidad, la diversidad y el equilibrio con la naturaleza caben dentro del debate sobre la paz, pero organizadas así en las portadas el efecto es, a mi juicio, una esterilización del discurso. La educación para la paz no debe partir de la invisibilización de la dureza de tantas décadas de guerra, pero tampoco caer en una suerte de pornografía de la violencia. ¿No sería, por ejemplo, más ajustada una portada con una imagen de la Guardia Indígena del norte del Cauca, que hace valer sus derechos y protege al territorio y a su gente? O, ¿qué tal si se representan familias desplazadas retornando a sus tierras, o el Congreso que aprobó la Ley de Víctimas?

LA PAZ EN NOVENO

Las tres cartillas manejan cuatro módulos que para el caso de noveno corresponden a convivencia, participación, memoria y desarrollo sostenible. El segmento sobre memoria y reconciliación se divide en cuatro capítulos: las guerrillas, los paramilitares, las fuerzas armadas y un proyecto integrador para la paz. Curiosamente, como la estructura de los libros responde al cubrimiento de las diferentes competencias ciudadanas que los estudiantes deben desarrollar, esta división alinea cierta competencia con la revisión de unos de los actores del conflicto. Así, por ejemplo, el segmento sobre las guerrillas hace parte de la competencia cognitiva; los paramilitares, de la competencia emocional; y las fuerzas armadas, de la competencia comunicativa. Aunque esto debería implicar preguntas con orientaciones diversas, hay que decir que no son notorios los criterios diferenciadores.

El capítulo sobre las guerrillas inicia con dos preguntas: ¿cuál es la situación política del país a mediados del siglo XX? Y, ¿cuál ha sido el papel de la guerrilla en el conflicto armado colombiano? Posteriormente se ofrece un texto que fija el inicio de la discusión en la creación del Frente Nacional, pero interesantemente con un enfoque paralelo en la Revolución cubana. Pasan luego rápidamente al surgimiento de las Farc, aunque cometen una imprecisión que con frecuencia se reproduce en la opinión pública: hablan de cómo empezó todo en el *municipio* de Marquetalia, siendo que la operación y el bombardeo ocurrió en Marquetalia, sí, pero no en el municipio así llamado sino en la región bautizada de tal forma por los campesinos alzados en armas dentro del corregimiento de Gaitania, en el municipio de Planadas (en el sur del Tolima). El texto continúa con el crecimiento de las Farc, la creación de la UP, y cierra con la firma del Acuerdo de Paz en 2016. Se habla brevemente del ELN y de la actual negociación entre el gobierno y ese grupo armado, para luego mencionar otras organizaciones insurgentes, así como diferentes prácticas ejercidas, como el secuestro, las tomas, las retenciones, los asesinatos selectivos y el narcotráfico.

El capítulo incluye un apartado muy sugestivo, con un comunicado del M-19 emitido durante la toma a la Embajada dominicana, que sin embargo puede tener el efecto de hacer equivalentes las diferentes organizaciones guerrilleras. No se puede negar que hablar del surgimiento y la consolidación de las Farc con cierto detalle, para luego presentar un apartado del M-19, es algo problemático. Sin embargo, a pesar de su insistencia en el esquema simplificado por actores del conflicto, aparece nuevamente una serie de interrogantes interesantes, como mecanismos para dinamizar las discusiones alrededor del conflicto armado colombiano. Por ejemplo, después de presentar el comunicado del M-19, se les pregunta a los estudiantes si consideran que el uso de la fuerza o las vías de hecho se justifican, dados los problemas que afronta el país.

El capítulo sobre los paramilitares no arranca con una pregunta por lo que saben, sino por lo que opinan acerca de la existencia de grupos armados que "en nombre de combatir a la guerrilla cometen todo tipo de acciones violentas contra la sociedad civil". En este segmento también se les interroga a los estudiantes por su opinión frente a la permisividad del Estado con los paramilitares, por el apoyo que les dieron hacendados, industriales y empresarios, así como por la diferencia entre estos y las Bacrim. Posteriormente, en el segmento dedicado a las fuerzas armadas, se hace un recuento de las estructuras, las funciones y su historia, y se presenta una intervención del exprocurador Edgardo Maya ante el Parlamento Europeo en 2005, quien habla sobre la degradación del conflicto armado colombiano. Del texto se desprenden una serie de preguntas sobre esta degradación, así como sobre el miedo y el terror implementados como armas por los diversos actores armados. Finalmente, el capítulo sobre el "Proyecto integrador para la paz" invita a los pupilos a llenar una matriz donde se relacionan las modalidades de violencia, las cifras, las regiones con su presencia y una descripción de un caso concreto de violencia para cada uno de los tres actores abordados anteriormente. A estos se suma un segmento sobre los efectos del conflicto sobre el medio ambiente, mediante las palabras de un indígena arhuaco que aboga por una salida negociada para una guerra que no es de ellos y que interrumpe su ancestral tarea de mantener el equilibrio natural. Se mencionan los efectos del despojo sobre la colonización de zonas de reserva forestal, el daño causado por el narcotráfico y su control, la contaminación de las voladuras de oleoductos y el efecto negativo de la minería ilegal. Por último, se formulan algunas preguntas, como, por ejemplo, el actor que consideran ha causado más daños ambientales, e incluso si creen que el medioambiente es una víctima del conflicto armado (Bejarano, 2017a).

LA PAZ EN DÉCIMO

La guía para décimo complejiza un poco más la discusión, y plantea interrogantes en torno a la postura de algunas personas sobre la indispensabilidad de la guerra para lograr cambios sociales. También invitan a los estudiantes a presentar los cambios logrados después de los diferentes procesos de paz en el país. De hecho, el módulo sobre memoria histórica y reconciliación se enfoca esta vez en la historia de los acuerdos de paz, con capítulos dedicados a la paz con las guerrillas del Llano, los diálogos en los ochentas, la concreción de la paz y nuevamente un proyecto integrador.

Este manual incluye, además, una discusión en torno al impacto diferenciado del conflicto armado sobre las mujeres, y subraya la violencia de género ligada a las dinámicas de la guerra, que incluye no solamente el abuso sexual, sino también limitaciones en el acceso a la justicia. Resaltan de igual manera el impacto sobre la niñez, que va desde la violencia sexual y el secuestro hasta la esclavitud o la muerte temprana a causa del abandono estatal (Bejarano, 2017b). Aunque es loable la inclusión de estos pasajes, no se puede dejar de anotar que una vez más niños y mujeres son articulados dentro de un mismo párrafo como si hubiera entre estas dos categorías demográficas alguna suerte de equivalencia.

LA PAZ EN UNDÉCIMO

De la cartilla para undécimo vale destacar su definición de paz, entendida como un estilo de relaciones entre personas, organizaciones y/ o Estados, construidas sobre la base de la justicia, la equidad, el diálogo y el respeto mutuo (Pulido, 2017). En su segmento práctico se presentan dos testimonios de adolescentes reclutados por actores armados:

> Juan ingresó a la guerrilla a los 14 años de edad, huyendo de los problemas en su casa. Rápidamente tuvo que dejar de ser un niño, para convertirse en un soldado capaz de disparar un fusil sin miedo ni remordimientos; un año fue suficiente para darse cuenta de su equivocación. Sin embargo, la decisión ya estaba tomada e intentar huir no era una opción fácil de tomar pues los muchos adolescentes y adultos que vería morir en el intento de desertar confirmarían que la estrategia a planear tendría que ser muy buena para lograr reconstruir su vida lejos de la guerra. (Adaptado de "Era un niño y la guerrilla me convirtió en un victimario", *El País*, 18 de mayo de 2016)

> Yolima tenía 13 años cuando fue reclutada a la fuerza después de que la guerrilla atacara el pueblo donde vivía. Durante los cinco años que permaneció dentro del grupo armado la entrenaron en el manejo de explosivos y en la labor de espionaje. Por ser tan solo una niña, de la cual nadie sospechaba, fue obligada a transportar dinero y drogas, con lo cual sus superiores podían comprar armas, medicamentos y alimentos para el grupo guerrillero. (Adaptado de "Los niños que escaparon de la guerrilla colombiana", BBC *Mundo,* 11 de enero de 2014)

Hay que notar que ambos ejemplos provienen de grupos guerrilleros. Sin embargo, la presentación de estos testimonios, sin duda acerca las dinámicas de la guerra a las vivencias propias de los pupilos y permite complejizar la visión sobre los actores armados y sus transiciones. Este puede ser el efecto deseado de la frase incluida en unos de estos testimonios: "Era un niño y la guerrilla me convirtió en un victimario" o la propuesta de competencia integradora que invita al estudiantado a presentar la manera como su entorno se ve afectado por las situaciones de violencia del país (Pulido, 2017, p. 17).

También en este manual para undécimo los capítulos de la sección sobre memoria histórica se concentran en los procesos de paz, pero esta vez sobre los tres más recientes: la negociación con las Farc en El Caguán, el proceso con las Autodefensas Unidas de Colombia y los diálogos con las Farc en La Habana, para cerrar una vez más con el proyecto integrador. Sin embargo, antes de esto se incluye una gráfica sobre la dinámica del conflicto armado en Colombia, que se titula "Hechos de acciones bélicas 1990-2011". Hay que decir que el esquema que se presenta es tremendamente problemático, puesto que por el tipo de registro que explora pareciera como si los paramilitares fueran apenas unos actores marginales o secundarios en nuestra confrontación armada. De esa gráfica se desprenden varias preguntas, entre las cuales rescato la última: "¿crees que es posible encontrar una salida diferente a los diálogos de paz al conflicto armado?". Igualmente, en la sección práctica aparece un ejercicio, cuando menos controversial, en el cual se les pregunta a los estudiantes por el tipo de emociones y juicios que les producen unas situaciones en las que los paramilitares violaron las normas de DIH. Este segmento hace parte del desarrollo de competencias emocionales, pero no solo es cuestionable si es apropiado el abordaje de estas emociones, sino que las situaciones planteadas ni señalan directamente a los paramilitares ni son acompañadas de algún tipo de testimonio. El ejercicio se queda así en un limbo inútil: no se aproxima a los hechos con una mirada crítica, y tampoco se despierta la necesaria empatía desde la competencia emocional, por carecer de rostros concretos.

A pesar de lo anterior, las cartillas incorporan esfuerzos notables por abordar diferentes aspectos de nuestro pasado violento, así como los intentos por superarlo. En una tentativa por preparar a los estudiantes para las discusiones actuales más candentes, incluyeron en este manual un texto que explica por qué se garantizan curules a las Farc en el Acuerdo. Lo hacen sustentados en un argumento reparador por lo acontecido con el exterminio de la UP. A través de una pregunta el texto toca al final uno de los temas centrales de este libro. El texto propone como parte de la competencia integradora explorar cómo afecta la manipulación mediática la toma de decisiones del estudiantado.

EVALUANDO LOS SABERES DE LA GUERRA

Cuando el periódico *The Daily Mirror* le pidió al Ministro de Educación esrilanqués su reacción ante la distribución de textos escolares de la insurgencia en diferentes partes del país, la respuesta fue que el Gobierno había repartido los textos escolares requeridos en las escuelas y, dado que los exámenes estatales se harían basados en esos textos, "los docentes deberían escoger los provistos por el Ministerio" (*The Daily Mirror*, 2004). Quizás no parezca el más contundente de los argumentos, pero es, en todo caso, uno con consecuencias claras: no solo importa lo que se enseña, sino —y sobre todo— lo que se evalúa (Sánchez Meertens A. , 2013, p. 213).

Claramente, los contenidos o sus omisiones curriculares pueden perpetuar un conflicto, pero al menos en algunos casos su evaluación puede ser quizás aún más problemática. Esto es así porque en muchos rincones del planeta prevalece una cultura del miedo en el sistema educativo, en donde los exámenes y las pruebas se han convertido en un fin en sí mismos. Ese es incuestionablemente el caso de Sri Lanka, pero en muchos sentidos Colombia también presenta esos vicios. Numerosos son los casos que demuestran que la reputación del colegio y la posibilidad de acceder a becas se decide casi exclusivamente por los resultados en las pruebas estatales. Instituciones educativas se especializan en obtener resultados altos mediante el entrenamiento de sus estudiantes durante meses solo para eso. La competencia empieza incluso en los jardines, impulsada por el pánico al fracaso y por la obsesión de pertenecer a cierta comunidad educativa, desembocando no pocas veces en la legitimación de la trampa y la corrupción. Además, ya Salmi destacaba que en países como el nuestro la sensación de fracaso en la escuela produce entre los jóvenes ciclos viciosos de abuso de narcóticos y violencia urbana, e incluso la proliferación de suicidios (Salmi, 1999).

Resulta así evidente el poder de la educación y sus modalidades de evaluación para fomentar no solamente el odio hacia ese Otro construido como enemigo, sino también el odio hacia sí mismo (Davies, 2004). Este fenómeno pareciera esconder el miedo a que modelos educativos alternativos produzcan individuos capaces de poner en tela de juicio la configuración de poderes y el lugar de la acomodada clase dirigente. Es, en suma, la percepción de la educación como una amenaza.[7]

EL ICFES: PREGUNTAR ES SECRETO DE ESTADO

El Icfes, por mandato de la Ley 1732, debe evaluar desde el 2016 los contenidos asociados al desarrollo de la Cátedra para la Paz en las pruebas Saber 11. Entre los estándares de referencia para dichas pruebas correspondientes al año 2015, se encuentran:

> Analizo el periodo conocido como la "Violencia" y establezco relaciones con las formas actuales de violencia; explico el surgimiento de la guerrilla, el paramilitarismo y el narcotráfico en Colombia; reconozco y explico los cambios y continuidades de los movimientos guerrilleros en Colombia desde su surgimiento hasta la actualidad; Identifico causas y consecuencias de los procesos de desplazamiento forzado de poblaciones y reconozco los derechos que protegen a estas personas; analizo de manera crítica los discursos que legitiman la violencia. (Icfes, 2015, pp. 53, 57)

En esos lineamientos incluyen una pregunta ejemplo de lo que se puede esperar en las pruebas. Eso es, de paso, lo único con lo que contamos para conocer el modo de evaluación establecido, porque el Icfes maneja las preguntas de los años anteriores como si se tratara de un secreto de Estado (seguramente para poder seguir usando las mismas preguntas en años venideros). En el espíritu, a mi juicio ya desbordado, de no exigir saberes sino capacidad de comprensión, la evaluación en temas de paz —como en todo lo relacionado con ciencias sociales— no es más que un asunto de comprensión de lectura.

---

[7] Sebastián Ritschard, comunicación personal, 2016.

Esto, sin embargo, no le resta sofisticación a la formulación. Antes de enunciar la pregunta se presentan dos fragmentos que dicen:

> Los años 1978-79 marcaron la renovación de la actividad de las guerrillas tras años de crisis internas y apatía de la lucha armada. Siguiendo al M-19, las guerrillas intensificaron sus operaciones militares y de propaganda. Frente al engrandecimiento del M-19, especialmente entre las clases medias e intelectuales, las guerrillas entablaron una especie de competencia donde cada una aspiraba a ser la legítima depositaria de la oposición armada en un sistema político tradicionalmente marcado por el bipartidismo entre conservadores y liberales. (Lair, 2000)

> Los cambios sucedidos durante los años noventa ponen de presente el enorme poderío militar alcanzado por la guerrilla, sustentado en el hecho de que ha encontrado fuentes de recursos económicos muy importantes […]. Para el caso colombiano es importante tener en cuenta que la prolongación del conflicto armado tiene como fundamento la autonomía adquirida por las guerrillas, sobre todo en el campo financiero, haciendo que tenga menor importancia la búsqueda de un mayor apoyo social y político, que es la necesidad inherente a toda guerrilla. (Echandía Castilla, 2000)

A partir de estos fragmentos que describen características del conflicto armado colombiano en dos momentos históricos distintos finalmente se les pregunta a los hipotéticos estudiantes evaluados qué se puede concluir:

> A. Los aspectos económicos son tan relevantes actualmente para comprender el conflicto armado como lo fueron los aspectos políticos en la década de los años 1970.
> B. Las razones de los grupos guerrilleros para permanecer en armas no cambiaron sustancialmente entre finales de la década de los años 1970 y finales la década de los años 1990.
> C. Las fuentes alternativas de financiación de los grupos guerrilleros no han generado cambios sustanciales en sus aspiraciones políticas.
> D. Los cambios en el sistema político colombiano, a partir de la Constitución de 1991, produjeron un cambio en la dinámica del conflicto armado interno.

Según los lineamientos del Icfes, con esta pregunta

[...] se evalúa si el estudiante comprende dimensiones históricas de problemas o fenómenos sociales, en particular si es capaz de identificar cambios en la problemática del conflicto armado en Colombia a partir del análisis de la información presentada en dos fuentes que describen el conflicto armado en dos momentos históricos distintos. (Icfes, 2015)

En estos momentos seguramente se preguntará el lector cuál es considerada la respuesta correcta. Pues es A. Sin embargo, no creo que sea desmesurado decir que muchos politólogos, científicos sociales en general y *violentólogos* en particular pondrían en duda al menos la oferta de opciones que brinda la pregunta. En el Icfes seguramente dirán en su defensa que es irrelevante la veracidad o no de las afirmaciones porque lo que importa es la posibilidad de deducirla a partir de los fragmentos presentados. Pero entonces ¿qué estamos evaluando realmente?

Más allá de las preguntas que pueda generar el Icfes en sus pruebas, lo que preocupa es que el diseño mismo de la Cátedra de la Paz sea lo que dificulta la creación de parámetros claros de evaluación. Con doce ejes, entre los cuales cualquier combinación de solo dos es obligatoria, resulta predecible que los abordajes de las escuelas sean inconmensurables. No se trata de ninguna manera de solicitar en cambio contenidos prescriptivos fijos, una suerte de dimensión normativa que les diga a los jóvenes qué recordar y qué olvidar (Zerubavel, 1996). Pero sería mucho más claro y productivo evaluar la manera en que la memoria histórica se puede llegar a enlazar con todos los demás temas propuestos por la cátedra. Porque la vaguedad no es solamente un problema evaluativo; también provoca un dañino distanciamiento entre docentes e instituciones educativas, por un lado, y el Ministerio de Educación y el Icfes, por el otro.

LA PARADOJA PEDAGÓGICA. BREVE RECAPITULACIÓN

Antes de dejar atrás la manera como es abordado el conflicto armado por los diferentes textos escolares y manuales de paz, es menester hacer una breve mención de dos proyectos asociados: el desarro-

Ariel Sánchez Meertens

llo por parte de la Pontificia Universidad Javeriana de una cartilla sobre la implementación de la Cátedra de la Paz y el desarrollo del programa Cátedra y Pedagogía para la Paz, que incluye un diplomado y un curso virtual. La cartilla se postula a sí misma como una forma de responder a las necesidades formativas de los estudiantes en el contexto del posconflicto (Salamanca y otros, 2016, pág. 8), e incluye entre otras cosas un proyecto de paz a través de un ejercicio de memoria histórica que vale la pena reseñar. Su propósito es hacer a estudiantes y profesores partícipes del proceso de construcción de memoria histórica, mediante una pedagogía del diálogo con la que no se enseña, sino que se aprende por "reciprocidad de conciencias" (p. 23). Se les pide a los estudiantes que identifiquen temáticas de construcción de memoria histórica que puedan ser trabajadas en su colegio, su barrio o localidad, teniendo en cuenta diversas fuentes de información más allá de las convencionales (pp. 24-25). Luego, se les pide que identifiquen el tipo de discurso que surge de ellas, incluidas las reiteraciones, pero también los "silencios" que presentan. Se les propone entonces a los estudiantes que elaboren un cuestionario con preguntas abiertas para finalmente llevar a cabo las entrevistas y luego exponer en clase lo obtenido.

Por su parte, el Programa en Cátedra y Pedagogía de Paz dice haber formado ya más de 300 docentes y funcionarios públicos en Antioquia (Caucasia, La Ceja, El Tambo, Fredonia, Necoclí y Medellín), con el fin de brindarles herramientas que faciliten la planeación de la Cátedra y su ejecución en diferentes instituciones públicas o privadas. A lo largo del programa se desarrollan los planes de estudio, se abordan prácticas de pedagogía horizontal, se consolida una caja de herramientas y se armonizan los lineamientos de la Cátedra de Paz con los contextos de cada institución o comunidad (Pontificia Universidad Javeriana, 2017). El diplomado consta de cinco módulos: Proyectos educativos para la paz; Educación para la paz y Ley de Cátedra de la Paz; Métodos, prácticas y pedagogías para la paz; Resolución de conflictos y derechos humanos; y Cultura de paz, TIC y currículos para la paz.

Si bien se pueden formular varias objeciones a los contenidos de las representaciones del pasado violento del país, lo cierto es

98

que actualmente este tema es abordado ampliamente en los textos escolares, en los manuales y en la formación de docentes de los programas de educación. De hecho, si comparamos el caso colombiano con otras transiciones políticas semejantes, son pocos los países que pueden mostrar una apuesta tan decidida por registrar el pasado violento en los manuales escolares, incluso aún en medio de las confrontaciones y negociaciones de paz.

Aunque no todos los textos escolares disponibles abordan la historia reciente de nuestra guerra, hoy por hoy la mayoría contiene por lo menos un capítulo entero dedicado al conflicto armado, en la educación media. Lenta pero decididamente las voces de quienes sufrieron los avatares de la guerra están encontrando su lugar en estos textos, humanizando una historia antes estéril y planamente relatada y cuantificada. Poco a poco los alumnos están siendo invitados a abordar con sentido crítico los sucesos violentos que han golpeado a la nación. Así que, con todas sus limitaciones, varios de los textos escolares aquí abordados sí abren las puertas para la formación de ciudadanos críticos, equipados con mayores competencias para entender los procesos históricos detrás de la violencia contemporánea. Al menos potencialmente, las representaciones cada vez más complejas del conflicto armado le brindan a la nueva generación la posibilidad de imaginar trayectorias distintas para ellos, para sus comunidades y para el país en general.

En muchos de los textos escolares, más que las representaciones concretas sobre nuestro pasado bélico, lo que resulta particularmente interesante de explorar son las preguntas formuladas a los estudiantes, los debates propuestos para realizar en clase y los trabajos de investigación que les sugieren hacer. Son formas en las que los manuales se proyectan más allá de su propia textualidad, y que invitan a llevar a cabo una investigación y un seguimiento de esos productos que hayan resultado de su uso y consumo.

Es claro que el problema fundamental con los textos escolares no tiene que ver con sus contenidos, sino, sobre todo, insisto, con su cobertura. No es un problema menor, pues incluso con la mejor de las intenciones, estos textos con sus contenidos ricos y complejos pueden terminar por ahondar las brechas sociales que nos dividen en Colombia. Quienes tienen acceso a ellos, generalmente en planteles educativos y contextos socioeconómicos privilegiados, consolidan sus saberes con materiales no disponibles para estudiantes de colegios públicos con recursos limitados, aumentando así las distancias cognitivas, la calidad de la información base de sus criterios y, en últimas, sus posibilidades de trabajar sobre esos conocimientos para modificar las realidades que los rodean.

Después de todo este recorrido por los lineamientos internacionales, la política educativa, los textos escolares y los modelos de evaluación, llegamos a una peculiar paradoja. Resulta que explorar las representaciones del conflicto capturadas en las leyes, textos escolares y pruebas estatales de ninguna manera asegura que dichas representaciones tengan circulación y cobertura, o que figuren como visiones efectivamente transmitidas intergeneracionalmente. Tanto para la representación del conflicto como para el rastreo de los ejercicios propuestos, es menester entonces averiguar qué instituciones hacen uso de estos textos para con ello registrar el tránsito de un aprendizaje pasivo a uno activo.

Ninguno de los 40 colegios que visitamos en esta investigación maneja tales manuales o ha ejecutado sus propuestas de trabajo, como tampoco ha abordado la historia del conflicto como el Icfes esperaría que lo hiciera. Esto marca una brecha reiterada en nuestro país, donde los discursos con intención pedagógica existentes sobre la guerra, que circulan a nivel nacional, no reflejan necesariamente los consumos concretos de esos contenidos y saberes a nivel local. Por supuesto, esta aparente incongruencia responde además a otra de nuestras fracturas sociales: los textos escolares que abordan la historia conflictiva de Colombia son textos adquiridos mayoritariamente por colegios privados, generalmente ubicados en grandes centros urbanos, mientras que la mayoría de colegios que hicieron parte de esta investigación son públicos, muchos de ellos ubicados en zonas rurales. En los capítulos venideros nos acercaremos más a esas realidades concretas a lo largo y ancho del país, escuchando las voces de educadores, pero también y sobre todo de la nueva generación. Primero es menester, no obstante, revisar más de cerca la relación entre la escuela, la guerra y la paz.

CAPÍTULO 2. AULAS EN GUERRA Y PAZ

Todos los bandos se han ensañado contras las escuelas. Las han bombardeado, las han abaleado, las han incendiado, las han reducido a astillas porque saben el significado de ellas.

(Pablo Montoya, *Los derrotados*)

Actualmente es más importante el monopolio de la legítima educación que el monopolio de la violencia legítima.

(Gellner, 1983)

Un estudiante en algún lugar de Colombia explicaba: "Mire profe, cuando hay combate nos tiramos al piso, pero no de cualquier manera. Hay que poner las manos bajo el pecho para que la explosión no le dé tan duro, y tener la boca abierta para que no le reviente los oídos" (Lizarralde, 2003, p. 37). Claramente, para entender la reproducción social del conflicto armado y su vínculo con el sistema educativo no basta con explorar políticas y textos. Es necesario reconocer la manera en que la escuela ha sido afectada por la guerra, la manera en que ha estado implicada en los procesos de su socialización, pero también la manera en que la escuela ha resistido, combatido y transformado el conflicto armado.

En muchos espacios prevalece la imagen de la escuela como un refugio para los niños y jóvenes frente a las imposiciones materiales y simbólicas de la guerra. Este es con frecuencia uno de los

101

argumentos para sugerir que es mejor evitar en ella discusiones asociadas al conflicto armado, para poder así mantener las aulas como lugares prístinos, incontaminados por los avatares de la confrontación armada. Pero, por llamativo que suene, las experiencias en Colombia —y en muchos países más— contradicen esta visión de la escuela como santuarios de paz. Incluso si lo fueran, valdría la pena de todos modos cuestionar si desentenderse del conflicto y desconocer por completo su entorno es una postura escolar éticamente deseable (Sánchez Meertens A., 2013, p. 214).

Aunque para muchos educadores y estudiantes la proximidad a la guerra ha estado mediada por una pantalla, para innumerables otros se trata de una cotidianidad que hay que aprender a administrar. Algunos de los estudiantes consultados en esta investigación efectivamente aprendieron de la existencia del conflicto armado en el colegio, porque estando ahí "tiraron unas granadas", porque "asesinaron a un señor en frente de la escuela", porque "en frente del colegio hubo un enfrentamiento", porque "estalló una bomba al lado", o porque "una vez que la guerrilla se metió al pueblo, yo estaba en el colegio y nos tuvieron que evacuar o nos mataban".[1] En ocasiones los educadores en zonas altamente golpeadas por la violencia buscan consuelo incluso en expresiones que fuera de contexto quizás resulten insensibles, pero que son en realidad un necesario mecanismo de defensa emocional. Así lo refleja la afirmación de una maestra de una escuela en donde un niño murió en medio de un combate. Ante esas circunstancias la docente aseveró: "Menos mal no era uno de los niños aplicados" (Lizarralde J., 2012).

La guerra golpea los espacios físicos de la escuela y su institucionalidad, permea sus dinámicas, pone en la mira a los maestros y seduce y ataca a los jóvenes. Además, las instituciones educativas son corresponsables de la reproducción del conflicto, bien sea porque prepara a los jóvenes para aceptar la guerra e involucrarse en ella, bien sea porque favorece regímenes de miedo y competencia a cualquier precio. La escuela también puede llegar a permitir la reproducción de la guerra sencillamente por permanecer callada

---

[1] Estudiantes de Barbacoas, 15 de septiembre de 2015; Istmina, 15 de octubre de 2015; Corinto, 29 de septiembre de 2015; Bogotá, 17 de noviembre de 2016.

e inmutada ante las atrocidades cometidas, dentro o en los alrededores de la institución (Davies, 2004). En todas las sociedades modernas la escuela es un dispositivo crucial para escribir y rescribir la conciencia nacional (Bernstein, 2000). Pero por lo mismo este recinto sirve como un amplificador de las categorías y de los mensajes sociales, y contribuye potencialmente no solo a la reproducción de las divisiones económicas y sociales, sino que las amplía y multiplica. Esto puede suceder de muchas maneras. Entre ellas a través de lo que se conoce como consistencia cognitiva: la tendencia de la gente a asimilar nueva información en términos de datos anteriores y descartar lo inconsistente como información inválida (King, 2014, p. 22). Inversamente, al buscar enseñar en términos de saberes preexistentes se puede lograr un alto grado de manipulación que puede incluso derivar en la movilización por causas insospechadas. El caso de Khmer Rouge ilustra cómo este grupo usó con éxito el conocimiento local emocionalmente cargado entre los cambodianos rurales para generar "resonancia ontológica" y así producir nuevos victimarios (King, 2014, p. 22).

Pero así como hay procesos de normalización de la violencia, también hay incontables experiencias de resistencia, tanto personales como colectivas, que merecen ser resaltadas. Antes, sin embargo, quisiera tocar esa inusitada suposición que circula en la opinión pública, que imagina el conflicto armado colombiano como un asunto más bien marginal, que sucede solo en las periferias del país y que afecta a tan solo algunas comunidades relegadas de la nación. Decía ya en la introducción que de los 1492 estudiantes consultados en esta investigación, el 45.2 % señaló que ellos o sus familiares directos habían sido afectados por el conflicto armado. Dejando por ahora en suspenso la necesaria discusión sobre qué constituye una afectación, resulta en todo caso difícil entender aquellas posturas indiferentes frente a este escandaloso índice.

AFECTACIÓN, PARTICIPACIÓN Y RESILIENCIA INTERGENERACIONAL

Cuando le pregunté a un docente nacido en el norte del Tolima por su primer recuerdo de infancia —sin haber aún mencionado ni preguntado nada sobre el conflicto— este me respondió que la primera imagen que tiene grabada de su niñez era de él escondiéndose entre los cafetales junto a su madre: "Quieticos ahí porque *Sangrenegra* o *Desquite* va a pasar quemando casas". Años después, en 1975, llegó a trabajar como docente a Gaitania, en donde había emergido una nueva modalidad de violencia, pues ahí tuvo lugar la Operación Marquetalia, que dio origen a las Farc. "Uno en este pueblo se levantaba y veía un muerto allá otro ahí. [...] Vivimos muchas tomas y eso es una cosa muy aterradora [...] una cosa es oírlo contado, otra cosa es pasar una noche esperando a ver si le cae o no una bomba o cilindro de esos encima". Más adelante en nuestra conversación el maestro recuerda que, cuando fue rector, la guerrilla alguna vez lo mandó a llamar porque una profesora había cometido una falta y tenía que salir de la región. En ese entonces la guerrilla mandaba en el pueblo, incluso "estaban en las calles [...] hay veces se sentaban en una cantina a tomar".[2] Regían por esos días unas normas informales de convivencia, unos códigos que no se podían violar. Entre estos estaba la prohibición de llevar a personal de la policía en sus vehículos, que justamente fue lo que hizo la profesora. De modo que las biografías personales y profesionales del rector y de la maestra —como las de muchos más docentes de Colombia—rápidamente se alinearon con la historia de la guerra.

DEL PARAMILITARISMO A LA DOCENCIA

Algunos meses después de esa entrevista en la cuna de la insurgencia, partí hacia la Sierra Nevada de Santa Marta y me dispuse a reconocer los alrededores de una pequeña población indígena. Cuando me acerqué al río, noté que un grupo de docentes mestizos de la escuela conversaban y contaban historias de sus vidas mientras se bañaban y lavaban su ropa. No quise alterar el espacio así que los saludé, pero me quedé en una orilla limpiando mis zapatos. Pronto descubrí que intercambiaban experiencias asociadas al conflicto armado, y uno de ellos, que había crecido no muy lejos del pueblo, parecía conocer detalles muy precisos de las dinámicas de la guerra. Lo busqué

---

2   Entrevista personal, Planadas, Tolima, 15 de julio de 2015.

después para hacerle una entrevista personal. La historia de este joven docente revela lo que puede suceder si se crece en la zona de influencia directa de uno de los actores armados en Colombia. Como nieto de colonos que llegaron a la Sierra con el auge marimbero, Pedro[3] efectivamente conoce bien las diferentes generaciones de la violencia en la región. De hecho su familia participó activamente en la siembra y comercialización de la coca y fue muy cercana a Hernán Giraldo, el más reconocido narcotraficante y paramilitar de la zona. Pedro nació y creció en la Sierra. Sin embargo, en el 2000 el ELN le hizo un atentado a Hernán Giraldo que cambiaría las circunstancias de vida de Pedro.

> Fue un 18 de febrero. Más o menos a las 10 am se escuchó un bombazo —¡Bum!— y nosotros pensamos: "¡ah!, los paracos están practicando o algo"; pero a eso de las 11 llegó una escuadra de los paramilitares a advertir que se había metido la guerrilla y que todos teníamos que bajar. [...] De ahí nos fuimos para Santa Marta.
>
> —¿Y tú eras consciente de la guerra que se libraba? —le preguntamos un colega y yo.
>
> —Sí, claro, yo sabía que había una guerra del carajo... igual los paramilitares se quedaban en la casa de mi papá y de mi abuelo. De hecho, el *radio chispa*, la persona que tiene el radio e informa, vivía con mi papá. [...] La primera vez que yo los vi [a los paramilitares armados] yo tenía unos seis, siete años. Llegaron a la casa de mi papá unos 40 paracos.

Pedro no le preguntaba a su papá por esos señores, pero sí conversaba con algunos de los trabajadores de la finca, que terminaron en las filas de la autodefensa. En el 2011 mataron a uno de los paramilitares, al que Pedro consideraba como un hermano. "Con él era que hablaba... de hecho por él a los nueve años disparé mi primera arma, una R-15 recuerdo... Él me preguntó: '¿La quieres disparar?'"

Después de un tiempo en Santa Marta —a los 14 o 15 años—, Pedro subió nuevamente a la Sierra porque quería unirse al grupo armado, "pero el patrón [Hernán Giraldo] dijo que no porque era

---

3   Seudónimo usado en este libro para proteger la identidad del entrevistado por motivos de seguridad.

muy niño, que si yo quería ayudar yo tenía era que estudiar [...].
La verdad no sé por qué no me recibieron porque había bastantes
niños de esa edad... Toda la vida viendo la guerra y luego me sale
con esto", nos decía Pedro entre risas. Sin embargo, él mantenía
relaciones con el ala urbana de los paramilitares y perteneció a una
pandilla asociada que cobraba las extorsiones o distribuía la plata
y la droga.

> Sonará muy loco, pero me gusta la guerra. Yo creo que es parte de
> nosotros, es una forma natural del ser humano, [además] un uniforme
> y un fusil te da poder. [Por eso los hombres de Hernán Giraldo] Eran
> los ídolos. Sé que hicieron mucho daño, pero con nosotros no fueron
> malos. Muchas familias prosperamos porque Giraldo nos tendió la
> mano [...]. Él era el patrón de la Sierra; si una persona se quería di-
> vorciar no buscaban un abogado, lo buscaban a él.

Como estudiante en Santa Marta, Pedro vendía droga en el colegio y recuerda cómo encaletaba las armas y paquetes en las mesas
de la sala de electrónica. Pero tras la desmovilización lentamente
se fue alejando, hasta que finalmente conoció a la que ahora es su
esposa y rehízo su vida. Tuvo varios empleos, hasta que eventualmente terminó como docente en este pueblo de la Sierra. Sobre la
historia del conflicto en general, Pedro dice:

> En un principio los ideales de la guerrilla eran buenos; estaban lu-
> chando por el pueblo. Pero en algún punto perdieron su norte y se
> dedicaron netamente al terrorismo y el narcotráfico, que fue lo que
> les pasó luego a las autodefensas.
> —Tú que sabes tanto de la guerra, ¿crees que debe enseñarse la his-
> toria del conflicto armado en los colegios?
> —Sería bueno, pero que fuera contando la historia de lado y lado. Mi
> esposa vivió el otro lado de la moneda. Los paramilitares le quitaron
> sus tierras, le mataron al abuelo... Pero hay que saber las dos caras
> de la moneda.

Hacia el final de la entrevista le pregunté si le quedaba algún
trauma de la guerra. Pedro me respondió que tenía bastantes.

Y luego vino una confesión que a pesar de la franqueza que manejó durante toda la conversación, me sorprendió: "cuando era pequeño tuve problemas con algunas personas y luego más grande me desquité. Eso no se borra".[4]

SEMBRANDO LA PALABRA

De la Sierra surgen también otro tipo de experiencias. Después de un largo viaje en moto, en ferry artesanal, a pie y en mula durante varias horas, mi colega Gabriel y yo llegamos a nuestro destino: una pequeña comunidad arhuaca, donde quería consultar a los jóvenes estudiantes y educadores sobre sus saberes de la guerra. Esto exige en todo lugar unos protocolos y la construcción de mínimos de confianza, pero entre las comunidades indígenas de la Sierra el procedimiento es sin duda singular. No bastaba hablar con las directivas o, mejor dicho, sí bastaba, solo que las directivas eran la comunidad entera, junto con sus líderes espirituales y políticos. Fuimos entonces invitados en la noche siguiente a "sembrar la palabra" en la kankúrua —su casa ceremonial—. Porque, como ocurre con las plantas, ellos piensan que, para que la palabra florezca, esta debe ser sembrada, regada, alimentada y cuidada; y qué mejor lugar que aquel espacio que simboliza a la vez el útero materno y el universo entero. Desde luego, nuestra visita no era lo único que ameritaba discusión en la comunidad, por lo cual estuvimos varias horas escuchándolos hablar en *iku* (su lengua) en medio de la oscuridad, arrullados por el mambeo masculino y por el ágil tejido femenino. Indudablemente ese era también un despliegue de su autoridad, un gesto que dejaba claro quién controlaba la dinámica del encuentro, un acto que nos obligaba a aceptar con humildad sus ritmos y decisiones. Finalmente nos dieron la palabra, que fue traducida por el coordinador general de la institución educativa, para luego ser ampliamente debatida entre ellos. Del diálogo participaron también algunas mujeres, que, por cierto, no tejían por entretenimiento durante la reunión: ellas estaban tejiendo lo dicho, en mochilas cuyos patrones representan los meandros de la

---

[4]   Entrevista personal, Sierra Nevada, 12 de abril de 2016.

discusión. De manera que en un sentido altamente simbólico, y a la vez contundentemente material y literal, eran las mujeres las que llevaban el hilo de la conversación.

Cuando el peso de los párpados empezaba a ser insoportable y el anhelo de ser invitado a mambear incontrolable, reconocí nuevamente palabras en español, que incluían, entre otras, el veredicto: podríamos hacer nuestro trabajo de recolección de entrevistas con docentes y jóvenes. Pero además de recibir su autorización, nos enriquecieron con su entendimiento sobre la Cátedra de la Paz, pensada en clave arhuaca y expuesta en cinco pilares: la paz —término que, por cierto, no tiene un equivalente directo en *iku*, como tampoco lo tienen las palabras conflicto o guerra— es vivir en equilibrio; es el saneamiento del territorio; es realizar pagamentos (rituales), incluso en aquellos sitios sagrados dedicados a las fuerzas negativas (que incluye a los actores armados); es armonía espiritual; y es enseñar la permanencia de su cultura a los jóvenes indígenas. La solicitud de un permiso se convirtió así en una lección de vida.

Días después nos enteramos que justamente durante una asamblea semejante, unos once años atrás, un grupo armado había ingresado a la comunidad y se habían llevado a cuatro niñas arhuacas sin que los líderes se percataran. Al enterarse del rapto lo primero que tenían que averiguar era si estaban en manos del ejército, los paramilitares o la guerrilla. Así que los *mamos* realizaron sus adivinaciones y guiaron a los líderes hacia el campamento de las Farc. Hacia allá se dirigió una comitiva conformada por los líderes de la comunidad y los padres de las niñas, y lo primero que hicieron fue pedir verlas y exigir que se las devolvieran. Ante la negativa del comandante le pidieron que por lo menos les permitiera a los padres despedirse de ellas, petición ante la cual finalmente el guerrillero cedió. Pero una vez aparecieron las niñas, sus padres y los líderes indígenas sencillamente se negaron a entregarlas y se devolvieron con ellas a la comunidad, en un acto de valentía medianamente calculado.

LOS NIÑOS DE LA GUERRA

Una indagación por la sostenibilidad y la transformación de conflictos prolongados inevitablemente debe ocuparse de la transmisión intergeneracional, tanto de los saberes, como de las afectaciones y posibles estrategias de resiliencia y superación. Esto cobra aún más sentido si se reconoce que una comunidad política es siempre intergeneracional porque comparte los mismos intereses, pero también porque construir, mantener y reformar instituciones es necesariamente un esfuerzo intergeneracional (Thompson, 2009). Sin embargo, a pesar de esa dependencia y corresponsabilidad, prevalecen comúnmente la desconfianza y las expresiones de mutua decepción de una generación hacia la otra. Los mayores suelen ser vistos como inflexibles, mientras que la juventud es acusada regularmente de apatía. Lo cual, en el contexto de una guerra, es ambiguo, cuando menos dados los altos índices de participación de los jóvenes en la violencia política. Si existe tal apatía, tal vez sea producto de la guerra misma, tanto por la incapacidad de la insurgencia de generar cambios sociales, como por la incapacidad de las partes en conflicto de encontrar salidas negociadas. Tal es la sensación de ahogo producida por la percepción de una violencia perpetua, y el desaliento frente a los innumerables cambios, reformas y muertos que se han necesitado para seguir en lo mismo. Así es fácil caer en la indiferencia. Por eso es urgente buscar estrategias para cambiar la apatía por la empatía, y dedicarle menos esfuerzo a la lucha entre generaciones para reforzar más bien la cooperación intergeneracional.

Junto con los testimonios de los maestros es necesario explorar también lo que los estudiantes dicen sobre los avatares sufridos en la guerra. Anotábamos ya en la introducción que cerca de la mitad de los estudiantes consultados dicen haber sido afectados por el conflicto armado colombiano. Entre ellos la modalidad de victimización más mencionada fue el desplazamiento forzoso, seguido por el homicidio de un pariente cercano. Es notable, por cierto, que la persona víctima de la violencia más mencionada por los estudiantes es la figura del tío. Esto posiblemente nos esté diciendo algo sobre la relación entre conflicto armado, victimización y estructura social. La reiterada mención de "un tío" como víctima quizás responda a los efectos de una estrategia para evitar el reclutamiento de actores armados común en muchos rincones de este mundo: casarse a temprana edad. Es entonces el tío que permanece soltero el que no se desplaza; el que queda expuesto tanto al reclutamiento forzado como a las acusaciones de colaboración; o incluso a las seducciones de la guerra.

Una estudiante de doctorado —Louise Marie— me preguntaba si no era posible que la mención del tío fuera más bien en un sentido genérico. La sugerencia no es descabellada pues en países como Sri Lanka el concepto de tío con regularidad se extiende a cualquier familiar, amigo o persona mayor. No creo, sin embargo, que este sea el caso, aunque en algunas regiones colombianas se acostumbre también un uso flexible del término. Más plausible es que se use la figura del "tío" para no comprometer a sus padres directamente, como también lo discutimos Louise Marie y yo. Pero en general no hay señales en el resto de los relatos y respuestas de que estén restringiendo sus palabras, entre otras razones por el anonimato manejado en la recolección de datos. Además, pareciera que cuando no quieren entrar en detalles sencillamente no lo hacen, o dicen que de eso no pueden hablar. En cambio, el tío joven y soltero (nunca hablan de la tía) es plausiblemente una figura particularmente susceptible de sufrir los efectos de un conflicto armado, al menos en los términos que resultan más visibles para los estudiantes. Como veremos más adelante, aunque el desplazamiento sea la modalidad más recurrente de afectación, su notoriedad es menor que por ejemplo un homicidio. Que las mujeres sean desproporcionadamente afectadas por el desplazamiento forzoso, mientras que los hombres jóvenes lo sean por el homicidio podría explicar la recurrencia de la figura del tío como víctima.

Pero por más sugestivas que sean las conjeturas, volveremos a lo constatable de la investigación. En ella, quizás más elocuente que el 45.2 % de afectación sea el hecho de que en todas las 40 instituciones educativas visitadas había estudiantes afectados por la guerra. Es más, solamente en dos colegios hubo menos de 6 alumnos golpeados por el conflicto armado: un colegio en Guapi, en donde registramos 3 niños afectados, pero entre un número solamente de ocho alumnos a quienes pudimos consultar; y un colegio en Puerto Nariño (Amazonas) de población mayoritariamente tikuna, ubicado en la mitad de la selva.

Viendo solamente el porcentaje global se podría concebir la idea de que hay una alta concentración en ciertas zonas y un aislamiento en otras. Sin embargo, que en cada colegio haya al menos algunos pupilos afectados quiere decir que la totalidad de los casi 1500 estudiantes consultados están en contacto directo y cotidiano con los efectos de la guerra. Además, con esta cifra hay que tener en cuenta la probabilidad del subregistro, por un lado, por la normalización de formas de violencia, pero también por el silencio producto del miedo u otras circunstancias. Es importante anotar, por ejemplo, que el 54.8 % restante no respondió que no ha sido afectado por el conflicto armado. La mayoría de ellos, de hecho, sencillamente no respondieron la pregunta y algunos dieron respuestas ambiguas como "no sé", o "a veces".

Que el conflicto armado es un fenómeno solamente rural es otra afirmación desmentida por las cifras de afectación de esta investigación. Como lo mencionábamos en la introducción, Bogotá incluso registra un índice mayor al promedio global entre los estudiantes consultados. Cierto que un grupo considerable de estudiantes se ha visto afectado por el desplazamiento y por formas de violencia ocurridas en otras zonas, pero su arribo a la capital en todo caso inserta a la ciudad en las dinámicas de la guerra. Por lo demás, el incidente concreto más mencionado por los alumnos fue el atentado del club social El Nogal, uno de los hitos de mayor recordación del conflicto armado colombiano.

Los índices más altos de afectación se registraron en Toribío, San Carlos e Iscuandé, en donde alcanzaron el 93.2, el 81.8 y el 76.5 % respectivamente. Esto es congruente con datos provenientes de otras fuentes, pues Toribío tiene entre otras el doloroso récord de ser el pueblo que ha sufrido el mayor número de tomas a lo largo del conflicto armado colombiano. Y es que este municipio del norte del Cauca ha tenido presencia guerrillera por más de cincuenta años; tiempo durante el cual las comunidades indígenas que habitan la región ciertamente han sufrido los avatares de la guerra. Aunque también algunos han sido parte activa de ella. El historial de actividades guerrilleras en la región no se limita a las Farc o al ELN, sino también a grupos ya reinsertados, como el Movimiento Quintín Lame y el M-19, desmovilizado en el municipio de Corinto —en donde también recolectamos datos en colegios—.

Por las múltiples negociaciones y desmovilizaciones que tuvieron lugar en esta zona, la población indígena (nasa y misak, en su mayoría) ha sido blanco de acusaciones, en particular la de ser colaboradores o simpatizantes de la guerrilla. Por lo demás, desde 1998 empezaron a hacer presencia diferentes grupos de autodefensa, que cambiaron radicalmente las dinámicas de interacción entre la población civil y los grupos al margen de la ley. Es en ese contexto que se revive y reglamenta la conocida Guardia Indígena del Norte del Cauca como figura permanente. Lo que es particularmente notable en aquella es, en primer lugar, la articulación entre su resistencia contra las acciones de los grupos armados en su territorio y sus luchas ancestrales por la tierra y sus derechos. En segundo lugar, su extraordinaria capacidad de movilización colectiva no violenta para repeler justamente las acciones de los violentos. En tercer lugar, la vinculación de sus procesos de resistencia a su "plan de vida". Este último es representado por un árbol cuyas raíces son las luchas por la recuperación de las tierras, el tronco es la fortaleza de la comunidad y las ramas son las estrategias desarrolladas por el movimiento indígena. En la metáfora aparece incluso el hacha, que simboliza todas las fuerzas que han amenazado su vida colectiva (Sánchez Meertens A., 2005). De cierta manera la simbolización de la lucha de la Guardia Indígena y su articulación con el plan de vida son una versión avanzada de la concepción holística detrás de la Cátedra de la Paz.

Toribío fue, retomando las voces de los alumnos consultados, el municipio (entre los 37 visitados) en donde más veces fue mencionada la afectación psicológica. Ocupó entre los alumnos de esa población el tercer lugar, después de los homicidios y las lesiones personales. Las cicatrices emocionales de la guerra quedaron registradas en sus voces a través de expresiones como "tuve un problema psicológico cuando tenía 7 años debido a que un artefacto explosivo cayó a menos de 5 metros de donde me encontraba. Afortunadamente no estalló".[5]

Por otro lado, que el registro de afectación de San Carlos sea uno de los más altos entre los estudiantes consultados tampoco sorprende, porque de alguna manera ese municipio condensa las diferentes modalidades de violencia que ha sufrido nuestro país:

---

[5]   Estudiante de Toribío, 29 de septiembre de 2015.

78 víctimas de minas antipersona; miles de atentados a la infraestructura, particularmente asociada a las grandes hidroeléctricas que hacen presencia en el territorio; asesinatos selectivos; 156 desapariciones forzadas; más de 19 954 personas desplazadas; violencia sexual contra las mujeres, tomas al pueblo, extorsión y 33 masacres en diez años (Centro Nacional de Memoria Histórica, 2014). Entre ellas dos de las más notorias son la del 17 de marzo de 2001, en la que fueron asesinadas once mujeres y dos hombres, y la de enero de 2003, cuando varias personas fueron asesinadas por las Farc en las veredas de Dos Quebradas, Dinamarca y Tupiada. Esta última quedó registrada en la voz de un estudiante consultado como "una de las masacres más grandes que el municipio ha vivido, donde murieron 19 personas, muchos vecinos de la vereda donde vivíamos".[6] Entre los estudiantes consultados en ese municipio las modalidades de violencia más frecuentes fueron desplazamiento, homicidio y desaparición forzada. Pero, además de ser muy golpeado por la guerra, San Carlos es también un lugar de mucho trabajo mnemónico, como lo ilustra su Jardín de la Memoria. Gracias a ese trabajo tal vez en el futuro se incremente el grado de conciencia sobre los niveles de violencia sufrida entre los jóvenes de colegio, como ya está sucediendo.

Iscuandé —el tercer municipio con mayor número de afectación entre los estudiantes consultados— tiene una trayectoria de guerra de una profundidad y unas referencias simbólicas que posiblemente se le escapen a la mayoría de conciudadanos. Fue sobre el río que da nombre a ese municipio donde se libró la primera batalla naval por la Independencia de Colombia. En Santa Bárbara de Iscuandé, la historia de esa batalla épica ha pasado de generación en generación, y hoy hay un ancla en la plaza del pueblo que, según los pobladores, perteneció a uno de los barcos españoles. Sin embargo, ahora se recuerdan más las otras batallas, libradas entre diferentes grupos armados; entre ellas la de los paramilitares, que tras la desaparición forzada de un profesor en el 2001 forzaron a la comunidad entera a desplazarse (Ortiz Cortés, 2012).

---

6   Estudiante de San Carlos, 22 de septiembre de 2015.

Los índices de afectación más bajos reportados por los estudiantes están en Puerto Nariño e, inesperadamente, en San Vicente del Caguán (Caquetá). El primero, una población situada en medio de la selva, a la que se llega solamente por el río Amazonas, ha permanecido al margen de gran parte de las dinámicas de la guerra; aunque también hasta allá han llegado el desplazamiento forzado, las muertes violentas y el narcotráfico. Por su parte, en San Vicente del Caguán, se sospecha que los índices de victimización son altos, pero la cultura del silencio es todavía mayor. Los estudiantes consultados no respondieron con contundencia que no han sido golpeados por la guerra, sino que muchos prefirieron no responder esa pregunta. Volveremos sobre ese silencio en el siguiente capítulo.

La afectación, en las palabras de los estudiantes, rompe con las fronteras maniqueas entre víctimas y victimarios. Así lo ilustra la réplica de un estudiante de Barbacoas, quien respondió que él sí fue afectado porque tuvo "tíos que pertenecieron a estos grupos y miraba que sufrían por no compartir con su familia". De modo semejante nos instruye un alumno en Patía, cuando recuerda como una afectación propia "la muerte de un tío que era comandante guerrillero"; o cuando un compañero de este último destaca como afectación personal "la integración a grupos armados obligatoriamente". Un estudiante inclusive respondió —con insólita sinceridad— que había sido afectado por la muerte de un tío a manos de la insurgencia, explicando que "la guerrilla lo hizo porque mis tíos mataban y solo la guerrilla podía hacer eso, nadie le podía quitar su lugar".[7]

Las experiencias de aprendizaje de los combatientes y las de la población civil suelen ser tratadas como fenómenos aislados y no como espacios sociales conectados. Los etnógrafos que trabajan en zonas afectadas por las guerras refuerzan esta visión de que hay fronteras impermeables. Lo hacen, en primer lugar, cuando escogen uno de los dos lados para adelantar su investigación; y en segundo lugar, cuando conciben sus relaciones internas y su producción de conocimiento como si fueran de alguna manera autónomos los unos de los otros (Lubkemann, 2008; Wood, 2003; Richards, 1996; Malkki, 1995).

---

[7]   Estudiantes de Barbacoas, 15 de septiembre de 2015; Patía, 16 de septiembre de 2015; Bogotá, 11 de julio de 2016.

Esto generalmente se acopla con un enfoque sobre la experiencia, o bien de los victimarios, o bien de las víctimas. Sin duda, las prácticas de socialización de los actores armados y de los civiles ocurren en dominios sociales distintos, pero eso no significa que se trate de dinámicas aisladas. Por el contrario, sus experiencias son co-constitutivas las unas de las otras, como lo constatan las voces de estudiantes en Colombia y Sri Lanka (Sánchez Meertens A., 2013, p. 201). Ni los paramilitares, ni los guerrilleros, ni los narcotraficantes, ni los soldados, ni los policías, ni los ladrones, ni los violadores son fuerzas extraterrestres desvinculadas de las redes sociales de las regiones en las que operan. La intimidad de la relación entre contendientes es, de hecho, una característica primaria de la guerra civil (Kalyvas, 2006).

Es claro que la violencia que ha golpeado a estos jóvenes es en ocasiones producto de acciones asociadas al control territorial, al dominio de corredores estratégicos, en fin, es el resultado de operaciones militares calculadas y no tan calculadas. Hay ocasiones, en cambio, en que la trivialidad de los argumentos o circunstancias resulta desconcertante. Son muchos los casos que ilustran ese desconcierto, como ocurre en el relato de un joven indígena cubeo, que cuenta la afectación en clave intergeneracional: "Mi bisabuelo y abuelo… es que llegaron la guerrilla y los mataron a los dos porque no les querían dar plátanos y yuca para el consumo de ellos". Las crónicas de varios estudiantes, con indignación y simultánea resignación señalan que familiares suyos fueron asesinados al ser confundidos con otra persona. Aunque decir que fue una confusión puede llegar a ser una estrategia para minimizar posibles vínculos y responsabilidades, también es un hecho que en las guerras los señalamientos pueden ser imprecisos por falta de información o justamente porque habitantes inescrupulosos instrumentalizan a actores armados para tramitar sus feudos personales (Kalyvas, 2006). La manipulación del contexto de guerra puede ser, así, individual, como en el caso anterior, o institucional: ejemplo de esta última modalidad son los llamados "falsos positivos", práctica de la cual los parientes de algunos alumnos consultados fueron víctimas, "matándolos y luego haciéndolos pasar por guerrilleros".

El desconcierto a veces se pronuncia con desolación, incomprensión o franca rabia: "Sí, a mi tío lo mataron los *paracos*. ¿Por

115

qué? Porque esa gente no tiene corazón ni sentimientos, porque son malos demonios". Algunas veces el efecto de la guerra llega con retraso, como le ocurrió al primo de una estudiante en Mitú, quien "prestó servicio militar, tuvo recuerdos horribles y se suicidó".[8] Esa es la memoria que asesina.

Hablar de afectación también incluye, para muchos estudiantes, haber sido testigos de violencia; así, señalan por ejemplo haber sido afectados porque vieron "con un grupo de amigos un atentado terrorista". La manipulación e intimidación sobre la población en zonas controladas por algún actor armado también son vistas como una afectación, al sentir el rigor de los códigos de comportamiento impartidos sobre sus comunidades. Para muchos no son solo las amenazas, sino el mismo miedo —a veces específico, otras más bien genérico y cotidiano— lo que es experimentado como afectación. Además, el temor no es siempre verbalizado de manera explícita por los alumnos, pero sí quedan rastros de este en las frases que emiten cuando responden que han sido afectados: "muchas veces; sí, no sé cómo decirlo, si eso es reservado"; o "sí [he sido afectado], pero no puedo hablar de eso"; "Sí, [pero] no me gusta hablar sobre ese tema"; o "sí, por un lado, por mi padre... y hasta ahí les dejo".[9]

Algunos conciben la afectación como una impresión visible, infligida por los actores armados sobre sus cuerpos físicos e individuales. Otros, en cambio, consideran las marcas psicológicas de la violencia presenciada como una afectación directa. Así las cosas, quizás vendría bien hablar de la relación de las generaciones contemporáneas con el conflicto armado colombiano; en vez de hacer una distinción tajante entre quiénes son y quiénes no son víctimas de la guerra.

LA ESCUELA COMO TEATRO DEL CONFLICTO ARMADO

En Sri Lanka me contaron la historia de una pequeña niña que había sido secuestrada en un colegio, para luego ser violada y asesinada.

---

8   Estudiantes de Mitú, 1.° de octubre de 2015; Istmina, 21 de octubre de 2015; San Carlos, 21 de octubre de 2015; Toribío, 21 de septiembre de 2015; La Plata, 5 de octubre de 2015; El Tambo, 21 de octubre de 2015.

9   Estudiantes de Barbacoas, 15 de septiembre de 2015; Caucasia, 25 de septiembre de 2015; Patía, 11 de septiembre de 2015; La Uribe, 30 de septiembre de 2015.

Los presuntos responsables hacían parte de una organización paramilitar, pero en ese entonces ya ocupaban cargos públicos en el gobierno departamental. Hasta la fecha a nadie le han imputado cargos por el hecho. Sin embargo, mientras el actor armado responsable de ese hecho atroz convirtió a la escuela en la escena de un horrendo crimen, los educadores erigieron el plantel como espacio de conmemoración. El minuto de silencio que aún hoy le dedica la institución educativa a la memoria de la pequeña es, así, un ejemplo de la transmisión silenciosa de saberes y sentires, como actos de resiliencia y dignidad en medio de lo indecible.

Es claro que las escuelas son un blanco en los conflictos, particularmente en zonas rurales donde los colegios son frecuentemente una de las pocas construcciones firmes y permanentes, haciendo de estas estructuras lugares particularmente vulnerables a bombardeos, saqueos y cierres. En Mozambique se estima, por ejemplo, que el 45 % de los colegios fueron destruidos durante la guerra civil (Machel, Salgado y Unicef, 2001). Esa misma infraestructura física y simbólica ha convertido a la escuela en campos de muerte, como en Ruanda, donde las escuelas atestadas de personas, que las creían santuarios, fueron sistemáticamente minadas y usadas como espacios para la ejecución de numerosas masacres (Davies, 2004).

El nexo entre escuela y guerra trasciende el aula y los muros de la institución, entre otras, porque los viajes hacia y desde la escuela son lugares-momentos de especial peligro y vulnerabilidad para los pupilos y docentes. Es sabido que los actores armados asechan estos trayectos para reclutar, lo que constituye una razón más para que muchos jóvenes en zonas rurales opten por no ir a estudiar. Así, mientras que ir a la escuela es para muchos ciudadanos en las zonas remotas de la nación el único encuentro material y recurrente con el Estado (Spencer, 2007, pp. 101-102), para muchos otros niños y adolescentes ir al colegio puede significar, en cambio, el peligro de un encuentro con la subversión (Sánchez Meertens A., 2013, p. 217).

De suerte que la violencia o su amenaza terminan incorporadas en las rutinas escolares, al ir o regresar del colegio; en las aulas de clase, por los contenidos y las prácticas disciplinarias; en las evaluaciones que promueven miedos y exclusiones; en los materiales didácticos, que no siempre estimulan la creatividad y el pensamiento crítico; así como en las diversas formas en que la escuela, como aparato estatal, puede debilitar los sistemas y los recursos de conocimiento comunitario (Miller y Affolter, 2002, p. 9). A esto se le suma que las causas y los legados del conflicto, así como las memorias familiares y comunitarias, permean y moldean la educación y sus instituciones (Paulson, 2015). Hay, por lo demás, un hecho adicional, que con frecuencia parecemos olvidar en Colombia: en las aulas coexisten hijos e hijas de guerrilleros, paramilitares, militares, víctimas, ciudadanos inclinados por el *Sí* o por el *No* a los Acuerdos de Paz; conservadores, gais, homofóbicos, religiosos, ateos, estudiantes empáticos con el sufrimiento de otros, así como un ejército de indiferentes.

En las escuelas, el Estado ejecuta sus ritos de orden y control (Spencer, 2007, p. 116); sin embargo, ese mismo espacio es usado para llevar a cabo rituales subversivos, justamente por ser el mismo espacio de poder, por ser el templo de la reproducción y/o de la transformación de las sociedades. Así, se hace notorio el carácter ambivalente de las escuelas en las zonas rurales. En ese contexto, estas instituciones son dispositivos cruciales para la transmisión de una narrativa nacional autorizada, pero también son el escenario desde el cual se desafía el orden establecido que la escuela misma encarna. Esa es una batalla que se da en todos los planos, incluso el simbólico, como lo ejemplifica particularmente bien el caso norirlandés, en donde el enfrentamiento se lleva a las decisiones sobre qué bandera se iza, qué himno se canta, qué mural se pinta, qué nombre se le confiere a la escuela.

En Colombia, como en otros países desangrados por conflictos armados, la escuela ha sido el lugar predilecto de muchos actores armados para llevar a cabo reuniones y allí "educar" a la gente sobre el conflicto. En cierto sentido, los colegios han sido escenario de la transmisión oficial institucional en el día, y teatro del conocimiento subversivo en las tardes. ¿Cuántos educadores rurales de nuestro país no reconocerán esta paradoja de la enseñanza en medio de la guerra? ¿Cuántas veces no han tenido que suspender clases para ceder el espacio a la propaganda y a los intentos de reclutamiento? ¿Cuántas veces han tenido que desalojar las aulas para que desde allí los diferentes actores armados —incluido el ejército—

coordinen sus acciones bélicas y conviertan la escuela literalmente en un centro de operaciones? Y del otro lado de la moneda, ¿cuántos combatientes no obtuvieron la información inicial y el impulso para vincularse a las organizaciones armadas en los recintos de la escuela? ¿Cuántos docentes los habrán visto soltar el lápiz y marchar hacia la guerra? ¿Cuántos los habrán visto regresar luciendo sus nuevos adornos bélicos? Abordar la relación entre juventud y guerra obliga a reconocer también el aspecto seductor que convierte la parafernalia castrense en contundentes símbolos de estatus social y muchas veces de exacerbada masculinidad.

Infortunadamente, son muchos los casos en Colombia en los que la escuela ha sido el telón de la guerra. Por ejemplo, en Puerto Torres (Caquetá) los paramilitares convirtieron el colegio Gerardo Valencia Cano en las "aulas de una Escuela de la Muerte" (Centro Nacional de Memoria Histórica, 2014). El Frente Sur Andaquíes raptaba y amarraba a sus víctimas a un árbol de mango del patio del colegio para torturarlas, acusándolas de guerrilleros o colaboradores. El propósito era postergar al máximo la muerte de la víctima para que los miembros recién llegados del frente paramilitar aprendieran y practicaran la aplicación de las técnicas de tortura y descuartizamiento (p. 22). Se trataba de un proceso educativo doble, que aseguraba, por un lado, el aprendizaje técnico de la aplicación del dolor y el ocultamiento de las evidencias; y, por el otro, educaba a la comunidad sobre la disposición del grupo armado a aplicar el terror para controlar, desde la administración del miedo generalizado, sus cuerpos y sus mentes (p. 136), sus palabras y sus silencios.

La de Puerto Torres es apenas una de las prácticas sistematizadas de pedagogía de la violencia, entre muchas otras escuelas del terror que existieron en Colombia. Sabemos, por ejemplo, de la Escuela Superior de Estudios Políticos en San Blas (sur de Bolívar), en donde se aprendía a usar todo tipo de armas y se impartía formación ideológica —incluida la evolución de las ideas políticas, la formación del Estado, las veedurías públicas y los mecanismos de participación democrática.[10] Sabemos también de la escuela de

---

[10] "Plan curricular de la escuela de estudios políticos superiores Fidel Castaño Gil", en *Verdad Abierta.co,* 14 de enero de 2014.

reentrenamiento "La Gorgona", en donde no solamente se enseñaba a desmembrar cuerpos sino también a instrumentalizar a las mujeres mediante la comisión de crímenes sexuales, como arma de guerra (Centro Nacional de Memoria Histórica, 2014, p. 136). Pese a tan escalofriantes experiencias, si entendemos la memoria como un trabajo de reinscripción, de rescritura, entonces cobra sentido que muchos de los antiguos escenarios de las más crueles formas de violencia se propongan ahora como templos de conmemoración, resiliencia y celebración. Dejan de ser así espacios de muerte para resignificarlos como escenarios de pedagogías de vida, respeto, superación y tolerancia. Efectivamente, en varios países, como Chile, Argentina o Suráfrica, antiguos lugares de tortura han sido transformados en espacios emblemáticos de las aspiraciones de justicia. Entre ellos llama la atención la escuela Monte Sole en Italia, construida en un lugar donde la SS alemana asesinó a 770 civiles. La escuela invita a jóvenes de sociedades golpeadas por conflictos armados a reunirse ahí y reflexionar sobre el pasado. Esta es una de las posibilidades que tiene y puede asumir un Estado: convertir sitios de ocurrencias atroces en sitios de conocimiento (Shaheed, 2014, p. 14) y, agregaría yo, de reconocimiento.

Pero la escuela, incluso en el postconflicto, no deja de ser el punto de encuentro de fuerzas opuestas, dado su ambiguo rol a la vez institucional y desafiante. Esa ambivalencia la encarnan de manera aún más marcada los mismos educadores. A veces los docentes cumplen un papel mediador entre poderes; otras sencillamente navegan estratégicamente entre ambas autoridades. Frecuentemente se hallan atrapados entre las fuerzas y son señalados por las dos partes como colaboradores del *Otro*. La escuela, en medio del conflicto armado, se erige entonces como un espacio liminar entre el hogar y la sociedad, entre la niñez y la adultez, pero también entre la reproducción del Estado y su subversión (Sánchez Meertens A., 2013, p. 217).

RELATOS MAESTROS: INSTITUCIONALIDAD Y SUBVERSIÓN INCORPORADA

Un día llegué a la carretera lista a esperar un carro y encuentro una peladita como de unos quince años, armada, ahí tomando, cuando de pronto miro hacia allá a la mesa y un muchacho me dice "Seño venga". ¡Ay Dios mío! Yo dije hasta aquí cantó el grillo y me fui, ay Dios mío, llegué a la mesa y cuando yo volteé... a lo que yo me volteara este tipo me iba a matar, y entonces dijo: "Vea Seño le presento aquí a un amigo. Mirá cuadro, esta es la profesora que me enseñó a leer". (Lizarralde, 2003, p. 5)

Los docentes son amenazados en todos los conflictos armados porque son miembros reconocidos de las comunidades, pero también porque son reproductores o alteradores del orden ideológico. Son amenazados porque son el referente del Estado más cotidiano que se tiene, porque son los facilitadores de la posibilidad de movilidad social y posiblemente también porque en muchos espacios rurales son de los pocos que tienen ingresos estables. De hecho, según la Federación Colombiana de Educadores (Fecode), los educadores son "el sector de trabajadores que más cuota de sangre ha puesto en este conflicto"; argumento que bien puede ser sustentado por los datos de la Unidad para las Víctimas: desde 1985 más de 5000 docentes han sido víctimas del conflicto: 1000 asesinados, 4000 amenazados y desplazados, con además alrededor de 70 exiliados (*Revista Semana*, 2014).

La triste realidad es que la violencia contra los maestros ha sido una constante en nuestra historia. Entre la llamada Guerra de las Escuelas de 1876[11] y la Guerra de los Mil Días de 1899 murieron cerca de mil maestros formados por una misión educativa alemana para enseñar en las escuelas públicas (Suárez, 1997). Algunos autores consideran que la razón principal de la notoria afectación de los educadores está asociada a su rol y peso político. Según Suárez, por ejemplo, en las elecciones parlamentarias del 2006 los maestros eligieron 5 senadores, tres de ellos expresidentes de Fecode. Por lo tanto, los maestros constituyen una amenaza electoral, que puede desestabilizar en las regiones la hegemonía y el control político de los

---

[11] La Guerra de las Escuelas fue una disputa político-militar por la formación espiritual de la población colombiana. El radicalismo liberal sustituyó en 1872 la educación religiosa por la pedagogía pestalozziana. El conservatismo reaccionó para restablecer la espiritualidad del alma y la educación escolástica regentada por la Iglesia. Ver Oviedo (2014).

actores armados, pero también de las fuerzas políticas tradicionales. Claramente, no es fortuito que el periodo más violento contra los maestros se corresponda con la gran expansión del paramilitarismo en el país (Suárez, 2013).

Durante todos estos años de golpes al sector educativo ha habido varios casos que han retumbado en la conciencia de alumnos y docentes. Se recuerda, entre estos, el asesinato de un profesor en plena clase y delante de sus alumnos en Nariño. Esa escena se ha repetido en otros lugares, como en Miranda (Cauca), donde fue baleado un profesor en agosto de 2012 por dos paramilitares, de los cuales uno fue capturado por los propios estudiantes (Suárez, 2013). Viene a la mente también el caso de Tierralta (Córdoba), en donde más de 1100 alumnos de una escuela rural se quedaron sin profesores después de que estos recibieran un mensaje de texto de una Bacrim exigiendo el pago de 14 millones de pesos "o si no...". Notable resulta que uno de aquellos docentes considera que la amenaza surgió por varios de los proyectos impulsados por la institución. Entre ellos el de democracia, el de música y el de educación sexual, "porque ahí se daba un fenómeno que cualquier jefe paramilitar llegaba y cogía una niña de 12 años, de 13, y se la llevaba, como si comprara ganado, una vaca, y los padres de familia toleraban eso. Pero esos índices los fuimos rebajando", explica el maestro (Wallace, 2011).

En ocasiones, sin embargo, la misma valentía de los alumnos les ha salvado la vida a los educadores. Es el caso de un profesor en Barrancabermeja, en donde, en palabras de un estudiante, "como a las 7 de la mañana llegaron dos hombres de civil y sacaron al profe dizque para aclararle algunas cosas. Un compañero le avisó a la rectora y todos salimos detrás para impedir que le hicieran algo. La presión de nosotros quizá sirvió para que a los 15 minutos lo soltaran".[12] Esta suerte de inversión de roles, en donde los alumnos protegen a su docente, ha tenido en las décadas de confrontación armada una lóbrega contracara. Particularmente en las zonas en disputa, los niños han sido de hecho temidos porque ellos "registran

---

[12] Redacción Nacional, "Hasta a Platón lo sacaron corriendo", en *El Tiempo*, 22 de abril de 2001.

y reportan". Así lo cuenta un docente, que revela con sus palabras su angustia por contar con la aprobación de sus alumnos:

> La guerrilla pregunta cómo trabajamos nosotros como docentes, la forma como los estamos llevando y sobre todo interroga a los alumnos. [...] yo creo que al respecto pues estamos bien, yo creo que lo que los niños han dicho de nosotros lo han podido corroborar con lo que han visto. (Lizarralde, 2003, p. 14)

La inversión de roles acá ya no es entre protector y protegido, sino entre supervisados y jurados, en el que los docentes quedan a merced de sus estudiantes. Cuestión que, por lo demás, no es una carga menor, pues de los reportes de los pupilos con frecuencia ha dependido la vida de sus maestros.

El miedo se perfila como una constante en los "relatos maestros", cuando cuentan que llegan a evitar el contacto con la gente "porque uno siente temor con todo el mundo, uno desconfía de todo el mundo"; razón por la cual el imperativo se convierte en "callar, callar, hay que callar, uno no puede decir nada, callar" (Lizarralde, 2003, p. 4). Paradójicamente, la opción que parecieran tener es la de optar por la neutralidad en la guerra. Sin embargo, el silencio es catalogado como complicidad. Si no se afilian a un actor armado son inmediatamente considerados enemigos por ambos bandos. Esto aplica para todos los habitantes de las zonas en disputa, pero en especial para los maestros, que por su estatus y su papel en la comunidad son considerados estratégicos. Por ende, son permanentemente abordados por los grupos armados para divulgar o implementar sus exigencias o para convocar a los alumnos y padres de familia (Lizarralde, 2003, p. 13).

Sin embargo, ese mutismo forzado y la aparente inacción pueden ser engañosos. En realidad, los docentes manejan cierto repertorio de acciones que asumen en medio de la guerra: la asunción de normalidad; la decisión de indiferencia; el aislamiento; los actos miméticos; buscar el traslado; "jugársela"; o también está incluso la apuesta por "los fierros". En efecto, en las décadas de guerra ha habido maestros vinculados directamente a los diferentes actores armados, que desdibujan la división tajante entre víctimas y victimarios. Ese es el caso del docente que entrevisté en la Sierra Nevada, pero también el del maestro paramilitar con el que se encontró Lizarralde en el Magdalena Medio, que siempre iba armado al colegio y estaba detrás de incontables violaciones a maestras y alumnas. Aunque nunca fue denunciado, pues "los mismos papás de la niña prefirieron quedarse callados y aceptar que él se la llevara a trabajar a un café y que les pase una plata mensual, nosotros qué vamos a hacer" (Lizarralde J., 2012).

Estas "ideologías de género" asociadas a las prácticas de los actores armados en las dinámicas de la guerra, y en particular en su relación con la población civil, se reiteran en diversos rincones del país. Sin duda producen nuevas modalidades de abuso, pero son también producto de extensas prácticas culturales que avalan, entre otras, la reducción de las niñas y mujeres a objetos sexuales. En esa misma región *operó* también un colegio que no solo facilitaba el reclutamiento de los estudiantes de los últimos años, sino que llevaba a cabo concursos de "camisetas mojadas" para ver, a criterio de los líderes paramilitares, cuáles niñas ya "estaban listas", para abusar sexualmente de ellas o para incorporarlas a las redes de trata de personas y trabajar en la prostitución. Lo anterior, trágica pero comúnmente con el aval tácito o explícito de los padres, en ocasiones por miedo, en otras por considerarlo una alternativa de vida para sus hijas (Lizarralde J., 2012, p. 16).

Los contados casos de docentes vinculados a la guerra no pueden, sin embargo, nublar la magnitud de la victimización que el magisterio ha tenido en la guerra. En palabras de Suárez, el Estado y la sociedad colombiana están en deuda con la memoria histórica de los más de mil maestros asesinados:

Reconstruir con urgencia la historia de este holocausto contra la inteligencia, el pensamiento, la cultura y la educación es una obligación ética y política de la dirigencia del magisterio para honrar su memoria, su sacrificio y para que una desventura de esta naturaleza no siga ocurriendo a presente y a futuro. (Suárez, 2013)

Por ello hay en curso, desde 2012, una acción de reparación colectiva con Fecode, que busca efectivamente resarcir a las víctimas, pero también divulgar ante la opinión pública lo que les pasó a los docentes durante las décadas de confrontación armada en el país (*Revista Semana*, 2014).[13] Con un informe de esa índole se contaría con una participación decidida y necesaria de los educadores en los procesos de esclarecimiento y en general en la justicia transicional que consolidaría el posconflicto en Colombia. Sin embargo, hay que ser prudentes tanto con las exigencias como con las expectativas en torno al papel que los docentes deben cumplir en la transición política del país. Así lo advierte la conferencia Unir o Dividir de 2005:

> [...] —entre quienes había educadores surafricanos, ruandeses, macedonios, colombianos, norirlandeses, esrilanqueses y libaneses—, donde una de las conclusiones de los participantes fue que los docentes están bajo demasiada presión para cumplir múltiples roles en las sociedades en posconflicto. Se les concibe como sicólogos, como expertos en resolución de conflictos y en general como agentes de cambios sociales fundamentales. Empero, la evidencia de sitios como Irlanda del Norte muestra que los docentes no se sienten cómodos con esos roles y expectativas, dudando incluso de que lo que ellos enseñen pueda contrarrestar lo que los estudiantes aprenden en casa. (Cole E. , 2007)

Así lo corrobora Michelle Bellino en Guatemala, en donde los docentes no se sentían preparados en cuanto a capacitación y disponibilidad de material para enseñar la historia del conflicto armado (Bellino, 2014). En este ámbito, la ambivalencia inherente a la docencia juega nuevamente un papel importante. Por un lado, el maestro se concibe social e institucionalmente como especialista en la transmisión de interpretaciones oficiales; pero, por otro, cada uno de ellos carga a la vez con su propia trayectoria y memoria autobiográfica. A eso se suma que tienen como audiencia a sus estudiantes, de quienes se espera adopten el conocimiento oficialmente sancionado, pero que también son descendientes de familias

---

[13] La Presidencia de la República publicó el Decreto 624 de 2016, por el cual se crea y reglamenta la Mesa Permanente de Concertación con las Centrales Sindicales CUT, CGT, CTC y Fecode para la reparación colectiva al movimiento sindical.

y medios sociales con su propio arsenal mnemónico (Macgilchrist, Christophe y Binnenkade, 2015).

Al lidiar con todo esto los maestros conectan diferentes modos, a veces contradictorios, de pensar, sentir, hablar y actuar sobre eventos específicos del pasado. Así que cuando un docente prepara y dicta su clase, todo un conglomerado de saberes se junta en un individuo y en un solo momento en el que personas, sistemas y objetos materiales interactúan (Binnenkade, 2015). Esto frecuentemente implica que los docentes deben enfrentar dilemas éticos, como el de un profesor en Guatemala, cuyos estudiantes perdieron a muchos de sus familiares:

> [...] pero cuando les preguntan a sus padres por cómo murieron sus parientes, los padres no les explican la guerra. Ellos llegan a clase y me preguntan a mí; [sin embargo] una cosa es enseñar sobre el pasado, pero otra muy difícil es cuando [al enseñar ese pasado] yo les estoy contando lo que le pasó a su familia. (Bellino, 2014)

Otras veces los familiares intervienen en la dinámica de clase, pero saboteándola. Así lo registra Federico Lorenz, para el caso argentino: "Profesor, mi papá era militar. Mi papá no hizo nada de todo eso, fue soldado en Malvinas. Dice que no me va a dejar venir a la escuela hasta que no empecemos otro tema" (Jelin y Lorenz, 2004, p. 173). Y claro, a veces el encuentro de la historia con la biografía es problemático, no solo por el lado de los estudiantes y sus familiares, sino del mismo docente, como le confiesa un maestro a Michelle: "Debo resolver mis asuntos personales primero antes de poder abordar estos temas con mis pupilos" (Bellino, 2014).

APUESTAS PEDAGÓGICAS POR LA MEMORIA Y LA PAZ

Exparamilitares del Frente Mártires del Valle de Upar relataron durante una versión libre en la fiscalía cómo se tomaron entre otras instituciones la Universidad Popular del Cesar. Alias 101 contó que el poder de los "paras" llegó a tal nivel en ese centro educativo que incidieron en la elección de su Rector en el 2004. Según alias 101, quien remplazó a alias 39 luego de que fuera asesinado, el enlace entre los candidatos y el exjefe paramilitar fue Leoncio Peralta, un funcionario de la universidad, que estudió con alias 39 en su infancia.[14]

Hoy, sociólogos de esa misma universidad hacen parte de un equipo de recuperación de la memoria, coordinado por Juliana Fúquene, del Centro de Memoria del Conflicto del Cesar. Este equipo produjo, en alianza con otras instancias, una multimedia sobre la experiencia de Minas de Iracal, una pequeña población en el piedemonte de la Sierra Nevada duramente golpeada por la guerra. Se concibió como un proyecto pedagógico bajo la premisa de *aprender haciendo,* de manera tal que el ejercicio mismo de recuperación se constituyera en un acto de restitución de sus derechos, ofreciendo a su vez un producto de enorme potencial para la trasmisión de saberes. La herramienta brinda la posibilidad de combinar múltiples registros mnemónicos, organizados de una manera interactiva como una reterritorialización de la memoria, superpuesta a las geografías del dolor. Navegar esta multimedia —imagen: video, fotografía; voz: testimonio, canción; cartografías; texto: archivos, prensa, academia, relato— se piensa como una estrategia de reparación toda vez que este recordar y volver palabra —apalabrar— permite valorar los pensamientos y las formas locales de narrar. No es pues solamente un ejercicio de registro sino de construcción de la historia del conflicto armado en Colombia, al mismo tiempo que alimenta las historias particulares y regionales de la guerra y la paz.

Aunque insuficientemente articuladas aún, hay en el país una gran cantidad de iniciativas semejantes, que son testimonio de oficio, pero también de resiliencia, emprendimiento y perseverancia. La mayoría se despliegan por fuera de las aulas de clase, pero todas tienen una intención pedagógica, en muchos casos pensada y articulada con instituciones educativas. Hay que mantener, no obstante, un ojo atento y vigilante, porque si bien los procesos de memorialización son cruciales en el reconocimiento de las víctimas, también hay que entender que siempre asecha el peligro de convertir los espacios de recordación en *parábolas cívicas dogmáticas* (Jelin y Lorenz, 2004, p. 181). O, dicho de otro modo, en *tiranías*

---

[14] "Paras contaron cómo se tomaron la Universidad Popular del Cesar", en *verdadabierta.com.* 15 de junio de 2010.

de la memoria (Shaheed, 2014, p. 5). Por suerte, estos escenarios han logrado hasta el momento sortear esos peligros y convertirse, en cambio, en auténticos espacios de ampliación democrática mediante el respeto, la conmemoración y, claro, la denuncia.

COLCHAS, PARQUES, BOSQUES Y PIEDRAS

En Puerto Berrío, uno de los más notorios emprendedores de la memoria era un animero que una noche al mes caminaba por las calles bautizando a los N.N. que llegaban por el río, sin identidad ni familia (Revista *Semana*, 2015). En Mampuján, entretanto, las mujeres tejedoras han sido las guardianas de la memoria del conflicto, con sus colchas que narran las masacres y el desplazamiento del que fueron víctimas en los Montes de María (Noguera, 2016). Cada vez que entraba la aguja —recuerdan algunas—, "algo se desgarraba en su corazón y el llanto salía sin parar. Entonces estas mujeres soltaban la aguja y se secaban las lágrimas para seguir llorando" (Castrillón, 2015). Pero estas telas no solo han sido terapéuticas ante el trauma, sino que gracias a ellas las mujeres han sido incentivadas a explorar su pasado afrocolombiano y a cuestionar incluso los estereotipos de género tan naturalizados en su región y en el país en general (Noguera, 2016).

Mientras tanto, en Cartagena del Chairá (Caquetá) está naciendo un bosque de la memoria, en el que cada árbol está dedicado a una víctima de la guerra. La memoria de este bosque echa raíces que se remontan hasta la colonización del medio y bajo Caguán y recuerdan la transformación del territorio. Por eso el bosque erige sus ramas desde la vivencia de jóvenes, niñas y niños nacidos y crecidos en medio del conflicto y de adultos que participaron en la confrontación armada. Desde ahí se piensa contribuir al esclarecimiento y educar a las generaciones venideras. Muy seguramente aquel bosque se inspira en el trabajo iniciado ya casi veinte años atrás en el pueblo vallecaucano de Trujillo, en donde desde entonces empezó a surgir un parque monumento dedicado a las víctimas del conflicto armado como un esfuerzo de reparación simbólica.

El parque de Trujillo consta de tres áreas: el Sendero Nacional de la Memoria con referencias a 14 masacres ocurridas en diferentes partes del país; el área de Siembra, con osarios de las 342 víctimas del narcotráfico, el sicariato entre 1986 y 1994, y víctimas de agentes de la fuerza pública; y el área de Memoria latinoamericana y espacios conmemorativos, en donde se destaca el mausoleo construido en recuerdo del padre Tiberio Fernández, torturado y asesinado en 1990. Entre los recorridos, el visitante podrá detenerse en el Árbol del Abrazo o en el Muro de la Sombra del Amor, pasar por la Ermita, visitar la sala de exposiciones o rendirles tributo a las esculturas que representan los proyectos de vida de cada una de las víctimas.

Como parte del tributo a los que ya no están, los habitantes de Trujillo escribieron un libro en homenaje al más representativo de sus líderes asesinados, a quien le aclaran en la dedicatoria: "Tiberio… no te enterramos… te sembramos y hoy renacemos con dignidad" (Presidente Afavit). El poder restaurador y reivindicativo de una producción colectiva de esta índole se capta en la voz del director del Centro de Memoria Histórica, quien dijo sobre el libro: "el cuerpo [del Padre Tiberio] descuartizado por los perpetradores recobra su unidad aquí a través de las palabras, los dibujos, los poemas, los cantares que conforman este testimonio vivo" (Afavit, habitantes de Trujillo y Centro Nacional de Memoria Histórica, 2015). Es así como se erige esta colección como patrimonio, no solo de Trujillo y Colombia, sino de la humanidad, incluido en el registro de memoria del mundo de la Unesco.

A raíz del impacto que tuvo aquel libro, los niños de Trujillo se animaron a hacer sus propios manuscritos, en esta ocasión sobre las matriarcas del pueblo que viven y siguen luchando. Los miembros del grupo infantil Jimmy García Peña (nombre de un pequeño de 18 meses asesinado) sacaron así 16 títulos de memoria histórica guiados por la profesora Miyerlady Rojas. La mayoría de estos *niños escribidores* son nietos o sobrinos de los torturados, asesinados o desaparecidos. Para explicar la urgencia de ese trabajo, dice la vocera de la organización de víctimas Maritze Trigos que "si la última generación no habla y no escribe, la memoria se pierde".[15]

---

[15] Intervención en Re-conociendo el conflicto. Foro Internacional Pedagogía Memoria y Violencia.

Y si la historia nos enseña algo es que para que esa memoria no se pierda hay que inscribirla en las rocas. Por eso en las montañas nariñenses la comunidad de El Decio (municipio de Samaniego) le dio vida a un proyecto de memoria histórica conocido como La piedra de San Lorenzo. Una década atrás este corregimiento fue tan golpeado por el conflicto armado que la comunidad, con el apoyo de Pastoral Social, empezó a pensar en modos para tramitar el dolor y brindar espacios de duelo. Los primeros pasos se dan cuando la hermana Yolanda Castillo celebra la Semana Santa en el corregimiento, junto con dos artistas plásticas de la Universidad de Nariño. En el ágape con la comunidad se concibe una obra para evocar con ella "la fragilidad de la memoria y el silencio". Germina así el plan de tallar en una emblemática roca en la orilla del río Chaupiloma la imagen del patrono del pueblo, San Lorenzo.

Al santo lo acompaña no solamente un registro de los acontecimientos que más afectaron a la comunidad, sino también El Ausente, representante de las víctimas que ya no están, a causa, entre otras, de las minas antipersona. Igualmente está la mujer que lleva una cruz, que alude al sufrimiento y la valentía para afrontar todo tipo de vejámenes; y cuatro figuras más, que representan la comunidad en general. En aquel pueblo supieron, de esta manera, articular dos pérdidas: la personal y humana de las víctimas, y también esa otra incrustada en el tejido social: la pérdida de ciertas prácticas culturales, como las fiestas patronales, precisamente en honor a San Lorenzo.

CASAS, CENTROS Y REDES

En la isla de Cascajal se encuentra la Capilla de la Memoria de Buenaventura, un salón de 40 metros cuadrados lleno de fotografías de las víctimas y objetos donados por sus familiares. Sin duda, el espacio, las fotos y los objetos son de gran valor, pero el ejercicio de reparación simbólica se da cuando el grupo de mujeres se reúnen y se apropian de este recinto para estar juntas, para hablar, para procesar, para transformar.

Un poco más al sur, pero bordeando el mismo océano, se erige desde el 2013 por iniciativa de la Diócesis de Tumaco, la casa de la Memoria de la Costa Pacífica nariñense. La antecedieron varios impulsos de memoria que coparon los espacios públicos de la ciudad, como la exposición fotográfica de víctimas en un parque central de Tumaco realizada en el 2009. La casa lleva a cabo, entre otras actividades, la formación en pedagogía de la memoria con docentes del municipio de Tumaco, e incluye asuntos asociados a la Cátedra para la Paz. Pero quizás la actividad más notoria de esta casa sea el Velorio por las Víctimas, que se celebra el día de la afrocolombianidad, el 21 de mayo de cada año.

Siguiendo la costa, pero esta vez en las orillas del Atlántico, se halla el Remanso de Paz de Turbo, producto de las luchas por la reparación colectiva después de la violencia generada por los Tangueros, al mando de Fidel Castaño en los años noventa. También aquí hay un Árbol de la Vida, una Colcha de Retazos y un Salón de la Memoria, en donde se realizan acompañamientos a las víctimas, ejercicios pedagógicos, lecturas colectivas y proyecciones documentales. Igualmente, en Antioquia se encuentra un antiguo comando paramilitar —referente de muerte, tortura y desaparición—, abandonado durante la desmovilización de este grupo armado y luego transformado en la Casa de la Memoria de San Carlos. Ahí diferentes organizaciones sociales, además de atender a las víctimas (y victimarios desmovilizados), trabajan por la transformación de los imaginarios colectivos de la región.

Mucho más al norte, en el Caribe colombiano, y más precisamente en los Montes de María, opera el Museo Itinerante de la Memoria. Su misión es derrotar el olvido y "propiciar una reflexión crítica sobre los hechos de violencia ocurridos en la región". Por eso, para asegurar su carácter participativo, vivo y dinámico, se concibe como itinerante, y se logra posicionar como un ejercicio de formación y de movilización social. En esa misma zona se levanta asimismo la Casa de la Memoria de El Salado, la cual comparte el espacio que ocupa el monumento a las víctimas que se erige en el lugar en donde se encontró la mayor fosa común cavada después de la masacre de 2000. Son recintos de reflexión y registro, pero sobre todo de despedida y recordación de quienes ahí fallecieron.

Está, por supuesto, también la Casa de la Memoria en Medellín, que tiene una exposición permanente con líneas del tiempo y mapas interactivos, videos testimoniales en tamaño real, objetos simbólicos alusivos al dolor y la resistencia, voces y susurros, música y cantares; fotografías de los caídos, pero en momentos felices, junto a sus seres queridos, en un tributo que es a la vez cautivador y desgarrador. Aunque la capital albergue varias instituciones de orden nacional que se ocupan de la reparación y restitución de los derechos de las víctimas, también está en la obligación de desarrollar su propio espacio distrital. Así que, en pleno corazón de la ciudad, entre los muertos del Cementerio Central y la esperanza del Parque del Renacimiento germina el Centro de Memoria, Paz y Reconciliación. En él se convocan diálogos, exposiciones, conmemoraciones y encuentros. Pero también se programan acciones que sacan la memoria de sus recintos y la despliegan por las calles bogotanas, y dan lugar a intervenciones que buscan reintegrar no solo a víctimas y victimarios, sino en general a las fragmentadas localidades de la capital.

Todas estas experiencias lentamente se han venido articulando, gracias, entre otras, a la Red Colombiana de Lugares de Memoria, concebida como un espacio de encuentro, apoyo e intercambio entre iniciativas de conciencia, debate, duelo y celebración. Su propósito no solamente es la creación de recintos y circuitos, sino recuperar espacios públicos, como la plaza o el parque, que dejaron de ser puntos de encuentro, debate y recreación, y fueron abandonados por causa del miedo y la imagen del terror. Por eso son más que una colección de monumentos y museos: allí se organizan conversatorios, chocolatadas, siembras, ollas comunitarias... Son trabajos de recuperación del tejido social, de creación de pertenencia y fomento de la confianza en el otro, necesarios para volver a recorrer y habitar los lugares que la guerra otrora les arrebató.

Por último, está el Centro Nacional de Memoria Histórica. Con sus más de 70 informes, el trabajo del Centro Nacional de Memoria Histórica habla por sí solo. Me detengo acá solamente para rescatar uno de sus proyectos más recientes, asociado a lo que más nos concierne aquí: el abordaje de la memoria y el pasado violento en la escuela. En efecto, el área de pedagogía del Centro Nacional de Memoria Histórica se ha trazado como meta que el aula sea un espacio para que las nuevas generaciones piensen en clave de historia concreta, densa y compleja. El fruto de tal aproximación se espera sea una ciudadanía más crítica y empática, que reconozca la pluralidad como riqueza y que aborde con curiosidad y rigor el mundo circundante para debatir sobre él de manera democrática (Wills, 2017). Una de sus premisas es que la historia es también una exploración intelectual y emocional de la identidad a todo nivel: individual, colectiva, nacional y global. Acorde con esos lineamientos, en el 2016 produjeron una caja de herramientas para maestros y maestras, titulada *Un viaje por la memoria histórica: aprender la paz y desaprender la guerra*. La caja se piensa como una colección de materiales para contribuir a una cultura de paz a partir del debate riguroso, pero no dogmático y con enfoque diferencial sobre la memoria histórica del conflicto armado colombiano en los colegios (Centro Nacional de Memoria Histórica, 2015, p. XIX); consta de cinco componentes: una guía con claves para navegar la memoria con algunos ejercicios, dos textos guía para los docentes sobre Bahía Portete y El Salado y otros dos sobre esos mismos casos, dirigidos a los estudiantes.

Después de presentar brevemente el marco legal y los lineamientos básicos del centro, la cartilla introductoria empieza sin rodeos: un joven relata su experiencia como participante indirecto en la masacre de El Salado. El caso es además articulado con el del Batallón 101 de la policía alemana bajo el régimen nazi, con el propósito de remarcar que "cualquiera de nosotros, si no entendemos los engranajes que mueven la guerra y si no cultivamos un discernimiento moral, podemos ser cómplices en procesos que desembocan en grandes tragedias humanas" (Centro Nacional de Memoria Histórica, 2016, p. 27). No obstante, rápidamente se pasa a resaltar una serie de caminos y prácticas que devuelven la esperanza y resaltan el potencial de agencia histórica y de resiliencia de las comunidades. Se menciona así al grupo musical juvenil Quinto Mandamiento, que opuso resistencia pacífica mediante el tambor, la guitarra y la gaita a los llamados de muerte de los actores armados. Es desde la exposición de estos casos que se les propone a los estudiantes una serie de estrategias de reconstrucción de la memoria colectiva para apropiarse de los saberes de sus comunidades, contrastar fuentes, escuchar y debatir.

La idea es que mediante el trabajo en tres registros —la memoria personal, la memoria colectiva y la memoria histórica—[16] surjan ciudadanos capaces de dilucidar "los factores estructurales y políticos que ayudan a configurar los patrones del conflicto" (Centro Nacional de Memoria Histórica, 2016, p. 31). Las actividades y los ejercicios abordan los diferentes niveles en los que se habita la memoria, a partir del cuerpo, y después de la casa, para desde ahí reflexionar sobre la identidad y el territorio. Pero quizás el acierto más grande de esta apuesta pedagógica sea que los casos seleccionados se tratan a partir —y como ilustración— de problemáticas más amplias. Así, por ejemplo, el punto de partida para discutir acerca de la masacre de Bahía Portete es la diversidad y la diferencia, a partir de las cuales se explora la multietnicidad colombiana, con ejemplos de prácticas, rituales y conceptos provenientes de diferentes comunidades. Se arriba entonces a una discusión sobre el conflicto armado y la diversidad étnica, para desde ahí explorar las formas de vida wayuu, tocar las dinámicas de la guerra en La Guajira y finalmente discutir la masacre y su impacto sobre la comunidad. Mientras tanto, el caso de El Salado tiene como referencia la relación entre la identidad, la tierra y la lucha agraria. Se exploran en sus cartillas los conflictos sociales, las primeras disputas armadas y las transformaciones de la guerra, hasta llegar a la masacre y sus consecuencias, pero también hasta abarcar el proceso de retorno.

Ojalá esta extraordinaria apuesta, coordinada por María Emma Wills y con invaluables aportes de docentes de varias regiones del país, llegue pronto a todos los colegios del país. Y ojalá en un futuro próximo sea sobre este tipo de proyectos que el Icfes defina sus criterios para evaluar los logros en el marco de la Cátedra para la Paz. Ahora es tarea pendiente hacerles el debido seguimiento a los resultados de su uso, tanto desde la academia como desde la política pública. Por lo pronto, los esfuerzos pedagógicos del Centro Nacional de Memoria Histórica efectivamente parecen alinearse con

---

[16] Entendida como la inscripción y articulación de las anteriores en una historia nacional nutrida además de información de otras fuentes propias de la historia y las ciencias sociales.

la letra de la canción que posiblemente haya inspirado el nombre de su caja de herramientas:

Desaprender la guerra, realimentar la risa, deshilachar los miedos, curarse las heridas.
Difuminar fronteras, rehuir de la codicia, anteponer lo ajeno, negarse a las consignas.
Desconvocar el odio, desestimar la ira, rehusar usar la fuerza, rodearse de caricias.
Reabrir todas las puertas, sitiar cada mentira, pactar sin condiciones, rendirse a la Justicia.
Rehabilitar los sueños, penalizar las prisas, indemnizar al alma, sumarse a la alegría.
Humanizar los credos, purificar la brisa, adecentar la Tierra, reinaugurar la Vida. [...]
Desconvocar el odio, desestimar la ira, rehusar usar la fuerza, rodearse de caricias.
Reabrir todas las puertas, sitiar cada mentira, pactar sin condiciones, rendirse a la Justicia.
Desaprender la guerra, curarse las heridas. Desaprender la guerra, negarse a las consignas.
Desaprender la guerra, rodearse de caricias. Desaprender la guerra, rendirse a la Justicia.
Desaprender la guerra, sumarse a la alegría. Desaprender la guerra, reinaugurar la Vida. (Luis Guitarra, Desaprender, 2006)

MEMOREANDO Y MERODEANDO LAS AULAS

Uno de los colegios que conoce la propuesta del Centro Nacional de Memoria Histórica es el Campoalegre, gracias a su alineación con un proceso liderado por la profesora Ana María Durán. La institución guiada por la docente decidió que los alumnos aprenderían del conflicto armado a partir del caso de los Montes de María. Para ello leyeron informes del Centro Nacional de Memoria Histórica, se documentaron sobre la región, sobre el problema de la tierra en Colombia y sobre el narcotráfico. Pero lo más destacable de la propuesta es que hicieron una salida de campo a El Salado para así "involucrar a nuestros estudiantes en una reflexión crítica sobre la situación del país en que vivimos, ayudarlos a entender que el conflicto también es suyo, despertar en ellos el deseo de estudiarlo, comprenderlo y, por qué no, contribuir a la reconciliación" (Charria, 2015). Cinco días pasaron los estudiantes en la región, acompañando a la comunidad retornada en sus quehaceres diarios; convivencia de cuyo impacto dejó testimonio la estudiante Juana Durán:

> Por eso, tomar la decisión de rehacer la vida en el lugar en donde fue deshecha es tomar la decisión de continuar la construcción de una identidad colectiva con historia y memoria [...]. El Salado carga una cicatriz indeleble, pero también unas manos que trabajan el campo y tocan instrumentos, pies que bailan los cantos de bocas que, a su vez, cuentan interminables historias. (Charria, 2015)

En Bogotá, la Secretaría de Educación, en alianza con Ficonpaz, implementó en años recientes la apuesta Escuela, Memoria y Paz, preocupados por descifrar cómo articular los procesos educativos de la escuela con la construcción de paz en el país. Su propósito se planteó de la siguiente manera:

> Aunar esfuerzos para el desarrollo de estrategias pedagógicas orientadas a la vinculación de los y las docentes, los y las jóvenes de las instituciones educativas del Distrito Capital y de organizaciones de víctimas, en favor de la construcción de memoria sobre la violencia política, el conflicto armado y las luchas sociales, como fundamentos del ejercicio de ciudadanía y la construcción de paz y democracia. (Cortés, 2017)

La estrategia pedagógica se formuló a partir de cuatro diálogos a distintos niveles: 1) conversaciones en las instituciones educativas con mujeres víctimas del conflicto armado; 2) diálogos más amplios con organizaciones de víctimas del conflicto armado; 3) conversaciones específicamente entre docentes, rectores, rectoras y orientadores (as) con mujeres víctimas del conflicto armado; y 4) exploraciones con los jóvenes en torno a la relación entre arte, memoria y paz. Se realizaron así más de 300 diálogos de diferente orden y se llevaron a cabo procesos de construcción de memoria histórica en las 20 localidades de Bogotá, con presencia en 110 instituciones educativas y con la participación de casi 11 000 personas. Uno de los elementos importantes de este trabajo es que el ejercicio se concibió pensando tanto en los estudiantes como en las víctimas, pues para estas últimas los diálogos fungieron como un proceso de tramitación del dolor, de reparación, "de escucha, resignificación y dignidad" (Cortés, 2017).

También en la capital se desarrolló un instrumento pedagógico que desafortunadamente solo conozco como proyecto: el software *Memoria, conflicto y relato* (2009a), una propuesta pensada como material para reelaborar la memoria social del conflicto, articular la investigación con las diversas iniciativas escolares y visibilizarlas como problemática en el currículo (Sánchez Moneada y Rodríguez Ávila, 2009). El software cuenta con un inventario de cinco tipos de fuentes: periodísticas, oficiales, actores armados, investigaciones académicas y expresiones culturales (como obras plásticas, poesía, cuento, caricatura y humor político). En total hay 1700 fuentes para consultar, que pueden ser también exploradas a partir de categorías tales como entrevistas, estadísticas, cartografías, fotografías, testimonios o textos analíticos.[17] El potencial de esta propuesta es enorme, y tal vez pueda ser aún mayor, en articulación con los resultados de esta investigación. Espero pronto poder trabajar mancomunadamente con sus autoras para desplegar el abanico de sentidos del conflicto que este diálogo pudiera fomentar.

Escribe un docente de Bogotá que

[...] la herida no hay que esconderla ni enterrarla, sino exponerla al aire, a la luz del día, porque una herida escondida se infecta y destila su veneno. [...] esa es la apuesta del posconflicto en la escuela y en la sociedad: exponer las heridas ocasionadas por la violencia para sanarlas con la profilaxis de la pedagogía y con la asepsia de la didáctica y convertirlas en fuentes de vida. (González B., 2015, p. 12)

---

[17] Escuela, memoria y conflicto: hacia un estado del arte, pp. 295-297.

Esa es una opción, pero hay otros caminos que no exigen esterilizaciones pedagógicas, sino, por el contrario, saturaciones creativas. Es el caso de la biblioteca pública Luis Carlos Galán, del Valle de Guamuez (Putumayo), donde se atrevieron a gestar un espacio para las palabras prohibidas de la guerra. En medio de talleres de lectura y escritura y a pesar del estricto control social ejercido por los paramilitares sobre la población, se creó la revista literaria *Katharsis*. En su primer fascículo, la revista presenta a un envalentonado Ítalo, que sin escrúpulo alguno sentencia: "Los muertos jamás trancarán nuestras puertas porque la vida siempre puede y los fusiles no son blindados". La revista, usada por algunos colegios del departamento para contar la difícil historia del conflicto armado, es una muestra de resistencia, pero también lo es de dignidad (Charria, 2015). En el segundo número, publicado en el 2007, incluye un cuento titulado *Elizabet*. Su autora, Nayed, relata:

Elizabet, ven, ponte el uniforme [...] Elizabet, por favor, péinate! Son las 7:20 ya ¿y aún estás aquí? Ya todos están en la escuela [...] bendición, te espero al almuerzo —Chao mamá—.

7:20 am todo es calma, no hay presagio de nada, es un nuevo día con su magia de vida, de alegría, de sabor a tierra [...] ¡Dios! Se hicieron las 7:25am, voy a mis oficios... 7.30am... ¡qué pasa! ¿Qué pasa allá afuera? No, no puede ser, no puede ser, es una lluvia de granadas, de morteros y armas con su siniestro poder, qué está pasando aquí... siento que el corazón se vuelca —los pensamientos se fijan en Elizabet— [...] Elizabet —¿dónde estás? [...] Contesta mi niña [...] noooo! ¿Por qué ahí? ¿Quién te quitó la vida? ¿Quién se otorgó ese derecho? ¿Quién? ¡Dios! Es solo su cuerpo entre mis manos... ¿Por qué? ¿Por qué? Elizabet solo tenía 8 años, merecía la vida, merecía estar aquí entre los cálidos penachos de la verde y brillante esmeralda. (Nayed, 2007)

CAPÍTULO 3. ESTUDIANTES: FUENTES Y RECUERDOS

*Gladys pidió su atención mientras tenían abierto el texto
en la sección sobre el proceso de paz y les preguntó a los
alumnos qué tanto sabían sobre el conflicto armado interno.
En el fondo del salón Luis Fernando levantó finalmente la
mano y preguntó: "¿Qué es el conflicto armado?"*

(Michelle Bellino, 2014)

Un rector y antiguo docente en el este de Sri Lanka alguna vez me
dijo que para dejar atrás el conflicto y la guerra en ese país se ne-
cesitaría que aquellos nacidos entre 1985 y 1987 fallecieran. Para
él la clave de la superación de la confrontación armada dependía
más de la desaparición de una generación, que de cambios en la
esfera política, económica o social. Del mismo modo, muchas de las
personas con las que hablé durante mi investigación insistían vehe-
mentemente en que yo estaba desperdiciando mi tiempo al explorar
la transmisión intergeneracional del conflicto porque, según ellos,
la nueva generación no sabía absolutamente nada sobre su historia. Otros, en cambio, me recalcaban que mi enfoque era erróneo
puesto que el conflicto no se enseña o aprende, sino que se vive.
  Me preguntaba entonces si era acaso posible que tanto en Sri
Lanka como en Colombia los únicos preocupados por la historia
del conflicto y su transmisión fueran, por un lado, los académicos
con su discurso especializado y una audiencia limitada; o, por el

otro, los actores armados con sus narrativas doctrinales y prácticas coercitivas. ¿Puede una estudiante, digamos en Corinto, Cauca, ser testigo de violencia a su alrededor, toparse con la propaganda de la insurgencia o del paramilitarismo y luego presenciar una clase de historia en la escuela que desconozca la turbulencia social de las últimas décadas, como si esas dinámicas estuvieran por fuera de la historia? ¿Puede esta estudiante regresar a casa, ver televisión, conversar con su familia sobre sus días y aun así ser completamente agnóstica de los cursos del conflicto en Colombia? De alguna manera mi incredulidad frente a estas suposiciones que dominan la opinión pública fue lo que me impulsó a indagar por las conexiones entre la guerra y la transferencia de conocimiento intergeneracional.

Lo primero que debía tener en cuenta era que preguntarles a los adultos por la visión de los jóvenes claramente genera sus propias distorsiones. Ya la antropóloga Carolyn Nordstrom anotaba que si bien los adultos tienden a tratar a los niños como si no tuvieran ni filosofías ni emociones propias sobre la guerra, ellos en realidad desarrollan comentarios sociales extraordinarios sobre las situaciones en las que se ven inmiscuidos (Eyber & Ager, 2004). Posiblemente muchos de los adultos sean reacios a permitir que los niños rindan testimonio sobre la guerra por la culpabilidad de no haber podido protegerlos de sus horrores. Sin embargo, es crucial investigar ese "mundo político de los niños, adolescentes y jóvenes" porque, aunque pareciera nunca considerarse, ellos pueden llegar a jugar un papel transformador en la producción y reproducción de las culturas y sus saberes (Boyden, 2004, pp. 248-255).

Por lo demás, al igual que los maestros, los estudiantes también tienen su propio repertorio de acciones para navegar las dinámicas bélicas. Así, por ejemplo, algunos niños en Cambodia desafiaban el Khmer Rouge escapándose de los centros de adoctrinamiento, y una vez de vuelta en sus comunidades se hacían pasar por sordos, mudos o idiotas para evadir la atención de las autoridades y así evitar ser torturados o ejecutados. Es claro entonces que más allá de encasillarlos como víctimas indefensas, necesitamos saber más sobre las competencias cognitivas y sociales de los niños en contextos de guerra, porque, como lo sentencia Reynolds, "la niñez no es otro país" (Reynolds, 2004).

Antes de presentar los hallazgos es importante resaltar que la conexión entre la educación formal y otras formas de transmisión de conocimiento es escasamente explorada en contextos de conflicto. Además, cuando se examinan las prácticas discursivas asociadas a esa conexión, no solamente se debe atender la producción de textos y su distribución, sino también su consumo (Fairclough, 2008, p. 71). Sin embargo, ese último eslabón de la cadena raramente es estudiado en los diversos análisis de conflictos o en la literatura sobre las representaciones de la historia en los textos escolares. Es necesario, por ende, identificar —y no presumir— el repertorio efectivo de transmisión, revisando las fuentes que la juventud usa y referencia conscientemente, con el fin de obtener conocimiento sobre la historia del conflicto. Esto implica preguntarse por lo que conocen los niños y jóvenes, y por cómo lo conocen; preguntarse por sus fuentes, por lo vivido y lo aprendido; preguntarse por el pasado que se incorpora y el futuro que se proyecta.

FUENTES DE LOS SABERES Y MODOS DE APRENDIZAJE

Un estudiante en Barbacoas señaló sobre la historia del conflicto que "se aprende porque es imposible hacerse el de la vista gorda con tantos problemas; como sea, uno aprende". Asimismo, uno de sus compañeros destacó como fuente de conocimiento de la guerra "el diálogo con los sabedores de la región", aunque claro, acompañado de la televisión. En Chaparral, la llave de la transmisión la tuvo el profesor de filosofía, que les enseñó a sus pupilos "todos los conflictos que hay en nuestra sociedad". Para un alumno en El Tambo, sus fuentes más importantes de conocimiento al respecto han sido su padre, sus abuelos o los testimonios de familias víctimas de la violencia. Entretanto, para varios jóvenes en Iscuandé, el aprendizaje se dio en carne propia, "porque yo misma fui víctima del conflicto". De hecho, en esta población ningún joven dijo aprender sobre el conflicto de sus profesores o de la institución educativa a la que pertenece. En Istmina, en cambio, hay un empate entre la televisión y los educadores como fuentes primordiales de los saberes de la guerra; en Planadas y San Carlos, el aprendizaje es fundamentalmente testimonial; mientras que en La Uribe aprenden del conflicto sobre todo de los amigos, de la comunidad o de los vecinos.[1]

Es evidente que los modos y las fuentes de aprendizaje del conflicto armado son muy diversos y por lo tanto no basta con tener datos consolidados para desarrollar una política educativa ajustada. Se manifiestan, no obstante, algunas tendencias que vale la pena explorar. Primero, siendo que —como lo destacamos en la introducción— el anhelo mayoritario de los jóvenes es que la historia del conflicto se enseñe en las aulas, ¿significa esto que efectivamente el grueso de la población estudiantil en la educación media ha aprendido la historia de la guerra de las instituciones educativas y su cuerpo docente? La respuesta corta es que no. Solamente el 28 % de los consultados mencionó a la escuela y sus profesores como fuente del saber para estos asuntos y entre ellos muchos lo nombraron como una fuente de segunda instancia. En cambio, el 70 % de los estudiantes señaló a los medios de comunicación como su fuente de conocimiento sobre el conflicto armado colombiano. De los 37 municipios visitados, solamente en Chaparral, Algeciras, Bogotá, Sardinata, San Juan del Cesar y la Sierra Nevada de Santa Marta, los colegios y sus docentes alcanzaron el porcentaje más alto de mención como fuente de aprendizaje del conflicto armado colombiano; mientras que municipios como Guapi, Patía y Mitú registraron la tasa más alta de la televisión como fuente principal; lugares estos últimos por lo demás notablemente golpeados por la guerra.

Lo anterior visto en términos negativos acentúa la floja incidencia de los lineamientos que salen desde el Ministerio de Educación frente a las aproximaciones a nuestro pasado violento. En términos positivos, recalca, en cambio, la enorme influencia que un docente decidido y preparado puede —y de hecho llega a tener sobre los saberes de la nueva generación—.

LOS MEDIOS

El espacio que de manera más decisiva está educando a la nueva generación sobre la historia del conflicto son los medios de comu-

---

[1] Estudiantes de Barbacoas, 15 de septiembre de 2015; Chaparral, 22 de septiembre de 2015; El Tambo, 14 de septiembre de 2015.

nicación. Entre los medios, la televisión es de lejos la fuente más citada; y dentro de la televisión el formato más referenciado son los noticieros. Dejamos para otro momento una discusión amplia sobre el deber pedagógico y ético de los medios, que necesariamente tendría que abordar la difícil relación entre entretenimiento, ratings y aprendizaje. Por ahora, a lo que nos obliga la predominancia mediática en la configuración de los saberes juveniles sobre la guerra es a pensar en estrategias de política educativa que intervengan sobre esa realidad. Esto no tiene que ser en términos ni de censura ni de injerencia sobre los formatos de presentación o sobre sus contenidos. En vez de antagonizar medios, instituciones educativas y sociedad, lo que hay que hacer es buscar tensiones colaborativas.

Una opción es crear noticieros dirigidos a un público joven, como recuerdo haber disfrutado en Holanda. En ellos ni se esconden las complejidades u horrores de nuestro mundo, ni se infantiliza a los televidentes. Lo que sí hacen es buscar didácticas informativas atractivas para los jóvenes, enfatizar las consecuencias de los procesos políticos sobre la cotidianidad de la nueva generación y propiciar reportajes ejecutados al menos parcialmente por sus pares. Otra posibilidad es pensar en acciones de acompañamiento estandarizados sobre los noticieros en los colegios. Esta alternativa se antoja más plausible a corto plazo, sobre todo reconociendo las restricciones para intervenir en las prácticas de los canales comerciales. El argumento en últimas es que, en vez de intervenir desde la oferta mediática, lo que resulta más viable es intervenir en los patrones de consumo. Si se logra fortalecer lo suficiente la competencia analítica y crítica del estudiantado ante la información disponible, serán ellos mismos quienes demandarán otro tipo de contenidos, frente a lo cual los medios eventualmente ajustarán su oferta. Si no lo hacen por compromiso social, al menos lo harán por lógicas del mercado. Pero dejemos el debate sobre las posibles intervenciones para el cierre de este libro.

¿Cómo aprendieron entonces los representantes de la nueva generación que consultamos? "Observando las noticias como todo el mundo", dice un estudiante en Mitú; "por los noticieros, ya que son una forma muy necesaria para nuestro aprendizaje", dice una alumna en Pelaya, Cesar; "por las historias que han narrado en programas que escogen esas tristes realidades para dar ejemplo", comenta un joven en Barbacoas.[2] Entre los formatos, los noticieros son los más mencionados, pero no son el único modelo televisivo con impacto pedagógico. Las telenovelas y las series son frecuentemente nombradas, algunas citadas específicamente, como es el caso de *El Patrón del mal* y *Los 3 caínes*. En contados casos también hablan de documentales y películas como *Los colores de la montaña* y *Sangre en los jazmines* o, en un sentido más genérico, de "un video que marcó mi vida". Hay incluso pupilos que asimilaron información sobre la historia del conflicto gracias a los *tips* que aprenden en revistas o propagandas.[3]

Figura 2. Cómo y de dónde aprenden los estudiantes sobre el conflicto armado

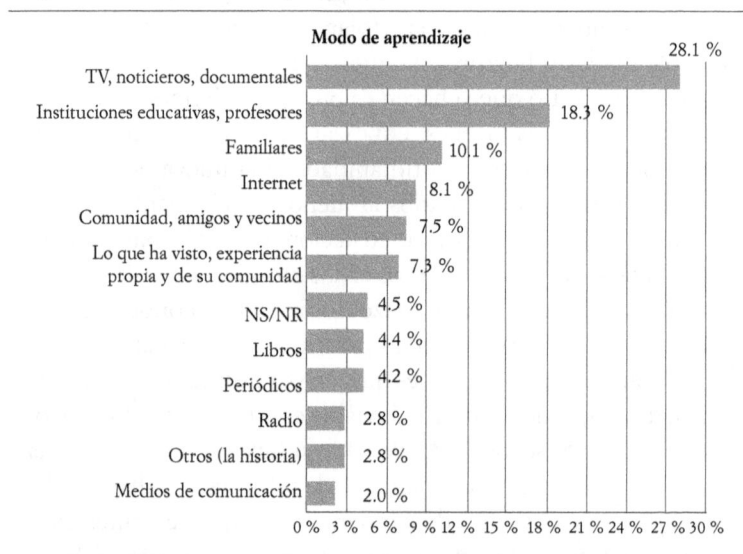

Por supuesto, este no es un fenómeno exclusivamente colombiano. Gary Edgerton publicó un texto que tituló *La televisión*

---

[2] Estudiantes de Mitú, 1.° de octubre de 2015; Pelaya, 4 abril de 2015; Barbacoas, 15 de septiembre de 2015.

[3] Estudiantes de Barbacoas, 28 de septiembre de 2015; Miraflores, 4 de abril de 2015; Pelaya, 15 de septiembre de 2015; Bogotá, 17 de noviembre de 2015; San Juan del Cesar, 7 de abril de 2016.

como historiadora (*Television as Historian*), en el cual afirma que de la misma manera en que ha alterado todos los aspectos de la vida contemporánea, también la televisión ha transformado el modo como millones de televidentes piensan sobre los eventos del pasado y las figuras históricas. La televisión es por eso, según Edgerton, el medio principal a través del cual la gente hoy aprende de historia (Edgerton, 2000). Esto sigue siendo así, a pesar del creciente rol de internet en las luchas y disputas por las representaciones del pasado.

No sorprende, pues, que la fuente más mencionada entre los estudiantes colombianos sea la televisión; pero tampoco se puede dar por sentado. En Sri Lanka, por ejemplo, la fuente de aprendizaje más referenciada fue la prensa, y dentro de ella un periódico en particular. También allá, teniendo tan precisada la plataforma, se podría pensar en toda suerte de modelos colaborativos entre prensa y escuela. Por eso es menester insistir en que la relación entre medios, los trabajos de la memoria y los saberes de la guerra no son *per se* contraproducentes. El uso, por ejemplo, de YouTube como un archivo accesible de memoria popular, institucional o académica ha enriquecido los debates e impulsado la reivindicación de muchas organizaciones sociales. El uso en general de internet permite comparaciones y evaluaciones de representaciones del pasado sin precedentes, como también favorece la circulación exponencial de tergiversaciones o llanas falsedades. No hay que desvirtuar automáticamente la relación entre memoria, medios y mediatización, pero sí hay que problematizarla.

Ahora bien, si los adolescentes colombianos están aprendiendo fundamentalmente de la televisión, ¿quiere decir esto que se evidencia una homogeneización de los saberes, de las interpretaciones y de los recuerdos de la guerra a lo largo y ancho del país?

No, por varias razones. Primero, lo que se comparte ampliamente como fuente de conocimiento es la televisión como plataforma general, pero lo que se ve y se escucha no es lo mismo. Segundo, y tal vez más importante, incluso si se consumiera una misma narrativa que se busca imponer como única verdad, las imágenes consumidas son siempre articuladas a las experiencias y a los referentes locales. Por último, quienes las consumen tienen diferentes criterios, formas de acompañamiento y procesamiento de la información. Desconocer esto ha sido uno de los errores de buena parte de la literatura. Si bien es cierto que la narrativa mediática persigue y presenta una *certeza mnemónica* simple y uniforme, su consumo regenera la variación localizada y reintroduce una frecuentemente saludable *duda mnemónica* local. Esto no nos exime, sin embargo, de estar atentos a la creciente disonancia entre las narraciones locales y las mediatizadas, que resulta de lo que Zelizer ha denominado la *canibalización* de la memoria en el flujo de las noticias (Zelizer, 2011).

LAS INSTITUCIONES EDUCATIVAS

Según un alumno de Argelia (Cauca), su conocimiento sobre el conflicto armado le llegó a través de "enseñanzas de docentes". Y agrega, "la historia lo dice todo: mientras existan la pobreza y los ricos robando, no habrá paz".[4] Si bien es cierto que la mayoría de los jóvenes que destacaron a sus instituciones educativas como fuentes de saber sobre la guerra resaltan particularmente las clases de sociales, también es notoria la recurrente mención de los profesores de filosofía, como si estos desafiaran a las autodefensas que impidieron su trabajo en Pelaya años atrás (ver capítulo 2).

Anotábamos anteriormente que a pesar de que solamente el 28 % de los estudiantes consultados aludió a su plantel educativo, esos mismos datos igualmente reflejaban la importancia que tienen determinados docentes en la transferencia de saberes sobre el conflicto armado. Así queda constatado en el testimonio de un alumno en San Pablo (Bolívar), quien dice hablar de estos temas "con un profesor del colegio de mucha confianza". También queda registrado en las voces de varios estudiantes de un colegio del norte de Bogotá, que mencionaron con nombre propio a su antiguo profesor, pues aprendieron en "clases de historia de Colombia con el columnista de *El Espectador*, Arturo Charria". El impacto de Charria como docente incentivó la investigación de uno de sus alumnos e incluso lo llevó a repensar sus relaciones sociales: "[aprendí de] un profesor que me enseñó de una forma donde nos explicaba a través de lo

---

[4] Estudiante de Argelia, 22 de septiembre de 2015.

que las víctimas del conflicto habían vivido. Tuve la oportunidad de entrevistar a mi empleada y ahí pude saber mucho más".[5] El aprendizaje que señalan los estudiantes no es solamente aquel que resulta de una modalidad magistral, pues muchos de ellos resaltan precisamente que se informaron acerca del conflicto, por ejemplo, "por un trabajo que tenía que realizar sobre las desigualdades sociales que crean conflictos de orden económico, político, laboral y de la ley". De hecho, cuando les preguntamos a los alumnos si discutían estos temas con sus compañeros de escuela o con sus amigos, en 19 de los 40 colegios los estudiantes respondieron "Sí, hacemos debates, charlas, discusiones, en el mismo colegio". En El Tambo, un alumno también dijo discutir esto "en clase de filosofía realizando mesas redondas"; mientras un alumno en Istmina debatió sobre el pasado bélico "cuando nos tocó exponer el tema en el colegio". Del mismo modo aprendió una estudiante en San Juan del Cesar, quien destacó —aunque con una curiosa y problemática distinción— cómo han realizado "varios debates en clases, en los cuales unos apoyan la posición e ideales de la guerrilla y otros apoyan el país como tal".[6]

Resulta llamativo que menos de un tercio de los estudiantes consultados destaque a su institución educativa como fuente de saberes de la guerra, cuando cerca de la mitad de los colegios visitados realiza debates, mesas redondas, tareas, conversatorios o charlas al respecto. Acaso parte del estudiantado entienda esos trabajos como ejercicios, no como instancias de transferencia de conocimiento. O quizás esos ejercicios sean concebidos apenas como procedimientos encaminados hacia la obtención de mejores resultados en las pruebas estatales, como sucede con una porción significativa de nuestra educación. Aunque hay que mencionar, incidentalmente, que también los preparatorios para esas pruebas fueron ocasionalmente registrados como fuentes de aprendizaje, tal como lo plasma un joven en Bogotá, quien aprendió de la historia del conflicto "en un pre-Icfes". Asimismo fueron registrados algunos

---

5   Estudiantes de San Pablo, 11 de septiembre de 2015; Bogotá, 22 de agosto de 2016.

6   Estudiantes de Planadas, 15 de julio de 2015; El Tambo, 21 de octubre de 2015; Istmina, 21 de octubre de 2015; San Juan del Cesar, 7 de abril de 2016.

escenarios pedagógicos dentro de las instituciones educativas que aprovechaban la coyuntura del país para abordar nuestro difícil pasado: "En el colegio antes del plebiscito nos mostraron toda la historia del conflicto". Hubo igualmente alumnos que, más que mencionar a sus docentes como sus fuentes, quisieron aprovechar el espacio para rendir tributo o reconocer su potencial. Aprovechaban entonces para resaltar, como lo hizo una estudiante en Sardinata, que "estas son las personas más aptas para darnos cátedras de la paz y contarnos muchas cosas de manera didáctica y crítica (pero no desde un punto de vista propio)".[7]

LA EXPERIENCIA

> *—¿Cómo aprendiste sobre el conflicto?*
> *—¿En Segovia? Viviendo.*
>
> (Estudiante de Segovia)

Al consultarles por sus modalidades de aprendizaje del conflicto, un grupo considerable de estudiantes aludió a la experiencia como fuente de su conocimiento, expresándose a través de afirmaciones como "lo sé porque lo he vivido", porque se aprende "en la vida diaria", porque les ha tocado "en carne propia", "porque soy víctima de ese conflicto", o porque "mi madre murió en el transcurso de esa ridícula guerra". Algunos lo manifiestan con un tono difícil de decidir entre ontológico y resignado. Tal es el caso de un muchacho indígena, quien de manera semejante a su compañero segoviano, dijo haber aprendido de la guerra "observando la vida". Otros aceptan el papel pedagógico de la vivencia, pero prefieren resaltar las trasformaciones de su región. Así lo hace este joven en Planadas, quien destaca que aprendió porque vive "en una zona donde nació [el conflicto], pero ahora es un lugar de paz donde está el mejor café del mundo". Otros en cambio reconocieron sin pelos en la lengua

---

[7] Estudiantes de Bogotá, 8 de julio de 2016 y 17 de noviembre de 2016; Sardinata, 18 de septiembre de 2015.

que aprendieron haciendo parte de la guerra: "[aprendí] porque participé en charlas y estuve en las filas de las Farc".[8] Son múltiples las historias que reflejan el impacto pedagógico de las instancias mismas de violencia. Sin embargo, con una afectación global del 45.2 % entre los estudiantes consultados, se podría suponer que la experiencia directa figuraría como una fuente aún más preponderante de aprendizaje del conflicto armado. Sorprendentemente solo el 7 % de los estudiantes referenció sus vivencias como fuente de su saber de la guerra. Esto es significativo porque insinúa que vivir la guerra no genera de manera automática un relato sobre ella e incluso puede tener el efecto contrario: una incapacidad de contextualizar y darle sentido a lo sufrido, producto del trauma mismo (Jelin, 2002).

Figura 3. Modo de aprendizaje sobre el conflicto armado de estudiantes en Toribío

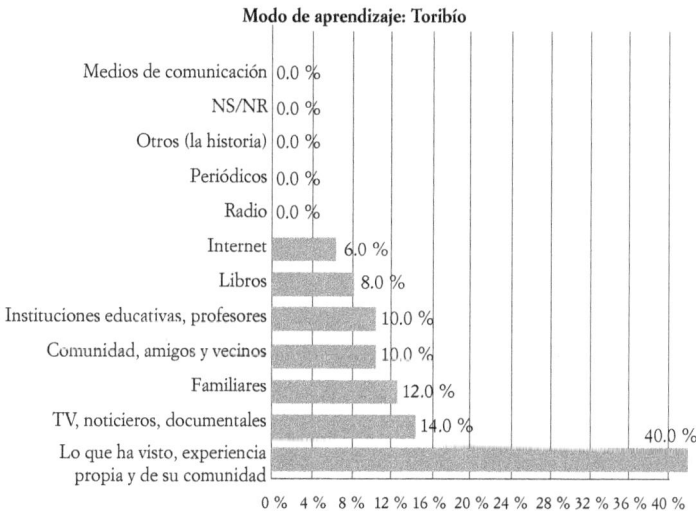

Dejando de lado la participación dentro de los actores armados que se registró solo en contadas ocasiones, se distinguen tres grandes

---

8   Estudiantes de Caucasia, 25 de septiembre de 2015; San Carlos, 22 de septiembre de 2015; Toribío, 22 de septiembre de 2015.

líneas en esta categoría: una es el aprendizaje a partir del testimonio de incidentes violentos; otra es el aprendizaje desde la afectación directa; y, por último, está el aprendizaje a partir de los efectos de las dinámicas de la guerra sobre su comunidad. Lo interesante de este último componente es que muestra cómo experiencias que no son vividas en carne y hueso, son no obstante apropiadas por miembros de la comunidad y experimentadas como propias, generando incluso un vínculo emocional con el evento, así no se haya vivido sobre su cuerpo físico, sino social.

De los 37 municipios, Toribío es la población en la cual se encuentra el mayor número de estudiantes que destacan la experiencia propia como fuente de su saber de la guerra. Muchos habrán aprendido de las ruinas, de los edificios o las casas abandonadas; de los maestros ausentes, de los terrenos baldíos, de los parques y las plazas inhabitadas. Además, la experiencia directa y testimonial no es solo visual. Para muchos estudiantes el germen de la conciencia del conflicto seguramente también habrán sido los estruendos de bombas, minas y disparos; los gritos de heridos y torturados, las órdenes de los victimarios. Los sonidos de la guerra son indudablemente una instancia de transmisión de saberes, como también lo habrán sido los silencios.

LA FAMILIA

Michelle Bellino (2014) nos muestra cómo, para los adolescentes en Guatemala, los intercambios intergeneracionales con familiares fueron influencias importantes en su comprensión histórica del conflicto, fueran estos expresados a través de narrativas o por medio de silencios comunicativos. También en Sri Lanka, la familia fungió como una instancia crucial de transmisión del conflicto. Sin embargo, explorando a fondo los relatos de los jóvenes estudiantes, se hizo notorio que esta fuente se encargaba fundamentalmente de relatar incidentes de violencia concebidos para transmitir la historia de un sentimiento, la historia de su sufrimiento. Por lo mismo, mucha de la transmisión familiar ocurrió sin palabras, siendo compartidas las memorias en cambio a través de "fotografías sin explicación o lágrimas observadas" (Thiranagama, 2011, p. 98). El dolor transmitido en esa silenciosa gramática del pasado violento tiene un lugar preponderante en la configuración de la relación entre memoria e historia (Radstone y Hodgkin, 2003, p. 103).

Algo semejante parece ocurrir en Colombia. El espacio familiar, más que ofrecer relatos históricos detallados, aborda en cambio la conexión de la vida familiar con las dinámicas de la guerra, a través de narrativas emocionales que enfatizan el dolor y el sufrimiento, pero también la supervivencia, la resiliencia y la superación. Igualmente se destaca cómo frecuentemente la familia cumple un rol de acompañamiento pedagógico, no necesariamente proponiendo discursos propios, pero sí supliendo apoyo explicativo, aclarando imágenes e intervenciones, o respondiendo preguntas que suscitan los medios a la nueva generación.[9] Además, en un número considerable de casos la familia emerge como un espacio de transmisión, pero indirecta, porque el conocimiento adquirido resulta no tanto de encuentros y conversaciones cara a cara, sino de escuchar secretamente las conversaciones de los adultos en casa. Es importante resaltar esto porque la guerra, así como su transmisión, dependen considerablemente de estos espionajes inocentes, como también de los maliciosos chismes que terminan por configurar imaginarios distorsionados, impulsando incluso acciones violentas consciente o inconscientemente mal direccionadas (Sánchez Meertens A., 2013, p. 226).

Ya hemos visto que el tío es la persona más nombrada como familiar afectado por la guerra. Pues bien, como fuentes de conocimiento predominan en cambio los padres. Aunque notablemente también los abuelos cumplen un papel preponderante en la transmisión de la historia del conflicto. Varios estudiantes aseveran, por ejemplo: "Aprendí a través de las historias que me cuentan mis abuelos", "cuando mi abuela me contaba de pequeño lo que pasaba en la vereda" o "aprendí del conflicto porque mis abuelos hablan mucho sobre La Violencia.[10] En esto sin duda juega un rol importante la autoridad de los mayores, los años de experiencias vividas, las licencias pedagógicas que tienen los abuelos por enci-

---

[9]   Estudiante de Planadas, 15 de julio de 2015.
[10] Estudiantes de Patía, 17 de septiembre de 2015.

ma de los padres, pero también la distancia temporal entre lo que relatan y las vidas de los chicos.

LA COMUNIDAD

La nueva generación reconoce a la comunidad como una fuente de conocimiento de la historia de guerra del país, aunque en menor medida. Lo hacen mencionando a personas de la sociedad, a las ONG y sus capacitaciones o a los músicos del pueblo. También reconocen el peso de las "palabras de los mayores" y ancianos, destacan los intercambios con los amigos y vecinos, e incluso en dos oportunidades hasta a los políticos y sus partidos.[11] Notablemente, algunos aprecian asimismo los testimonios de las personas víctimas de la guerra, particularmente de las familias desplazadas que llegan a las cabeceras municipales.[12] Aparecen igualmente expresiones genéricas, como *la voz popular*, *las historias del pueblo*, o los *comentarios de la gente*, como fuentes cognitivas. A ellas se suma esa otra poderosa y peligrosa fuente discursiva: los *rumores*, los *chismes* y los *murmullos*.[13] Un pupilo en San Vicente del Caguán, por ejemplo, recalcó con algo de molestia que aprendió de la guerra "por las comunidades de mi barrio que son muy chismosas", y aprovechó para anotar que "mucha gente acusa a todos los guerrilleros y al fin y al cabo todos empezamos esta guerra".[14]

No se puede desestimar el papel del chisme y el rumor como motores fundamentales en las dinámicas de la guerra y en la legitimización de la violencia. Son parte del universo de formas disponibles para darles sentido a los eventos y las acciones que nos rodean (Sánchez Meertens A., 2013, p. 57). Su proliferación en tiempos de crisis es expresión de la condensación simbólica de los eventos más drásticos en nuestras vidas. Incluso cuando incursionan en lo

---

[11] Estudiantes de Leticia, 5 de noviembre de 2015; San Carlos, 22 de septiembre de 2015.

[12] Estudiantes de Istmina, 15 de octubre de 2015; San Carlos, 22 de septiembre de 2015; Planadas, 15 de julio de 2015.

[13] Estudiantes de San Juan del Cesar, 7 de abril de 2016; San Carlos, 22 de septiembre de 2015; Segovia, 15 de octubre de 2015; Patía, 17 de septiembre de 2015.

[14] San Vicente, 11 de septiembre de 2015.

absurdo, los rumores influencian muchas de las acciones individuales y colectivas del conflicto armado. En algunos casos fungen
como extrapolaciones analíticas ante la ausencia de mejores datos.
En otros casos son manifestaciones de resentimiento social; y a
veces son profundos deseos o anheladas teorías conspirativas. Ya
lo decía Simons: "la tergiversación e incongruencia de los rumores
es la propia fibra con la cual se escribe la historia" (Nordstrom y
Robben, 1995, p. 15).

Es significativo que no aparezcan referenciados los actores
armados como fuentes de conocimiento, a excepción quizás de
la referencia indirecta hecha por aquel muchacho que mencionó
haber estado en las filas de las Farc. Sin embargo, particularmente
en zonas rurales remotas y golpeadas durante décadas por las dinámicas del conflicto armado, esta apreciación debe tener en cuenta
que categorías como "la familia" y "los actores armados" no son
siempre espacios plenamente distinguibles. Allí, el conocimiento
sobre la guerra fácilmente circula de un dominio a otro y puede
llegar a ocurrir que cuando un estudiante dice que aprende de la
guerra a través de las discusiones con la familia, esto puede incluir
a miembros de los actores armados, tanto de la guerrilla, los paramilitares o el ejército y la policía. Porque a pesar del trato que a
veces les damos, ninguno de esos grupos son fuerzas externas que
llegan a copar los terrenos sin tener vínculo alguno con las comunidades locales.

Fuentes secas

Algunas fuentes fueron mencionadas solamente una vez, pero en
todo caso merecen ser rescatadas. Entre ellas está la de un estudiante en Bogotá, quien destacó dentro de su consumo mediático
una página web que según él se llama "memoria histórica para la
paz"; y otro en Tierralta opinó que "todos deberíamos leer un buen
libro donde la memoria de Colombia se vea reflejada, algo así como
memorias de acero".[15]

---

[15] Estudiantes de Bogotá, 8 de julio de 2016; Tierralta, 29 de septiembre de 2015.

Pero lo que es crucial destacar es cómo brillan por su ausencia los museos, monumentos, centros y parques de la memoria, como fuentes de los saberes juveniles. Quedará pendiente para futuras investigaciones explorar por qué, a pesar de su incuestionable papel pedagógico, estos lugares no fueron registrados en la mente de los estudiantes como instancias de conocimiento sobre la guerra. No deja de ser inquietante esta ausencia, aunque es importante anotar que el hecho de que estas fuentes no sean mencionadas por los alumnos no significa que en realidad no hayan cumplido un rol importante en la trasmisión de conocimiento. En particular sorprende que no aparezcan las casas y los centros de memoria, muchos incluso con sede en las poblaciones visitadas y consultadas. Como ocurre con los textos escolares, aquí también este silencio nos recuerda que no basta con montar y registrar las iniciativas de memoria, sino que se tiene que hacer un seguimiento y diseñar estrategias que garanticen la circulación, el consumo y la coproducción de los conocimientos que se quieren enaltecer en estos espacios.

También habrá que complementar estos resultados con un estudio más profundo sobre el creciente rol que están adquiriendo las nuevas iglesias en la producción de sentidos localizados de la historia y la vida, en especial en las zonas tradicionalmente afectadas por el conflicto armado. Por ahora, valga tan solo traer a colación el ejemplo de una alumna en Planadas, quien manifestó que no había sido afectada por la guerra dado que "siempre hemos sido personas muy reservadas de lo malo porque pertenecemos a la religión IPVC". De ninguna manera se puede despreciar el poder semántico de la experiencia religiosa. Así lo ilustran en el este de Sri Lanka los oráculos de Amman, que en su performatividad cumplían una función central cuando lograban captar, interpretar y encarnar las heridas de la guerra, facilitando la agencia testimonial, desafiando el silencio político y promoviendo una suerte de conmemoración redentora (Lawrence, 2000, pp. 179-189). Los oráculos tenían así la capacidad de ampliar el conocimiento del conflicto más allá del registro de lo humano, ofreciendo un tipo de información que ningún libro, profesor o periódico podría captar. Tal como lo logra el narrar en general, los oráculos creaban una oportunidad para que experiencias privadas de violencia entraran a formar parte de la memoria colectiva (Sánchez Meertens A., 2013). Es claro que las fuentes y sitios de producción de saberes no son mutuamente excluyentes. Estos se suman, se mezclan y se sobreponen; razón por la cual plantear la existencia de una narrativa maestra como hilo de la trasmisión se hace inconcebible. De igual manera, queda en evidencia que la idea contrapuesta de la radical no-trasmisión intergeneracional resulta también imposible. Los lugares mencionados, así como varios que no fueron nombrados por los jóvenes, constituyen motores importantes en las fabricaciones epistemológicas de la juventud. A fin de cuentas, todo espacio de interacción social es un potencial sitio de trasmisión de conocimiento. Así lo ilustra una estudiante araucana que destacó las fiestas y matrimonios como fuentes de conocimiento de la guerra; y así lo subraya con naturalidad una joven bogotana al decir que "estos asuntos están presentes en la mesa cuando comemos.[16]

MOMENTO DE APRENDIZAJE

A los cerca de 1500 estudiantes les preguntamos no solamente cómo y de dónde aprendieron lo que dicen saber sobre la historia de la guerra, sino cuándo lo aprendieron. 142 de ellos respondieron que no sabían o no se acordaban; y otros 139 dijeron que desde que tienen memoria, uso de razón o desde que eran muy pequeños sabían del conflicto. Pero quizás lo más notorio es que más del 80 % del estudiantado consultado señaló que su aprendizaje sobre la guerra fue entre sus 5 y 12 años.

Esto nos obliga a pensar en cuándo intervenir desde la política pública educativa, porque, si bien es cierto que la Cátedra de la Paz está formulada para implementarse desde edades muy tempranas, los contenidos asociados al pasado violento solo se conciben para los últimos años de la secundaria. Lo que estos resultados demuestran, sin embargo, es que para ese entonces la mayoría de niños vienen ya madurando una lectura sobre los sucesos de la guerra, que difícilmente podrá ser cuestionada o ajustada años después.

---

[16] Estudiantes de Arauca, 22 de septiembre de 2015; Bogotá, 22 de agosto de 2015.

En general, los estudiantes, al referir el momento de aprendizaje daban cuenta de su edad, un evento autobiográfico o un hito mediatizado. Quienes ubicaron su momento de aprendizaje asociado a un hito mediatizado, mencionaron, sobre todo, la Operación Jaque, la liberación de Ingrid Betancourt y Clara Rojas. Una estudiante en Leticia incluso conectó esa imagen con otro hito de la confrontación armada: "desde pequeña me ha gustado estar informada de lo que sucede; cuando era pequeña me impactó lo de los diputados, lo de Clara Rojas e Ingrid Betancourt".[17] Curiosamente, les sigue de cerca Pablo Escobar, su muerte y el narcotráfico, concebidos como eventos aunque estas sean instancias ocurridas antes del nacimiento de casi todos los estudiantes consultados. Luego está la captura o muerte de cabecillas de grupos armados (notablemente la de Raúl Reyes, mencionado varias veces, mientras la de Alfonso Cano no fue mencionada ni una sola vez) y la bomba al Club El Nogal (ver segmento sobre recuerdos). También hubo un alumno de un colegio en Bogotá, quien en una interesante fusión de fuentes dijo que su momento de aprendizaje fue cuando se enteró de "la masacre de Marquetalia", asociando de esta manera el inicio del conflicto al inicio de su conciencia sobre este.[18]

Por otro lado, dentro de las experiencias personales, un cuarto de los estudiantes se refiere a momentos de consulta con familiares u otras personas, o a que les escucharon comentar algo asociado a la guerra. Otro cuarto hace alusión al encuentro con la imagen: televisión, videos o fotografías que despiertan la conciencia del contexto violento por el que atraviesa el país. Solamente un 12 % de las menciones reportan al colegio como el momento inicial de aprendizaje sobre la guerra. Seguido muy de cerca (11 %) por los enfrentamientos, ataques, tomas u operaciones militares ocurridos en sus poblaciones. Luego se mencionan el secuestro, las amenazas y los homicidios; y con un porcentaje casi idéntico, la presencia de actores armados. Aunque estadísticamente hablando sea menos representativo, es importante señalar que el miedo, la tristeza o la rabia fueron mencionados 25 veces. Esto merece ser destacado

---

[17] Estudiante de Leticia, 5 de noviembre de 2015.
[18] Estudiante de Bogotá, 17 de noviembre de 2016.

porque demuestra cómo entre un grupo de jóvenes se reconoce el despertar emocional como un instante de aprendizaje.

Figura 4. Experiencias personales de aprendizaje del conflicto armado

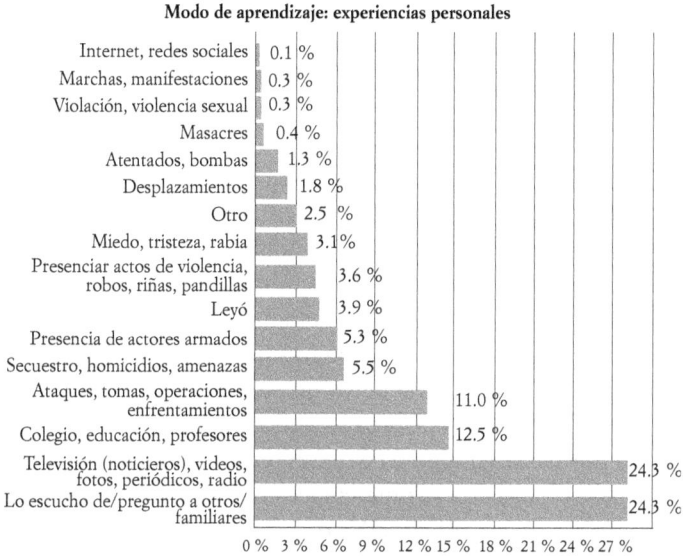

Modo de aprendizaje: experiencias personales

Internet, redes sociales	0.1 %
Marchas, manifestaciones	0.3 %
Violación, violencia sexual	0.3 %
Masacres	0.4 %
Atentados, bombas	1.3 %
Desplazamientos	1.8 %
Otro	2.5 %
Miedo, tristeza, rabia	3.1 %
Presenciar actos de violencia, robos, riñas, pandillas	3.6 %
Leyó	3.9 %
Presencia de actores armados	5.3 %
Secuestro, homicidios, amenazas	5.5 %
Ataques, tomas, operaciones, enfrentamientos	11.0 %
Colegio, educación, profesores	12.5 %
Televisión (noticieros), videos, fotos, periódicos, radio	24.3 %
Lo escucho de/pregunto a otros/ familiares	24.3 %

0 % 3 % 6 % 9 % 12 % 15 % 18 % 21 % 24 % 27 %

Finalmente, catorce alumnos aprendieron por su propio desplazamiento forzado, diez por atentados que presenciaron y tres adolescentes dijeron haber aprendido a partir de momentos comunicativos. Un ejemplo notorio lo encarna un joven de Orito, Putumayo, que narra cómo su momento de concientización fue "cuando escuché de la masacre que hubo en el valle de Guamuez-El Tigre" (¿Habrá sido de voz en voz o leyendo la revista *Katharsis*?). En esa misma vena, pero esta vez como testigo de primera mano, un estudiante en Corinto relató que el momento en que aprendió de la guerra fue a sus once años, cuando vio "una masacre en mi pueblo de unos indígenas por causa de las Farc". Otro pupilo, esta vez en San Miguel, supo por primera vez que había un conflicto armado en Colombia cuando tenía apenas 5 años y presenció "lo que le hicieron a un soldado... y me sentí mal porque era una persona inocente". Finalmente, una inusitada modalidad e instante de aprendizaje lo describe una alumna en San Vicente del Caguán, que aprendió "cuando yo hice un curso de enfermería y me obligaron a cogerles puntos a los heridos".[19] Posiblemente descubramos años después de la desmovilización de las Farc y el ELN, que estas condiciones y momentos de aprendizaje y concientización fueron más frecuentes de lo que creemos en las urbes.

RECUERDOS DE GUERRA

Como parte de esta investigación indagamos entre los estudiantes si recordaban algún incidente en particular de violencia en su comunidad. En el caso de Gaitania (Planadas) —considerada la cuna de las Farc—, varios reseñaron un mismo incidente, expresado así por uno de ellos: "Sí. Un día que estaban celebrando el día de los niños en el parque —estábamos con mis primas y hermanos— y se metió la guerrilla. Hubo un muerto que fue el payaso… quien era un soldado".[20] La imagen de ese recuerdo infantil se resiste al olvido, quizás porque se configura como un retrato condensado de una guerra cuya prolongación y argumentación *ad absurdum* termina por generar narrativas con tonalidades que circundan lo tragicómico.

No obstante la singularidad de ese evento, respuestas semejantes se encuentran a lo largo y ancho del país; son respuestas irrepetibles pero reconocibles, únicas pero de alguna manera con sentidos conmensurables. Son, en todo caso, palabras que remiten a una de las múltiples modalidades de aprendizaje del conflicto armado: la modalidad testimonial. Los contenidos de los relatos son, así, insumos para la comprensión de las dinámicas intergeneracionales de producción de conocimiento, abordadas desde su diversidad tanto temporal como regional. Nos importa lo recordado, en la medida en que esto nos diga algo sobre el proceso de transmisión, sobre cómo es posible decir lo dicho, recordar lo recordado. La figura del payaso muerto es, por tanto, ilustrativo aquí, ante todo porque

---

[19] Estudiantes de Orito, 22 de septiembre de 2015; Corinto, 24 de septiembre de 2015; San Miguel, 21 de septiembre de 2015; San Vicente, 11 de septiembre de 2015.

[20] Entrevistas personales y cuestionarios, Planadas, 15 de julio de 2015.

habla de una manera de conocer la guerra; el payaso asesinado es relevante porque es un nodo estructurador de sentido.

Como veremos con este y otros ejemplos, la memoria autobiográfica y la memoria histórica están cargadas de sentidos emocionales. Esta carga logra que la experiencia de unos pocos con sus vivencias locales y privadas se conviertan, no obstante, en saberes emotivamente compartidos por grupos enteros. Como lo sugería Young, el dolor biográfico y el histórico quizás nunca sean del todo distinguibles (Cappelletto, 2003, p. 256). La muerte de un payaso, una toma guerrillera vivida por los papás, una chiva bomba, el registro mediático de un rescate o del asesinato de un narcotraficante, son asimilados como memorias propias. La apropiación individual parte de la disposición de estos eventos dentro del repertorio de sentidos y emociones compartidas, hasta lentamente incorporarlos —literalmente— como parte del tejido de sus existencias.

Si algo nos enseñan las voces de estos jóvenes es que es posible recordar lo que no se ha vivido (Jelin, 2002); apropiarse de experiencias ajenas y relaborarlas en un trabajo dialógico e intergeneracional. Surgen así imágenes-recuerdo que se entrelazan, se conectan, se mezclan y se reconfiguran hasta formar una telaraña de nodos mnemónicos; una compleja matriz que yo llamo alianzas semánticas.

Quisimos en este trabajo conocer los recuerdos del conflicto que siguen pasando y volviendo a pasar por el corazón de los jóvenes colombianos.[21] Nos preguntamos a su vez por el vínculo de esas memorias con los territorios y por su articulación con la transición política que transcurría en el momento en que los estudiantes fueron consultados. Quisimos, así, no solo establecer cuáles eran los recuerdos —o el tipo de recuerdos— más recurrentes, sino explorar las divergencias mnemónicas entre los diferentes municipios; indagar si estos recuerdos se insertan en las dinámicas locales del conflicto; y si a pesar de la gran diversidad de contextos existen referentes comunes entre los miembros de la nueva generación.

En alguna de sus obras, Millás escribió que el significado está en la periferia. No habla —creo yo— de una periferia necesariamente

---

[21] Como lo rescata Angie Ariza, miembro del equipo de investigación, recordar viene del latín *recordis*, que quiere decir "volver a pasar por el corazón".

territorial, sino de las fronteras de la experiencia, de los límites de
lo que podemos pronunciar. También Boaventura de Sousa Santos reconoció, en un sentido más político, el potencial de la (semi)
periferia. La producción de conocimiento se tiene que ocupar de
esos márgenes donde lo inusitado puede de repente dinamizar los
saberes y desestabilizar los cánones prestablecidos. Esto sería hablar,
en términos de Michel de Certeau, de las *heterologías*: una preocupación por la organización del conocimiento del otro. Aunque,
más que una indagación por el conocimiento de un Otro abstracto,
propongo aquí una preocupación por los múltiples saberes de los
muchos concretos.

El Centro Nacional de Memoria Histórica ha expresado ese reconocimiento al saber periférico, señalando que es también desde
ahí desde donde se deben construir las memorias emblemáticas de la
violencia y de sus resistencias. Creemos contribuir a esa apuesta en
clave generacional: no solamente abordando los saberes producidos
desde las fronteras, sino revigorizando los saberes juveniles que tan
prontamente resultan marginalizados. Como efectivamente lo subraya el Centro Nacional de Memoria Histórica, la democratización
de una sociedad fracturada por la guerra pasa por la incorporación
a las luchas de los anónimos y de los olvidados" (Centro Nacional
de Memoria Histórica, 2013, p. 14). Yo agregaría que pasa también
por la incorporación de los que por más que no tengan voto, sí tienen voces que deben ser tomadas en cuenta en la recomposición
de nuestra sociedad.

LA MEMORIA ESTRATIFICADA

Entre los casi 1500 estudiantes, el tipo más recurrente de eventos
recordados son las bombas y los atentados. Las tomas y los enfrentamientos ocupan el segundo lugar, seguidos en el tercer escalafón
por los homicidios. Sin embargo, ningún tipo se impone con claridad, como tampoco hay un incidente concreto recordado que se
destaque a nivel nacional. En efecto, el suceso singular más mencionado —parcialmente por el volumen de estudiantes consultados en
Bogotá— es la bomba de El Nogal, que estalló el 7 de febrero del
2003, dejando treinta y seis muertos y más de doscientas personas

heridas. Un estudiante de diecisiete años, que estaba cursando décimo en un colegio privado del norte de Bogotá, recuerda cómo en ese suceso perdió a "dos tíos y una prima y otra perdió la pierna".[22] A pesar de que Bogotá había vivido años de paranoia permanente por la posibilidad de que una bomba puesta por Pablo Escobar estallara en cualquier momento y lugar, para el 2003 la población capitalina se había desacostumbrado a estos golpes de violencia. Los más de doscientos kilos de explosivos estaban en un vehículo ingresado a las instalaciones por el profesor de squash, alias El Paisa, comandante de la columna móvil Teófilo Forero, sindicado por las autoridades de estar detrás del atentado. En una reunión adelantada el 28 de marzo de 2017, las víctimas del atentado y las Farc firmaron un acuerdo para que se conozca la verdad sobre el hecho. Además de organizar un acto de perdón público, en el documento la guerrilla se compromete a comparecer ante la Jurisdicción Especial para la Paz (JEP) para contar los detalles y las motivaciones del ataque.[23]

Cuatro años después de su estallido, la bomba de El Nogal apareció en una producción cinematográfica titulada *Esto huele mal*, basada a su vez en la novela homónima de Fernando Quiroz. Ambas versiones operan como el tipo de reelaboraciones culturales que constantemente producen las sociedades en torno a eventos críticos de esta índole. Lo llamativo de este caso es que la trama está enmarcada dentro de historias de infidelidad, con tonalidades cómicas, a pesar de la tragedia que ocupa el trasfondo. La guerra como epicentro o como telón ha marcado la producción artística y literaria colombiana de por lo menos tres generaciones y ha sido prolífica, tanto como ha sido controversial. La razón por la cual recalco esta última obra (en otras circunstancias no particularmente memorable) es porque desnuda una tensión pertinente en los debates de la memoria: ¿es la reelaboración cómica de un pasado trágico una trivialización del dolor de otros, o es parte del duelo colectivo, un paso necesario para la superación del trauma? ¿Es esa incorporación

---

[22]   Estudiante de Bogotá, 17 de noviembre de 2016.

[23]   "Farc sellan pacto de verdad con víctimas de la bomba en Club El Nogal", en *Semana*, 5 de abril de 2017.

del evento entre las banalidades de la cotidianidad una deshonra, u ofrece la posibilidad de vincular a una audiencia más amplia en la relaboración de los referentes de nuestro pasado violento?

El carro-bomba del Club El Nogal no fue mencionado por ningún alumno de un municipio distinto a Bogotá. Es decir que aquellos eventos que se alcanzan a perfilar como los de recordación más recurrente, lo son solamente en sus zonas. En otras palabras, los recuerdos son altamente territorializados y operan bajo el principio de proximidad. Esto, a su vez, quiere decir que si bien no hay recuerdos nacionales dominantes, sí se establecen *recuerdos hegemónicos regionales*. Pero el caso de El Nogal insinúa algo que profundiza aún más esta noción del recuerdo territorializado. Al revisar las referencias, distinguiendo entre colegios públicos ubicados en el sur de la ciudad y colegios privados ubicados en el norte, descubrimos que también se manifiesta algo así como una zonificación o estratificación de la memoria: cerca de la mitad de los estudiantes consultados en los colegios privados mencionó explícitamente la bomba a ese club social, pero ninguno de los 113 alumnos consultados en los colegios públicos del sur de la ciudad lo referenció. Es normal, e incluso deseable, que las interpretaciones sobre lo sucedido difieran; pero lo que es problemático es que ni siquiera se compartan los mismos incidentes sobre los cuales luego se emiten juicios diferenciados. La historia nacional, aunque plural, requiere de referentes comunes (Sánchez Meertens, 2017).

DEL MITO A MITÚ

La toma de Mitú es un recuerdo hegemónico local entre los estudiantes de la capital del Vaupés, el 72 % de los cuales se autodenomina indígena. En un acto mnemónico propio, de gran significancia, las Farc llamaron a esa toma Operación Marquetalia, revelando el poder simbólico y la vigencia interna de su mito fundacional, así como la importancia otorgada a esa operación militar en el sur del país. El ataque se llevó a cabo el 1.° de noviembre de 1998, y desencadenó un enfrentamiento entre más de mil guerrilleros, la policía y militares del municipio. Murieron dieciséis policías, veinticuatro militares y once civiles. Además, 47 uniformados resultaron heridos y 61 miembros de la fuerza pública, entre militares y policías, fueron secuestrados. Igualmente, quedaron destruidas la estación de policía, la Registraduría, los juzgados, las sedes del centro de salud Caprecom, la empresa Telecom y la Escuela de Administración Pública, Esap, junto con decenas de casas aledañas.

La toma de Mitú es, sin duda, un hito en la historia del municipio, pero también en la turbulenta historia del conflicto armado en general. No sorprende, pues, que a pesar de que la mayoría de los estudiantes de aquel municipio no hubieran nacido, o fueran apenas unos infantes, de todas maneras asuman ese crítico momento como un recuerdo personal. Esto, entre otras razones, porque muchos tienen parientes que sí fueron directamente afectados. Así lo refleja la intervención de esta joven que durante la toma perdió "a algunos familiares y a otros se los llevaron a la selva y no los volvimos a ver".[24] Sin embargo, no todos los alumnos de la capital del Vaupés referenciaron la toma como su recuerdo más notable de la guerra. En un acto muy importante de denuncia y valentía, dos de las alumnas consultadas decidieron mencionar, en cambio, las violaciones sufridas por mujeres en Mitú en el marco del conflicto armado.

El abuso sexual y la violación, actos recurrentes en todas las guerras, no están muy presentes dentro del repertorio de victimización registrado por los estudiantes. Ya lo anticipábamos, dado el tabú que rodea a esta modalidad de violencia, así como por la intimidad del acto y las culpabilidades que produce en sus víctimas. Pero también por la confianza que se debe construir previamente para poder hablar de ello, por las limitaciones que impone la presencia de investigadores masculinos en las indagaciones y por la insuficiente privacidad del proceso de recolección, a pesar del anonimato. Muy probablemente la autocensura juega aquí un papel fundamental. Las mujeres, en tanto encarnaciones del honor de sus familias, de sus hombres y sus comunidades, guardan silencio sobre esos actos que pueden llegar a estigmatizarlas a ellas, incluso entre los suyos. Porque resulta que la violencia sexual produce una doble victimización: primero, a través del ataque a la integridad de

---

[24] Estudiante de Mitú, 1.º de octubre de 2015.

la persona; y luego, en su infame capacidad de hacer sentir a la víctima responsable de lo ocurrido (Comisión Nacional de Reparación y Reconciliación, 2011).

Quizás por eso mismo la violación y el abuso sexual aparecen en esta investigación 23 veces, pero como fenómenos ocurridos en el pueblo o como incidentes sufridos por un conocido, no como un recuerdo de la guerra. Entre los relatos captados en el estudio, causa particular impacto el de la violación de niños, registrados por varios estudiantes en Iscuandé.

NOTICIAS DE UNA CHIVA

Otro recuerdo hegemónico local es la explosión de la chiva-bomba en Toribío, ocurrida en julio de 2011. Una vez más son exclusivamente estudiantes de este municipio los que mencionan este incidente. Entre ellos, varios se animan a especificar la fecha —9 de julio de 2011—, aunque alguno lo recordara como un hecho sucedido unos días después. Sin embargo, el punto es otro: se trata de un hecho tan marcado como un hito en la historia de su pueblo que consideran esa precisión como necesaria. Cómo no, si con esa explosión "se destruyó casi la mitad de nuestro pueblo". Ante la pregunta por algún recuerdo asociado al conflicto, varios jóvenes, casi todos indígenas nasa, respondieron de manera semejante a este muchacho que remembraba: "La chiva-bomba... que feo ese día":[25] una expresión del estrecho vínculo que existe entre el recuerdo y la emoción.

La explosión dejó cuatro muertos, un centenar de heridos y alrededor de 400 casas afectadas. Los habitantes recuerdan ver salir de la casa cural a Ensio, el párroco de Toribío, con un megáfono, calmando a la gente con su acento italiano e instándolos a ayudar a los heridos. También le oyeron reclamar a la guerrilla por semejante acto de barbarie en pleno día de mercado. Fragmentos del testimonio de Liza Fernanda, captado en la plataforma *Pacifista*, merecen ser reproducidos aquí:

---

[25] Estudiantes de Toribío, 22 de septiembre de 2015.

Su primer recuerdo de la guerra tuvo lugar por los días en que recién ingresó a la primaria. Como su abuelo era profesor y director de la escuela, todos los días la llevaba de la mano y, en ocasiones, regresaba con ella a mediodía. Cierta mañana del 2004, justo en el momento en que se aprestaban a salir para clase, la guerrilla atacó el pueblo [...]. Uno de sus amigos de cuadra, niño como ella, había sido alcanzado por las esquirlas [...]. *Esa mañana, Liza Fernanda comprendió qué es la guerra.* Tenía 6 años [El día de la chiva-bomba]. Liza Fernanda tenía 13 años. A partir de ese día, comenzó a unir en su memoria todos los hechos de guerra que ella y su familia habían soportado. Las imágenes de las víctimas fueron flashes emocionales que la empujaban a decir: "Si hubiera más médicos en mi pueblo, más gente se hubiera salvado. Si hubiera mejores centros de salud, más gente hubiera sobrevivido". (*Pacifista*, 2016)

Liza Fernanda ahora estudia Medicina. Mientras tanto, en Toribío, el lugar en donde aquel 9 de julio se incrustó el motor de la chiva entre la parroquia y la casa cural, el padre Ensio lo convirtió en un rincón de recordación, "rodeado de velas e imágenes sacras" (*Pacifista*, 2016).

MEMORIAS DE UNA MACABRA TRINIDAD

En diferentes lugares del país los estudiantes tenían como recuerdo una masacre, casi siempre ocurrida en su municipio. En muchos casos la huella local de esos eventos es tal, que sencillamente se referencia por los alumnos como *la masacre*, sin que consideren que haya necesidad de especificar más. Es el caso, por ejemplo, de San Carlos, en donde también hay voces que plasman la cercanía personal con el incidente, a pesar de la distancia temporal: "Sí, una de las masacres más grandes que el municipio ha vivido fue la masacre del 13 de enero de 2003 donde murieron 19 personas muchos vecinos de la vereda donde vivíamos"; o "la masacre que hicieron aproximadamente a ½ km de mi casa en la vereda de Dosquebradas".[26]

---

[26] Estudiante de San Carlos, 22 de septiembre de 2015.

En Segovia, en donde también se habla de *La Masacre*, ocurre otro fenómeno mnemónico adicional. Indagando un poco más, descubrimos que lo que los estudiantes llaman *La Masacre*, en realidad hace referencia a tres sucesos distintos en la historia de la violencia del municipio: la masacre de 1988, la masacre del Billar El Flay en 1996 y la tragedia de Machuca de 1998.[27] Todos eventos ocurridos antes de que la mayoría de los estudiantes nacieran, pero todos asumidos como recuerdos personales. También en las voces de los estudiantes segovianos se constata que no es sostenible la división tajante entre la memoria biográfica y lo que se conoce como la memoria semántica o aprendida.

Como reconocido municipio aurífero ubicado en el nordeste antioqueño, Segovia tuvo durante muchos años una clase obrera que trabajaba al servicio de grandes mineras norteamericanas, bajo condiciones frecuentemente infrahumanas. Precisamente esa explotación, por un lado, y el olvido estatal por el otro, permitieron que la zona se convirtiera en un fortín de la izquierda armada y desarmada, contando con una alcaldesa de la Unión Patriótica y siete de los 14 concejales de ese mismo partido. Sin embargo, por el mismo *boom* de la izquierda surgió también la proliferación de grupos de autodefensa en la zona; entre ellos, el liderado por el entonces aún desconocido Fidel Castaño. Hombres bajo su mando llegaron al pueblo en camperos ese 11 de noviembre de 1988, mientras la población se ocupaba de las actividades propias del viernes cultural. Horas después yacían en medio de un mar de sangre cuarenta y tres personas muertas y medio centenar de heridos. "Desde hace meses, se estaba anunciando una masacre por aquí. Ese grupo que se llama 'Muerte a Revolucionarios del Nordeste' ha pasado volantes debajo de las puertas, pintan las paredes amenazando", le cuenta una habitante a un periodista.

Es claro que ninguna familia se libró de ser golpeada por la masacre, como bien lo ilustran las palabras de los estudiantes consultados en aquella población —que para entonces rondaba los 20 mil habitantes—. Así también lo confirma un artículo en *Semana*

---

[27] Estudiantes de Segovia, 15 de octubre de 2015.

publicado días después de la masacre. Pero allí lo que más estremece es su anticipación:

> Cuando aún no se han acabado de enterrar los muertos de Segovia, parece evidente que el país se está encaminando hacia una nueva, más intensa y más macabra etapa de la guerra, produciendo un efecto como de bola de nieve, en el cual dos bandos cada vez más radicalizados, se enfrentan en un conflicto ya casi territorial, donde los habitantes de toda un área son asimilados a uno u otro de los bandos, convirtiéndose así en potenciales víctimas. Todo esto mientras el gobierno y el resto del país parecen limitar su papel al de convidados de piedra. (Revista *Semana*, 1988)

Si tan solo no hubiera sido acertada tan dolorosa premonición...

Siete años y medio después, el 22 de abril de 1996 volvieron a aparecer los camperos de la muerte. Ocho hombres llegaron a las 7:40 pm al salón de billares Villa Flay en el barrio La Paz de Segovia, obligaron a quienes se encontraban ahí a tenderse en el piso y los mataron. Veinte minutos después, los hombres llegaron al salón de billares El Paraíso, en el barrio El Tigrito, y repitieron las ejecuciones. Catorce personas murieron y diez resultaron heridas.

En un acto conmemorativo que tuvo lugar 19 años después, el presidente de la asociación de víctimas recalcó que no solo se rendía tributo ese día a los caídos en la masacre de los billares, sino a las víctimas de todas las masacres sufridas en el municipio de Segovia. Al finalizar su intervención, mientras sonaba la canción "No se puede sepultar la luz", se proyectaban en la pared uno a uno los nombres de las víctimas de 1996, seguidos de algunas notas de prensa alusivas a la violencia padecida por el municipio. Finalmente, y rompiendo el silencio que se había apoderado del salón, subió al escenario el grupo de hip-hop local, *The Raza*, quienes "aprendieron a plasmar sus angustias, dolores y palabras de protesta en canciones" (Centro Nacional de Memoria Histórica, 2015). Cerca del auditorio, en la plaza central, reposa un monumento a las víctimas de la masacre de 1988.

Dos años y medio después de la masacre de los billares, 42 personas murieron calcinadas, más de 70 personas resultaron heridas y alrededor de 40 casas fueron destruidas, después de que en octubre de 1998 guerrilleros del ELN dinamitaran el Oleoducto Central de Colombia. Justo después de la medianoche empezaron a caer bolas de fuego del cielo en Machuca, un caserío del municipio de Segovia, que ardió por más de ocho horas. Y, sin embargo, en medio del infierno, algunos habitantes creían ver milagros, necesarios para poder seguir adelante y encontrar al menos un refugio de sentido ante el horror que experimentaron. Un sobreviviente, por ejemplo, relataba cómo al salir de su casa vio que "la parroquia estaba toda iluminada y el fuego no la quemaba mientras que la casa de enseguida se caía a pedazos". La aterradora experiencia se iba inscribiendo desde su acontecer en las narrativas reconocidas por la comunidad, tal como lo reflejan las palabras de una mujer que al ver el horror lo primero que pensó "fue que esto era Sodoma y Gomorra". Los fallecidos fueron enterrados en un acto colectivo, del mismo modo que las personas asesinadas el 11 de noviembre de 1988 (*El Espectador*, 2014). Un pasaje del libro *Más allá de víctimas y culpables* reza: "El aire no es liviano en Machuca, pesa tanto como los recuerdos de quienes hace diez años tenían la edad necesaria para grabar en su memoria una noche de horror" (Rey, Rincón y Ludueña, 2008).

CRUCIFIJOS, BURROS Y CALENDARIOS CRUZADOS

Las masacres son de las pocas ocurrencias que trascienden el ámbito local, aunque no lo suficiente como para ser un recuerdo compartido. De hecho, en una curiosa relación entre periferia y centro, la masacre de Bojayá es mencionada solamente por estudiantes en el Chocó (Istmina) y en Bogotá. Esos estudiantes hacen referencia a los sucesos del 2 de mayo de 2002, cuando 79 personas, de las cuales más de la mitad eran niños, murieron al caer un cilindro bomba en la Iglesia de Bellavista —ahora convertida en monumento—. La iglesia era el lugar en donde la comunidad se refugiaba de los combates entre las autodefensas y los guerrilleros de las Farc. En diciembre de 2015, en medio de las negociaciones de paz, varios de los comandantes de esa insurgencia visitaron el pueblo y se disculparon con la comunidad en una ceremonia celebrada frente a la iglesia. Posteriormente, dos semanas antes del plebiscito para refrendar los acuerdos de paz, la cúpula de las Farc regresó a Bojayá para entregarle a la comunidad un crucifijo de madera de casi dos metros de alto, hecho en La Habana.

Al igual que con Bojayá, once pupilos mencionaron la masacre de El Salado en la que entre el 16 y el 19 de febrero del 2000 murieron setenta personas a manos de los paramilitares. Esta tragedia logró tener un radio más amplio de registro, siendo mencionada por estudiantes en Leticia, Bogotá, Segovia y, por supuesto, en Ovejas (Montes de María). Desafortunadamente la de El Salado no es la única masacre que recuerdan los estudiantes de este último municipio. Mencionan también el burro-bomba de Chalán, que fue cargado con 60 kilos de dinamita, inmolado el 12 de marzo de 1996 en la plaza del pueblo. Hoy, en ese preciso punto, se erige un pequeño tributo a los once policías que murieron en dicho atentado. Los estudiantes también tienen presente la masacre que ocurrió en la vereda El Chengue, aunque, como ocurre en tantos otros casos de apropiación mnemónica, no hayan estado presentes "no estaba viva pero sí vi fotos y escuché historias".[28] En aquel corregimiento del municipio de Ovejas, el 17 de enero de 2001, alrededor de ochenta paramilitares les prendieron fuego a varias casas, seleccionaron a veintiocho hombres y los asesinaron a una cuadra de la plaza central (Rutas del Conflicto, 2017).

La masacre no siempre es una instancia singular en los recuerdos de los estudiantes. Puede abarcar el asesinato de personas de, por ejemplo, un mismo gremio, como el de los moto-taxistas en Barbacoas. En este municipio nariñense, en donde todos los alumnos consultados se autodenominan afrocolombianos, el tipo de evento más frecuentemente recordado es el homicidio (22 %), seguido de los enfrentamientos entre diversos actores armados; pero hay alumnos que recuerdan también otro tipo de fenómenos, como el daño ambiental causado por la voladura de un oleoducto cerca al Güelmambí, "que llenó todo el río de crudo".[29] A esto se le suma que en Barbacoas aparece una modalidad de recuerdo que retoña

---

[28] Estudiante de Ovejas, 14 de abril de 2016.
[29] Estudiante de Barbacoas, 15 de septiembre de 2015.

con cierta regularidad en otros municipios también. Me refiero a los recuerdos asociados a la imposición de códigos de conducta por los grupos armados, como este: "[recuerdo] cuando tenía 6 años que en mi pueblo estaba la guerrilla y estábamos manipulados". Una expresión semejante verbalizó un adolescente arhuaco en la Sierra Nevada de Santa Marta. Allá, sin embargo, se resaltan en los recuerdos juveniles fundamentalmente la afectación colectiva, la relación con el entorno y los recuerdos vinculados a hechos que afectan sus modos de subsistencia. De hecho, a pesar de haber sufrido reclutamiento forzado, enfrentamientos y desplazamiento, uno de los eventos más recordados es cuando "la guerrilla se llevó mil reses".[30]

Igualmente, hacen presencia recuerdos asociados no a eventos, sino a ciertas prácticas experimentadas a través de una gramática del temor. Cuando le pregunté a un estudiante en Barbacoas si tenía algún recuerdo de la guerra, este respondió: "Sí, cuando la guerrilla de las Farc estaba reclutando menores en mi pueblo".[31] Lo anterior demuestra que además de recuerdos-evento (la bomba, la toma, el asesinato) y los recuerdos-rutina (imposición de conductas, esconderse, protegerse), también se configuran recuerdos-emoción, como la angustia de ser reclutado, o el miedo paralizante producto de alguna confrontación. Efectivamente varios estudiantes hablan de cómo estaban ellos y la comunidad entera "atemorizados", "amenazados" o afectados psicológicamente, en ocasiones desembocando incluso en problemas de salud.

Lo anterior contrasta con las expresiones también recurrentes de rutinización y normalización de las dinámicas de la guerra. Locuciones como *es normal* o *a cada rato* se repiten en lugares como Argelia, pero también en el municipio de Miraflores (Guaviare), en donde un joven al hablar de sus recuerdos señala: "Sí, cada nada hay tiroteos en Miraflores, pero nada de qué preocuparme".[32] Valga anotar que este municipio también sufrió una toma por parte de las Farc en agosto de 1998 —dos meses antes de la toma de Mitú—

---

[30] Estudiantes de Barbacoas, 15 de septiembre de 2015; Santa Marta, 12 de abril de 2016.

[31] Estudiante de Barbacoas, 15 de septiembre de 2015.

[32] Estudiantes de Miraflores, 28 de septiembre de 2015.

que dejó un saldo de trece militares y tres civiles muertos, más de veinte heridos, setenta y tres miembros del ejército secuestrados, junto con otros cincuenta y seis policías, un sacerdote, un médico y tres enfermeras.

Pero regresemos por un instante a la capital. Mencionábamos cómo en los colegios del sur de Bogotá ningún estudiante señaló la bomba del Club El Nogal como uno de sus recuerdos de la guerra, posiblemente porque a pesar de ocurrir en su ciudad, ese acto no guarda relación alguna con sus cotidianidades. Lo que no hemos dicho es que en vez de ese incidente sí mencionaron regularmente las diferentes modalidades de violencia que enfrentan a diario: violencia entre pandillas, violencia intrafamiliar y, lo que es notorio, lo que ellos mismos refirieron como *limpieza social*. Ese mismo término apareció también en Tierralta, en donde el recuerdo que se le vino en mente a un estudiante fue: "cuando dicen que van a 'limpiar' de delincuentes, de prostitutas, entre otros. Que según ellos afectan el bienestar de la comunidad".[33] En cambio, para un estudiante en El Tambo, esa modalidad de acción violenta es más que un recuerdo. Esa es, a sus ojos, justamente la estrategia para terminar el conflicto, pues según él, para ponerle fin a la guerra, hay que "acabar con toda la pobreza y hacer limpieza social".[34] Pero de esas preocupantes estrategias imaginadas por los estudiantes nos ocuparemos en el siguiente capítulo.

De este recorrido mnemónico se desprenden varias cosas. En primer lugar, hay que destacar que los silencios también son un resultado. Es el caso de San Vicente del Caguán, en donde el 37.5 % dice no recordar nada y el 31.2 % no responde la pregunta. En el epicentro de la llamada zona de despeje, en donde las Farc temporalmente cogobernaron la región, los estudiantes en su mayoría callan. Sus no-respuestas son seguramente huella de esa abrumadora presencia de aquel grupo armado por tantos años. Pero quizás sea también resultado del radical viraje que tuvo el ambiente político en el momento de la recolección de datos de esta investigación. Porque

---

[33] Estudiante de Tierralta, 29 de septiembre de 2015.
[34] Estudiante de El Tambo, 21 de octubre de 2015.

después de permanecer durante décadas bajo la influencia guerrille-ra, aquel municipio tiene ahora un alcalde del Centro Democrático. En segundo lugar, es importante anotar que la instalación de lo que he llamado un recuerdo hegemónico puede no darse precisa-mente en sitios duramente golpeados por la guerra. Esto porque allí donde proliferan incidentes de violencia múltiples y diversos, también los recuerdos compiten por convertirse en referentes.

En tercer lugar, es notable que para algunos alumnos el recuer-do-evento —como la masacre— puede operar como un concepto aglutinador. En esos casos lo que se acomoda como un recuerdo no es propiamente un evento sino una modalidad de violencia. Ejemplo de ello pueden ser las palabras de este alumno en La Uribe (Meta), quien ante la pregunta por si recordaba algún incidente de violencia asociado al conflicto respondió: "Sí, unas masacres por parte de los paramilitares, como de 200 personas".[35]

Un cuarto elemento es la articulación de muchos recuerdos a registros mnemónicos ajenos a las dinámicas del conflicto armado. Esto permite ubicar el evento traumático dentro de un calendario que no le pertenece a la guerra. En efecto, el asesinato del payaso no se recuerda ocurriendo en un día cualquiera, sino el día de los niños. Fue también en relación con ese día que un policía sobrevi-viente recuerda y relata la toma de Mitú. Asimismo, un adolescente en Barbacoas recuerda la muerte de un joven, sin mencionar las causas o siquiera su vínculo con esa persona; en cambio sí especifica que el asesinato sucedió el día del amor y la amistad. Este cruce de calendarios no solo genera mayor recordación, sino también ahonda el vínculo emocional y con ello estructura un relato que se inserta dentro de un juicio moral.

Por último, todos estos puntos resaltan cómo lo que hace a cier-tos recuerdos hegemónicos no es solamente la escala del incidente, sino su modalidad o su capacidad de sorprender y desajustar las rutinas. Lo que desacomoda y genera recordación de la bomba de El Nogal es también que no se atentó contra una base militar, si-no contra un club social. Lo que genera recordación en Toribío o Chalán no es exclusivamente la dolorosa pérdida de seres queridos,

---

[35] Estudiante de La Uribe, 30 de septiembre de 2015.

sino el hecho de usar un medio de transporte icónico o un animal
de carga tradicional, que simbolizan la cotidianidad rural, para ejercer en cambio un desconcertante terror. La recordación se acentúa
en el Vaupés cuando en vez de tomarse un caserío, la insurgencia
se toma la capital departamental. También ocurre en Bojayá o en
El Salado, cuando lo que vuela en pedazos es un lugar sagrado. O
cuando se hace de una masacre un festín.

IMAGINARIOS Y GEOGRAFÍAS MEDIATIZADAS
DE LA VIOLENCIA

La investigación arroja dos resultados adicionales, que subrayan
el impacto actual de los medios sobre la nueva generación. Por un
lado, indagamos, con resultados sorprendentes, por los lugares que
asocian los estudiantes a la guerra. Por el otro, antes de inquirir por
saberes asociados a la guerra, les preguntamos a los estudiantes por
su personaje favorito de la historia. El personaje más mencionado fue
Simón Bolívar, respuesta que refleja un conocimiento disciplinado
y probablemente automatizado. Policarpa Salavarrieta obtuvo el
segundo puesto, con un marcado sello de género, siendo mencionado tres veces más por mujeres que por hombres. Pero el punto
central acá es que en el tercer lugar hubo un empate técnico entre
Gabriel García Márquez, Jorge Eliécer Gaitán y Pablo Escobar.
Por cierto, aquí la representación de género se invirtió, siendo
Escobar nombrado tres veces más por hombres que por mujeres
como personaje favorito.

Por supuesto, preocupa que entre la generación a cargo de hacer
sostenibles los acuerdos de paz aparezca como personaje favorito
de la historia una figura que encarna tanto dolor y violencia. La
contundente presencia de Escobar como figura ejemplar entre
muchos jóvenes confirma, por lo demás, el peso de los medios de
comunicación en la consolidación de los imaginarios nacionales.
Por lo mismo, el impulso inicial de muchos seguramente sea pensar
en estrategias para impedir que esta figura se arraigue en las mentes
y en la brújula moral de la juventud. Pero, ¿no habrá que reconocer la imagen de Escobar como un símbolo político/mnemónico
que precisamente por su carácter controversial tiene también alto

valor pedagógico? Podemos culpar a los medios por la manera en que prevalece la imagen del más reconocido narcotraficante como ejemplo a seguir; y sin duda tienen una gran responsabilidad en esto. Pero más sensato es pensar en cómo lidiar con esto desde una política educativa crítica, pero sin censura.

Es indisputable que los medios de comunicación cumplen un papel crucial en la configuración de los imaginarios de la guerra, y que esa configuración incluye un cierto tipo de geografía de la violencia; ambos con mapas de los espacios más temidos. Muy significativo resulta que el lugar más asociado a la guerra sea el Cauca, seguido de lejos por Caquetá, en un empate técnico con Bogotá. Medellín entra en el cuarto lugar, con una diferencia mínima con Arauca.[36] Igualmente, hay algunos estudiantes consultados que mencionan otro país como lugar que asocian al conflicto armado: aparecen mencionados Estados Unidos, España, Irak, Perú, Brasil, Corea y, por supuesto, Venezuela, extrañamente nombrado particularmente en la costa del Pacífico colombiana. Por último, un estudiante en La Plata, Huila, irónicamente asocia a La Habana, Cuba, con la guerra de nuestro país.

Todo esto amerita varias precisiones. Lo más sorprendente es la altísima asociación entre la capital del país y la guerra. Esta relación, aunque la establecen varios estudiantes de Bogotá, no alcanza a constituir un tercio de las menciones que asocian a esta ciudad con el conflicto armado. De hecho, las enunciaciones de Bogotá como lugar de la guerra están balanceadamente distribuidas a lo largo y ancho del país, aunque resaltan las varias menciones hechas en Barbacoas y Puerto Carreño. Ahora bien, esta conexión responde en parte a la consideración de Bogotá como centro del poder, pero sobre todo responde una vez más al rol de los medios que inundan a los televidentes de imágenes de violencia en la capital. No es fortuito que sean justamente comunidades como Puerto Carreño y Barbacoas las que mencionen con relativa frecuencia a la capital del país como escenario de guerra, dada su altísima dependencia

---

36 Esto dejando de lado quienes no responden o dicen no saber, junto con la aglomeración de lugares mencionados menos de diez veces (reunidos bajo la etiqueta de Otros).

de los medios para formarse una idea de las dinámicas de Bogotá. Allá, como en la mayoría de lugares, lo que permite una mirada que trasciende lo local es para muchos la televisión.

En algunos casos esa geografía de la violencia y el miedo pareciera operar en un formato concéntrico. Entre más lejos, más inhóspita y temeraria es la zona. Lo cual funciona en ambas direcciones: para poblaciones periféricas, Bogotá es ese otro polo; para los bogotanos, ese límite en el horizonte es *la selva* o *el campo*. Esto lo confirma, por ejemplo, el considerable número de identificaciones del Amazonas como zona de guerra por parte de los capitalinos. Como ilustración del espectro opuesto viene a la mente la intervención de un estudiante de un colegio en Puerto Carreño. Cuando los estudiantes respondieron pesimistas ante mi pregunta por la situación de seguridad en su ciudad, este joven aclaró: "Eso lo dicen porque no están acostumbrados, pero aquí es tranquilo. Yo vengo de Villavicencio y ahí sí se ve inseguridad, aunque, claro, no como en Bogotá, donde uno sale y de una vez lo están atracando".

Pero más frecuente que estos mapas concéntricos es la imaginación de una geografía discontinua. Hay un centro con el cual todas las localidades proyectan un vínculo —por distorsionado que pueda llegar a ser—. Hay también una pequeña cartografía de los alrededores de esa localidad, que alcanza a veces a los municipios vecinos. Esto no quiere decir que Bogotá sea el epicentro de la violencia por encima de otras zonas en todos los lados visitados. De hecho, casi siempre el lugar más mencionado como lugar de la guerra es aquel donde se está consultando a los estudiantes, seguido en muchos casos por la capital, en un segundo o tercer lugar de frecuencia, pero siempre como una constante en todos los rincones de la nación. Solamente en San Juan del Cesar, Leticia y Puerto Carreño su localidad no ocupa el primer lugar en el número de menciones. En la población guajira, este municipio es superado por las menciones de Medellín; en la capital del Amazonas por Caquetá, y en la capital del Vichada por Arauca y Bogotá. Lo que sí quiere decir esto es que las acepciones de la guerra son marcadamente locales (territorializadas). Además, nos dice que entre ese centro imaginado y mediatizado, y esa localidad vivida y registrada, hay grandes espacios sin mención, sin sucesos, sin voces, sin historia. Somos un país con un centralismo que invade incluso nuestros imaginarios de la violencia; un país fragmentado inclusive en nuestros mapas mentales.

La notable figuración de Bogotá como lugar de la guerra tiene una segunda connotación, a saber, que entre la enorme mayoría de jóvenes consultados no hay una distinción clara entre la violencia del conflicto armado y la violencia propia de la delincuencia común. Esto desafortunadamente no es resultado del reconocimiento de la compleja simbiosis entre una y otra modalidad de violencia, sino más bien de la sobresimplificación del registro mediático sobre la guerra. Lo que esas pantallas ofrecen no termina siendo mucho más que una enunciación de hechos de violencia sin contexto sociopolítico, equiparable por ende a la proliferación de imágenes de robos, atracos y asesinatos cometidos en las grandes urbes. Los procesos violentos del país quedan así reducidos a listados de actos terroristas y vandálicos desprovistos de ideología, de disputas por el poder o de vinculación con posibles falencias e inequidades estructurales en las maquinaciones de nuestro Estado.

Hay además varios jóvenes que asocian todo el país a la guerra. Aunque no sean mayoría, es importante destacarlo, porque esa omnipresencia espacial con frecuencia se vincula con una omnipresencia temporal, con la percepción de la eternidad de la guerra. Los mapas y las líneas del tiempo se confabulan y magnifican la desesperanza al presentar un mundo sin espacios ni momentos copados por la violencia. Por eso no sorprende que un muchacho en Orito, Putumayo, al responder a la pregunta por los lugares que asocia al conflicto armado dijera que "el conflicto no tiene fin".[37]

---

[37] Estudiante de Orito, 22 de septiembre de 2015.

CAPÍTULO 4. LOS ALUMNOS Y LOS CURSOS DEL CONFLICTO

*It's by placing personal and collective memories at
the same discursive plain that history is instilled with
emotion and the Self is nationalised.*

(Jackie Feldman)

Para un joven tikuna en el Amazonas, el conflicto armado colombiano es comparable con una película de terror. Esa cinta empezaría a rodar según cuenta un estudiante arhuaco en el año 500, cuando "un pueblo llamado Marquetalia, en el país Ibagué [...] no tenía luz, carreteras, puesto de salud ni escuela, así que estas personas empezaron a exigir que les apoyara el Gobierno [...]. Pero como no ayudaron nada, allí comenzó el conflicto armado". El argumento lo complejiza un pupilo en Argelia, pues según él

[...] los ultraderechistas gobiernan la nación con tiranía y rigor militar, sin tener en cuenta al campesinado y la sociedad en general. Los izquierdistas o comunistas, [luchan] con ideales fundamentales en el pueblo, unidos por un solo objetivo, un solo pensamiento —derrocar el capitalismo e imponer el socialismo dando al pueblo lo que es del pueblo porque es para el pueblo.

En cambio, para una alumna en San Juan del Cesar, hija de ganaderos, su saber de la guerra es distinto. Ella perdió a su abuelo en el marco del conflicto armado, porque supuestamente "tenía que pagar un dinero que no era necesario que él pagara, ya que él no le debía a nadie. Eso que pasó no quiero que le pase a más nadie, ni que se repita".[1]

Las guerras son en buena medida disputas por la memoria, combatidas incluso *desde* esas mismas memorias. En efecto, en la producción de imaginarios violentos no hay mejor recurso para justificar y sostener un conflicto armado que la representación de violencias y sufrimientos pasados (Schmidt y Schroeder, 2001). Pero si bien esos imaginarios se insertan en marcos interpretativos y cognitivos más amplios, desde los cuales se reproduce la guerra (Jabri V., 1996, p. 30), también desde ahí se cocinan sus resistencias y transformaciones.

Por eso, para pensar en las intervenciones en medio de transiciones políticas es fundamental abordar la relación entre memoria y epistemología, entendida esta última como formas más o menos estructuradas de saber. En esa relación se entrelazan procesos entre el individuo y el colectivo, a veces con trayectorias opuestas. Por un lado, están los actos subjetivos del narrar como estrategias que buscan transformar significados privados en sentidos públicos (Jackson, 2002, p. 15). Por el otro, están las nacientes epistemologías, que persiguen la interiorización privada de narrativas oficialmente sancionadas en diferentes instancias del poder institucional. Es mi convicción que la ejecución de ciertas operaciones simbólicas en este circuito narrativo tiene un gran potencial para cambiar radicalmente los cursos del conflicto (Sánchez Meertens A., 2013, p. 14).

Al contar historias nos apoderamos de la decisión creativa sobre cómo organizar, valorar y procesar las circunstancias objeto de la narración. Narrando damos testimonio de la diversidad, ambigüedad e interconectividad de las experiencias (Jackson, 2002). De tal manera que algunas veces rediseñamos y disputamos las estructuras y relaciones hegemónicas mediante la violencia; pero siempre y sobre todo las retamos a través de las historias que contamos. La incorporación subjetiva de las constelaciones de poder y sus resis-

---

[1] Estudiantes de Puerto Nariño, 6 de noviembre de 2015; Santa Marta, 12 de abril de 2016; Argelia, 22 de septiembre de 2015; San Juan del Cesar, 7 de abril de 2016.

tencias están pues fuertemente mediadas por el narrar (Sánchez Meertens A., 2013, p. 33).

Sospecho que así también lo entiende Pablo Iván, maestro de un colegio en San Vicente del Caguán y ahora bibliotecario móvil para las zonas veredales de transición. El camino que encontró con sus estudiantes para abordar el conflicto armado que tanto ha golpeado al Caquetá fueron los cuentos. Primero usaba los relatos de otros, luego empezó a producir sus propias ficciones; finalmente inició un proceso de construcción narrativa tejida e imaginada colectivamente con sus alumnos. Hoy dicta talleres de escritura a sus más recientes pupilos, los excombatientes de las Farc. Ojalá los relatos que de ahí surjan encuentren también su camino dentro de las voces constituyentes del nuevo pacto social. Porque la ficción, aunque suene paradójico, también debe ocupar un lugar importante en una comisión de la verdad.

En sentido estricto, las que recogemos en este capítulo quizás no califiquen como historias o narrativas, pero sí son en todo caso descripciones, memorias, experiencias y opiniones entrelazadas que permiten explorar una pluralidad de imaginarios que fungen como portales para un sinnúmero de relatos. Emergen, así, voces que deben dibujarse sobre todos los pilares de la justicia transicional y que hacen de la memoria no solo un objeto analítico, sino que la constituyen en una modalidad de indagación. Al fin y al cabo el trabajo de recolección y las etnografías que lo acompañan se sustentan en *hacer que la gente recuerde* (Fabian, 2007, p. 32).

Debe quedar claro, no obstante, que la gente acude a la violencia no solo para buscarle solución a asuntos materiales, sino también para reafirmar reclamos sobre la verdad y sobre la historia (Schmidt y Schroeder, 2001, p. 9). Por lo tanto, los trabajos de la memoria no son intrínsecamente actos reconciliatorios. Sin embargo, hablar de los imaginarios violentos, explorar sus variantes, así como sus contrapartes —los imaginarios de paz— historiza las confrontaciones contemporáneas y permite recalcar que esos tejidos de sentido solamente son convertidos en actos de violencia física mediante la acción humana. No son, como tan frecuentemente se pretende, consecuencia que brota automáticamente de condiciones estructurales como la pobreza o la injusticia. De hecho, los actores sociales tienen que convencerse a sí mismos de involucrarse en la violencia y persuadir a otros de la legitimidad de esa decisión (Apter, 1997). También ocurre así para el propósito opuesto: aunque no se puede lograr sin ellos, no bastará con hacer cambios institucionales y estructurales para el arribo de la paz. Tendremos que convencernos, discursiva, racional y emocionalmente, de la conveniencia y posibilidad real de una convivencia pacífica.

La guerra la hacen posible, primero, quienes imaginan la violencia como opción y de hecho la representan como la acción justa y necesaria (Schmidt y Schroeder, 2001). Para ello se despliega una gramática cultural que ofrece un sentido perdurable a las confrontaciones armadas y que al menos para quienes deciden involucrarse les permite creer en esa participación como un gesto que trasciende el interés privado (Sánchez Meertens A., 2013, pp. 31-32). Cuando esto falla internamente surge la disidencia; cuando falla externamente surge la resistencia civil. Con un acuerdo frágil e impopular, se hace vital esa resistencia civil contra el retorno de la lógica de la violencia.

CARACTERIZACIONES GENERALES DEL CONFLICTO

—¿Qué sabes del conflicto armado colombiano?
—Que no se debe hablar de él.[2]

—¿Qué sabes del conflicto armado colombiano?
—Si decimos, nos matan.[3]

Todo lo que se puede decir, diciendo que no se puede decir nada. Y todo lo que se atreven a decir, a pesar de las amenazas, miedos y restricciones semánticas. Bajo semejantes condiciones, es laudable que solo menos del 8 % de los estudiantes decidiera no responder esta pregunta, junto con un 10 % adicional que señaló no saber nada sobre el conflicto, aunque muchos luego sí se aventuraran a responder preguntas más concretas.

---

[2] Estudiante de Segovia, 15 de octubre de 2015.
[3] Estudiante de Florencia, 15 de septiembre de 2015.

La manera como se describe un conflicto es políticamente relevante, y hace parte de la contienda misma de la guerra, puesto que la descripción se encuentra inmersa y es constitutiva de relaciones de poder. Estas descripciones están atadas a sistemas de control y regulación, que delimitan las asociaciones de conceptos aceptados, los espacios posibles de su enunciación y los discursos que son lenta pero seguramente naturalizados (Jabri V., 2007). Definir qué tipo de confrontación es, cuáles son sus razones y orígenes, establecer quienes son los actores y cuál es la naturaleza de estos son todos procesos altamente significativos en la reproducción social de la guerra. Pensar la paz exige por lo tanto explorar las descripciones del conflicto que circulan en la sociedad, porque de estas dependen las acciones y reacciones de individuos, grupos y gobiernos.

ÉNFASIS DESCRIPTIVOS

Les pedimos a los estudiantes una descripción general de lo que sabían del conflicto armado colombiano. Lo hicimos antes de preguntarles específicamente sobre el inicio, las razones y los protagonistas para, de esta manera, evitar restringir o condicionar su organización de la experiencia. Debido a esa misma libertad, los relatos emergentes fueron muy diversos. Se disciernen, sin embargo, algunas tendencias. Por lo general, la manera de describir se configura con uno o varios de los siguientes componentes: actores representativos o responsables, experiencia personal, presentación de las razones de la guerra, sus consecuencias y las medidas necesarias para su terminación. Notablemente, en algunos municipios prevalece más un componente que otro, como es el caso de Algeciras, Patía, Planadas, El Tambo y Pelaya, en donde resaltar las consecuencias es la modalidad preferida para describir el conflicto. En cambio, en Bogotá o Caucasia es predominante que el eje de descripción sea los actores que estan involucrados, mientras que en Corinto o Leticia se mencionan sobre todo —aunque con escepticismo— los intentos por darle fin a la guerra. Entretanto, en lugares como Arauca y Miraflores se destaca sobre todo el origen del conflicto, y en particular se hace hincapié en las razones por las cuales consideran que surgieron las guerrillas.

Hubo algunos estudiantes que dijeron no saber casi nada, pero que en medio de su modestia revelaban más de lo que pensaban. Así, por ejemplo, en Tumaco, un pupilo dijo que no sabía, pero creía que el conflicto se da "porque hay grupos al margen de la ley que defienden diferentes ideales que los del gobierno y usan la violencia para solucionarlo". De manera semejante, un estudiante, esta vez en Saravena, dijo saber muy poco, aparte de la existencia de varios grupos armados que luchan contra el Estado: "pero no sé muy bien cuál es su objetivo o por qué lo hacen".[4] Similarmente, aunque expresando más desconcierto que ignorancia, un estudiante en San Miguel, Putumayo, recalca que sabe que el conflicto armado existe, pero no sabe "por qué se dio ni por qué aún siguen con estos problemas".[5]

Entre las caracterizaciones del conflicto brindadas por los estudiantes, encontramos en algunos casos descripciones resumidas pero contundentes, en especial entre los estudiantes capitalinos. Un alumno en Bogotá optó por señalar que el conflicto "tiene como causa varios factores: exclusión política, mala repartición de tierras. Millones de víctimas".[6] Entre sus conciudadanos, uno acudió igualmente a un formato sucinto, y destacó cuatro puntos, el último particularmente inesperado: "Más de 60 años en las mismas. Varios procesos de paz que fallaron. Miles de personas asesinadas y desplazadas. Propaganda excesiva para la desmovilización".[7] Del mismo modo, un muchacho del norte de la ciudad afirmó, con cierto enigma y tal vez algo de irreverencia: "Sé su inicio, conozco sus causas. También el por qué de la creación de la guerrilla. Un conflicto que comenzó realmente hace un siglo en 1903 con la guerra bipartidista fue el que nos trajo al conflicto actual".[8] Finalmente, uno de sus pares, con un tono casi aforístico, se lanzó a afirmar que "el conflicto es a la vez culpa de todos y culpa de nadie. Debido a

---

4   Estudiantes de Tumaco, 10 de septiembre de 2015; Saravena, 15 de octubre de 2015.
5   Estudiante de San Miguel, 21 de septiembre de 2015.
6   Estudiante de Bogotá, 17 de noviembre de 2016.
7   Estudiante de Bogotá, 17 de noviembre de 2016.
8   Estudiante de Bogotá, 17 de noviembre de 2016.

las fallas en la política las armas se convirtieron en solución. Detrás del conflicto hay muchas ideas políticas y durante este se puede ver otros conflictos surgir, como el racismo".[9] A esta modalidad telegráfica se contraponen expresiones más sueltas y extensas, como la de una alumna en San Juan del Cesar, quien no pudo ocultar en su caracterización tonos de furia, frustración y quizás resentimiento:

> Sabemos que el conflicto en Colombia no es nada nuevo; estamos en una sociedad llena de ignorantes y personas con poca capacidad para establecer diferencias entre lo correcto y lo incorrecto. Hace muchos años Colombia ha sido señalada como un país de malandros y asesinos. Todo esto se dio gracias a los mismos sistemas políticos. La política en Colombia se ha convertido en un juego donde la trampa es la que lleva la delantera y donde los principios, las buenas obras y los buenos ideales son los que se quedan quebrantados. Así mismo desde la toma del Palacio de Justicia del M-19, el 19 de abril, vemos cómo unos pocos hombres que de pronto no comparten ideales del país toman por sus propias manos la ley o la justicia. El conflicto armado en Colombia ha ocasionado la diversificación y la división social, económica, política, cultural y religiosa. El conflicto armado ha hecho que Colombia sea un país fracasado y vulnerado ante los ojos de otras potencias. Nota: la política en Colombia es el pilar fundamental del conflicto armado en nuestra nación.[10]

A pesar de ofrecer varias versiones resumidas, también es en Bogotá donde mayor detalle histórico se ofrece en la caracterización del conflicto, tanto en los colegios públicos como en los privados. A veces sorprende incluso la profundidad temporal que presentan, como es el caso de un estudiante que rastrea el conflicto actual hasta la Guerra de los Supremos en el siglo XIX; otros marcan sus inicios en la reforma agraria de 1936, pero reconocen las influencias comunistas en Latinoamérica y las consecuencias del Frente Nacional; y

---

9   Estudiante de Bogotá, 22 de agosto de 2016.
10   Estudiante de San Juan del Cesar, 7 de abril de 2016.

varios destacan efectivamente la Operación Marquetalia como un punto de inflexión.[11]

Además, en la capital, saltan a la vista tres factores sugestivos: el reconocimiento frecuente de la tierra y su distribución como elemento central en el conflicto, la recurrencia con la que se menciona al campesinado como víctima de abusos, pero también como el actor central en la decisión de optar por la vía armada;[12] y las referencias a una dimensión étnica asociada a la guerra. Se habla así de la exclusión de las minorías y la concomitante inconformidad de las diferentes etnias perjudicadas por las decisiones de gobierno que impulsaron su disposición a tomar las armas para ser escuchados.[13] Esto resulta particularmente interesante leído en combinación con los lugares que los bogotanos asocian con la guerra (el campo, las montañas), porque revela simultáneamente empatía por el abandono, y distanciamiento físico de sus realidades y círculos sociales. Algo que de alguna manera se contrapone a la visión expresada por un alumno de Barbacoas. Él ve en el conflicto la causa de muchas tensiones entre regiones; tensiones que generan "mucha violencia de parte de las ciudades".[14] Sin embargo, esa distinción tajante entre ruralidad y urbe tiene sus matices, pues también en poblaciones rurales el campesinado puede ser visto como problemático. Un estudiante en El Tambo lo formuló de la siguiente manera: "El conflicto armado se ha presentado más que todo entre los campesinos porque ellos son los que han causado los paros. Son personas que son muy difíciles de convencer".[15]

CONTRACARAS IDEOLÓGICAS

Al comienzo de este capítulo se reveló una marcada inclinación ideológica en una de las citas estudiantiles. El lenguaje empleado hace sospechar que no es una argumentación aislada, sino que su

---

[11] Estudiante de Bogotá, 17 de noviembre de 2016 y 11 de julio de 2016.

[12] Ejemplo en estudiantes de Bogotá, 8 de julio de 2016.

[13] Estudiante de Bogotá, 17 de noviembre de 2016.

[14] Estudiantes de Barbacoas, 15 de septiembre de 2015.

[15] Estudiante de El Tambo, 21 de octubre de 2015.

vocero fue beneficiario de una socialización recurrente y doctrinal en el municipio de Argelia. Como veremos más adelante, aquella postura ideológica la comparten varios de sus compañeros. Por eso vale la pena indagar primero brevemente por la historia reciente de este pueblo en lo que al conflicto armado se refiere, para así contextualizar las texturas de esas voces juveniles.

Aunque unos 25 años atrás se consideraba una despensa agrícola, hoy se estima que cerca del 80 % de los 28 000 habitantes de Argelia dependen del cultivo de coca para subsistir. Este índice es, sin duda, parcialmente responsable de que se haya convertido en uno de los municipios del país más golpeados por los actores armados, incluidos los narcotraficantes. Sin embargo, para sus habitantes la situación se convirtió en verdaderamente problemática cuando en el 2007 arribó la fuerza pública, después de décadas de ausencia. "Siempre supimos que había guerrilla y así vivíamos tranquilos. Pero desde que llegaron la Policía y el Ejército a este territorio, la población se ha convertido en blanco de ataques", dice uno de los pobladores. Por eso, en el 2015, ya avanzadas las negociaciones en La Habana, los habitantes expulsaron del territorio a cerca de 60 uniformados que permanecían acantonados allí. Los que permanecieron en una esquina del casco urbano han tenido que depender enteramente de lo que el helicóptero les pueda hacer llegar, pues los habitantes han recibido la orden de no venderle nada a la fuerza pública ni socializar con ellos. Esta situación, que se ha repetido en decenas de poblaciones del país, llevó a un comandante de la policía a afirmar en un tono más desafiante que conciliador, que "nos van a querer [...]. Yo les digo que cuando se vaya la guerrilla nos van a querer y a necesitar porque los narcotraficantes [...] van a empezar a matar y a ajustar cuentas". Pero la cuestión no es de querer o no querer, sino de vivir o no vivir. Porque las órdenes impartidas por la insurgencia en esa región de Colombia se cumplen o se asumen las consecuencias. Varios argelinos que violaron esas reglas tácitas fueron asesinados poco después. Por eso constata un comerciante local, "así digan que estamos cerca de la paz, es mejor no arriesgarnos, porque quedaríamos marcados" (García, 2015).

Viviendo en un municipio en condiciones paupérrimas, sin colegios suficientes y donde llegan primero los erradicadores de coca antes que los maestros solicitados, no sorprende que varios de los estudiantes argelinos compartieran un arsenal discursivo desafiante. Uno de ellos reconoce, por ejemplo, que Colombia es golpeada por varios grupos al margen de la ley, pero considera que ello "se debe en gran parte a la manera como los políticos corruptos han gobernado el país, oprimiendo masivamente al proletariado. *Putos políticos*".[16] Otro compañero, precisando sus afinidades políticas, explica que las Farc se alzaron en armas para crear un país justo y luchar contra el Estado por ser "*tan ladrones, hijos de perra*", pero aclara que "se les ha ido la mano con obligar a la gente a hacer cosas buenas".[17] Para otro joven argelino, alzarse en armas fue una "forma de hacerse escuchar", pero también reconoce el descarrilamiento ideológico, esta vez no por excesos sino por su transformación en una lucha por intereses individuales.[18]

Esa descomposición de los ideales y el asociado desencanto de la población civil se perciben también y de manera más fuerte en otros lugares golpeados por la guerra. En Barbacoas, un estudiante califica todavía con cierta suavidad como "una causa perdida" la lucha de los grupos insurgentes, pues carecen ya de principios claros. En Segovia, un muchacho menciona que las guerrillas inicialmente lucharon por el pueblo pero que con el tiempo tomaron un camino que nunca les correspondió. De suerte que "sin suficiencia de recursos optaron por comerciar sustancias psicoactivas y actualmente se ven enfrascados en negociar".[19] Para un alumno en Planadas es claro que el conflicto comenzó por diferencias de pensamiento, "por intentar los mismos campesinos defenderse [pero ahora] es como una excusa para hacer el mal y buscar el bien para ellos". En Arauca, un alumno pierde el miedo y pone en duda el propósito de "cambiar" el país por medio de la violencia; mientras que uno de sus pares, de manera más punzante, señala con desprecio que la guerrilla (en este caso el ELN) dice estar peleando contra la corrupción "pero ridículamente creen que asesinar,

---

[16] Estudiante de Argelia, 22 de septiembre de 2015.

[17] Estudiante de Argelia, 22 de septiembre de 2015.

[18] Estudiante de Argelia, 22 de septiembre de 2015.

[19] Estudiante de Segovia, 15 de octubre de 2015.

desalojar, violentar, matar a inocentes, dañar y lastimar es la única solución. *Imbéciles*".[20] En estas contracaras ideológicas se turnan los destinatarios de los insultos.

CONFLICTO, CORRUPCIÓN Y POLÍTICA

190 estudiantes distribuidos en 34 de los 37 municipios hablaron de la corrupción. 28 de estos lo hicieron en su caracterización general del conflicto con una representación notoria de estudiantes de Patía. No cabe duda de que esta preocupación se inserta dentro de las angustias generales de la nación, pues según una encuesta del Centro Nacional de Consultoría de 2013, la corrupción es la principal preocupación de los colombianos, seguida por la pobreza, el desempleo y, solo en el cuarto lugar, el conflicto armado (*El Colombiano*, 2013). Adicionalmente, mi investigación desvirtúa la postura según la cual esa preocupación se da donde no se ve amenazada la supervivencia diaria. Por el contrario, en regiones altamente golpeadas por la guerra y la pobreza emerge de manera contundente la identificación de este flagelo como problema central. Con el proceso de paz, de una manera algo paradójica, se destapa y desvanece el contenedor y la cortina de humo de la guerra, con lo cual salen a la luz todas las demás problemáticas sociales del país.

Ahora bien, expresada en esos términos se puede generar la falsa ilusión de que la corrupción es un fenómeno de alguna manera desligado o distinguible de las dinámicas de la guerra. Sin embargo, en las mismas disputas por el control territorial de los actores armados, la corrupción terminó convirtiéndose en vehículo fundamental para que las fuerzas en disputa se instalaran en las instancias administrativas del país para desde ahí asegurar tanto los recursos como el sometimiento moral de la población. Se trata de una operación que se puede denominar la *corrupción estratégica* (Medina Gallego, 2010, p. 44).

Es interesante anotar que desde las voces de los jóvenes estudiantes se percibe cómo esa corrupción ha permeado todas las instancias, incluso la misma insurgencia que clama contrarrestarla.

---

[20] Estudiantes de Planadas, 15 de julio de 2015; Arauca, 22 de septiembre de 2015.

Un alumno, en Corinto, para caracterizar el conflicto expresó: "[sé] mucho [del conflicto], viví entre ellos y tienen una ideología muy buena, pero muy corrupta".[21] También en el Cauca un estudiante de El Tambo describió la guerra como un proceso en el cual todo se maneja con poder, imponiendo y sobornando. Para él todo lo demás es mera distracción en el funcionamiento de nuestra "*sociedad de mentiras*".[22]

Según dice un estudiante en San Vicente del Caguán, la corrupción fue motivo de la creación de un grupo armado hace 52 años. Ese mismo joven, después de meditarlo, termina por conceder: "bueno, no ha cambiado mucho la corrupción".[23] En cierta medida, ese flagelo ha sido imaginado por la nueva generación como una constante paralela al conflicto armado. Para algunos, como lo arguye una joven en Tierralta, la corrupción es incluso el factor que impedirá una verdadera superación de la guerra.[24]

La triada que reproduce los ciclos de violencia es completada por la política, el escenario donde para muchos estudiantes nace la corrupción, con políticos que no cumplen con sus funciones, que se dejan comprar y controlar por los narcos; o que prometen y al final no cumplen nada.[25] Los alumnos consideran asimismo la relación entre corrupción y justicia, al igual que sus consecuencias sobre la inequidad. De hecho, a pesar de todo, se vislumbran en la voz que denuncia rastros de esperanza, porque se cree aún en la producción de cambios desde el gobierno: "como la justicia aquí es tan mala, paralizada, brindando ayuda a los ricos y degenerando más a los pobres, no se logra nada. [Sin embargo], el presidente arreglaría esto si se creara más igualdad y solidaridad con los necesitados".[26]

---

21 Estudiante de Corinto, 24 de septiembre de 2015.
22 Estudiante de El Tambo, 21 de octubre de 2015.
23 Estudiante de Saravena, 15 de octubre de 2015.
24 Estudiante de Tierralta, 29 de septiembre de 2015.
25 Estudiantes de San Juan del Cesar, 7 de abril de 2016.
26 Estudiante de San Juan del Cesar, 7 de abril de 2016.

GUERRA, DESARROLLO E IMAGEN INTERNACIONAL

Algunos jóvenes consideran el conflicto armado como responsable del subdesarrollo del país.[27] En palabras de un indígena en Puerto Nariño ese subdesarrollo está vinculado, además, a otra de las aristas de la guerra: el desplazamiento forzado, causante además de las altas tasas de desempleo.[28] Este circuito, dice una estudiante en Sardinata (Norte de Santander), impide tanto la paz como el progreso. No se trata en ningún modo de una afirmación descabellada. Como lo señala un estudio liderado por varios investigadores de la Universidad de los Andes, para lograr duplicar su PIB las economías departamentales tardan 18.5 años si se trata de zonas afectadas por el conflicto armado, en vez de los 8.5 que tomaría en un contexto de paz. Esto, dicen los académicos, significa que Colombia podría ganar una década de crecimiento económico sin grupos alzados en armas (*Dinero*, 2014). Dicho de otro modo, en las palabras más sencillas pero no menos precisas de un joven indígena nasa en Toribío: "La economía se acaba porque hay más inversión en la guerra".[29]

En su caracterización, una estudiante en Córdoba menciona cómo el conflicto armado ha puesto "muy en bajo el nombre de nuestro país [...] dejándonos en el exterior como un país en donde solo se ve narcotráfico, violencia y cosas negativas".[30] Preocupación compartida por un muchacho en el Putumayo, que frente a la lógica de violencia que azota a su departamento, delata en su voz cierta incomprensión. Él sugiere que es tonta la guerra porque nos afectamos nosotros mismos; en primer lugar, físicamente, pero también estropeando nuestra imagen en otros países, en donde nos catalogan "como paramilitares, guerrilleros, sicarios y, más aún, como narcotraficantes".[31] Es notorio, por cierto, que quienes mayor énfasis ponen en estos aspectos económicos, así como en

---

27 Estudiantes de Arauca, 22 de septiembre de 2015; Bogotá, 22 de agosto de 2016; Iscuandé, 14 de septiembre de 2015; Istmina, 15 de octubre de 2015.

28 Estudiante de Puerto Nariño, 6 de noviembre de 2015.

29 Estudiante de Toribío, 22 de septiembre de 2015.

30 Estudiante de Tierralta, 29 de septiembre de 2015.

31 Estudiante de San Miguel, 21 de septiembre de 2015.

la percepción que se tiene de Colombia y los colombianos fuera del país, tienden a ser estudiantes justamente ubicados en zonas fronterizas: Putumayo, Norte de Santander, Amazonas, Arauca.

Hay, no obstante, personas que, a pesar de las secuelas de la guerra, mantienen intacta su imagen de la patria. Es el caso de esta joven en Tierralta: "Colombia es un país diverso y lo amo, aunque tenga muchas heridas que hayan provocado unos malos hijos, como los grupos armados ilegales y legales". Por otro lado, están también quienes ven en las inversiones de la paz un obstáculo para el desarrollo. Según un estudiante de San Carlos, el país no avanza porque "el gobierno les da todo como reparación a las víctimas".[32] Tal vez a eso mismo se refería otro adolescente en Corinto, quien para describir el conflicto armado colombiano respondió: *"El conflicto que hay en Colombia es la paz"*.[33]

PERSONIFICACIONES DE LA GUERRA, ACTORES RECICLADOS Y LUCHA SIN FIN

Es significativo que al solicitar una descripción del conflicto armado surgieran diferentes modalidades de personificación del conflicto. Como si la guerra fuera un actor, o bien equiparan el conflicto con uno de sus protagonistas o hay incluso un caso en el cual la personificación es tremendamente explícita y amplia, puesto que destaca a la violencia como *el* actor de este país.[34] Es igualmente significativo que estas encarnaciones del conflicto sean tan prevalentes en Pelaya, Cesar, donde una estudiante describe el conflicto armado como "un grupo que busca alcanzar sus aspiraciones por medio de la guerra". Es también en ese municipio donde un estudiante inicia su caracterización de nuestro pasado violento señalando que el conflicto armado *es* las Farc.[35] Aunque esas personificaciones son las más recurrentes, hay también quienes ven encarnada la guerra de otra manera. Es así como un estudiante de El Tambo caracterizó el

---

[32] Estudiante de San Carlos, 22 de septiembre de 2015.
[33] Estudiante de Corinto, 24 de septiembre de 2015.
[34] Estudiante de Pelaya, 4 de abril de 2015.
[35] Estudiantes de Pelaya, 4 de abril de 2015.

conflicto como "personas muy malas que no les importa pasar por encima de los demás y se encuentran en zonas urbanas ayudando a la producción de drogas". Una estudiante de Leticia también entiende el conflicto como un grupo de personas en diferentes partes del país que "matan a personas inocentes sin ningún motivo".[36] Se percibe así que la prolongación de la confrontación armada en las representaciones mediáticas del conflicto, junto con la inclinación hacia un actor armado en particular, generan una doble circularidad: una en la que el conflicto *es* sus actores, o un actor es el conflicto; o el conflicto es el único agente histórico, que deja a quienes lo padecen fuera de su devenir. Otra circularidad es aquella en la que, en términos de Gonzalo Sánchez (2003), *ese pasado que no pasa* genera en el ciudadano una sensación de trágica inexorabilidad de la guerra. Así lo capturan muy bien numerosas voces de estudiantes, a lo largo y ancho del país, como en esta versión, casi literal, de un arhuaco en la Sierra Nevada de Santa Marta:

> El conflicto armado en Colombia es una realidad que nunca pasa. Cuando se acaba una organización se desintegra y forman otra; mucha gente que pertenecía a una guerrilla ya débil (EPL) o las AUC [...] se unen para formar una nueva organización narcotraficante y criminal.

Esa observación la complementa un muchacho en Putumayo, quien anota que "las bandas cada vez consiguen más personas haciendo de esta una guerra sin fin". También así lo dictamina un muchacho en Corinto: "Nunca va a existir la paz verdadera porque se acaba un grupo armado y nace otro".[37] Son todas expresiones de lo que la periodista María Teresa Ronderos (2014) llama *nuestras guerras recicladas*.

El pesimismo se apodera de algunos estudiantes no solamente cuando imaginan la eternidad de la guerra, sino cuando consideran que cada vez va a ser peor, como lo manifiesta un alumno en Florencia. También así lo cree un pupilo en Orito, Putumayo, según el

---

[36] Estudiantes de El Tambo, 21 de octubre de 2015; Leticia, 5 de noviembre de 2015.
[37] Estudiantes de Santa Marta, 12 de abril de 2016; San Miguel, 21 de septiembre de 2015; San Carlos, 22 de septiembre de 2015; Corinto, 24 de septiembre de 2015.

cual los esfuerzos de desmovilización son fútiles, hasta el punto de que la paz —como complementa un estudiante en Patía— se hace *inalcanzable*.[38] Esta sombría y desesperanzadora proyección tiene a veces un tono apocalíptico, verbalizada esta vez por un estudiante de Corinto que sentenció: "Nunca va a haber paz hasta que se acabe el mundo. La única forma de que haya paz es para los escogidos, solo los escogidos. De resto arderán. Arrepiéntanse, antes de que sea demasiado tarde".[39]

EXPERIENCIAS, CONSECUENCIAS Y MAGNAS PEQUEÑAS IMPRECISIONES

Aunque las caracterizaciones del conflicto relatadas a partir de experiencias personales no fueron tan comunes como aquellas centradas en los actores de la guerra y sus argumentos, su resonancia es incuestionable. Algunos se apropian de las vivencias de sufrimiento de muchos otros, y las resaltan como colectivas. Destacan que se han perdido muchas personas queridas; que muchos han sido despojados de sus tierras; y que esas experiencias "han marcado (sic) en sus vidas manchas horribles".[40] Los estudiantes presentan un catálogo de consecuencias de la guerra, que va desde el reclutamiento de niños o la rutina de las vacunas "pedida a las familias que de una u otra forma han trabajado un poco más"; pasa por los efectos psicológicos de la guerra, incluida la proliferación de emociones como el odio entre los habitantes de la región; y llega hasta la zozobra de los estudiantes que sienten que "las víctimas perdidas no se recuperan y el dolor siempre prevalecerá".[41] Aunque con tímidos asomos de optimismo, esta taciturna caracterización —particularmente desgarradora puesto que proviene de las voces

---

[38] Estudiantes de Florencia, 15 de septiembre de 2015; Orito, 22 de septiembre de 2015; Patía, 17 de septiembre de 2015.

[39] Estudiante de Corinto, 24 de septiembre de 2015.

[40] Estudiante de Pelaya, 4 de abril de 2015.

[41] Estudiantes de El Tambo, 21 de octubre de 2015; Puerto Carreño, 24 de septiembre de 2015; Ovejas, 14 de abril de 2016.

de la nueva generación— se percibe, por ejemplo, en el relato de
esta estudiante de Mitú:

Sé que desde la colonización de América nuestro país se ha visto
afectado. La violencia es muy dura y los grupos armados son bastante
crueles. Muchos han muerto en cautiverio, han sido desplazados de su
región; ha aumentado la pobreza; muchos han quedado huérfanos, sin
familia. Es muy triste, los presidentes han luchado contra esto pero lo
que hacen es aumentar el conflicto. Afortunadamente este año llegaron a un acuerdo, pero el daño ya está hecho y es difícil perdonar.[42]

Varias narrativas se liberan de la mera descripción técnica con
la inclusión de los sentimientos; en su lugar, cargan sus representaciones de color, incluso cuando son ferozmente sombríos. Aparecen entonces caracterizaciones de la guerra colombiana, que no
acuden a elaboradas explicaciones o a detallados contextos, sino
que sencillamente recuerdan: "Hubo un tiempo en que este conflicto me tocó muy de cerca. Cuando tenía 7 años pude oír y ver
los tiroteos del ejército contra la guerrilla cada madrugada al lado
de mi casa; debíamos encerrarnos en el baño para que no pasara
nada".[43] O que describen la guerra a partir del incidente personal
que trastocó sus vidas: "a mi padre lo desaparecieron y creo que lo
mataron cuando yo solo tenía 4 años".[44] Para esta adolescente de
16 años en Pelaya, el conocimiento del conflicto sobre el cual dice
saber mucho no tiene que ver con conocer sus fechas, sus razones
o sus actores. Tiene que ver con un saber emocional, posiblemente inenarrable. Finalmente, esta suerte de cognición emocional se
manifiesta también en expresiones negativas. En ellas no se subraya
lo sufrido por quienes han transitado los dolores de la guerra, sino
que se recalca precisamente la precariedad o absoluta ignorancia
emocional de los "despiadados" victimarios, quienes, según los
estudiantes, desconocen incluso la culpa.[45]

---

[42] Estudiante de Mitú, 1 de octubre de 2015.
[43] Estudiante de Arauca, 22 de septiembre de 2015.
[44] Estudiante de Pelaya, 4 de abril de 2015.
[45] Estudiante de Puerto Carreño, 24 de septiembre de 2015.

Génesis

A la pregunta por cuándo consideran que empezó el conflicto en Colombia, un joven en Leticia respondió: "Surgió debido a los piratas que atacaban Cartagena. El Estado, por no tener un bienestar, contrató a estos negros piratas llamados costeños, y estos más tarde empezaron a combatir a las fuerzas armadas".[46] Semejante afirmación demuestra que las representaciones del conflicto armado capturan también los estereotipos sociales y regionales que circulan en la sociedad colombiana. Estos estereotipos son a la vez causa y consecuencia de la guerra, e incluso constituyen posibles obstáculos para su superación definitiva.

El 41 % de los estudiantes consultados respondió a esta pregunta mediante fechas, muchas razonables, otras difíciles de sustentar. Un grupo considerable escogió algún evento histórico como origen del conflicto. Otros estipularon circunstancias sociopolíticas no vinculadas a un marco temporal como su concepción sobre los orígenes de la guerra. En términos diagnósticos relevantes para una futura política pública, es importante anotar que la segunda respuesta más frecuente fue *No sé* o *No me acuerdo*, la cual abarcó el 16.7 % de las respuestas. Aunque esta cifra parece relativamente baja, es fundamental resaltar que se llega a un agregado del 35.7 %, si le sumamos los que no respondieron, los que dijeron vagamente que el conflicto empezó *hace mucho tiempo* y los que consideraron que la guerra siempre ha existido. Es decir que más de un tercio de los consultados no puede ubicar el conflicto armado colombiano en el devenir histórico de la nación. Exploremos algunas de esas voces.

Un estudiante de Gaitania —el corregimiento en donde nacieron las Farc— sugiere que el conflicto siempre ha existido en Colombia por las diferencias sociales y porque "siempre hay personas que utilizan las armas para obtener poder generando guerra y muerte".[47] También para un alumno en Sardinata la guerra ha sido ubicua: primero por las acciones de los partidos políticos, luego por los grupos armados al margen de la ley y finalmente por

---

[46] Estudiante de Leticia, 5 de noviembre de 2015.
[47] Estudiante de Planadas, 15 de julio de 2015.

los grupos delincuenciales. Entretanto, otro pupilo, esta vez en El Tambo, hace una importante aclaración: "En sí, siempre ha existido el conflicto, solo que ahora se conoce más".[48] Sea o no su intención, esta última precisión permite proponer que la determinación del inicio del conflicto armado no es tanto un asunto cronológico, como epistemológico.

Figura 5. Respuestas de estudiantes sobre el inicio del conflicto armado

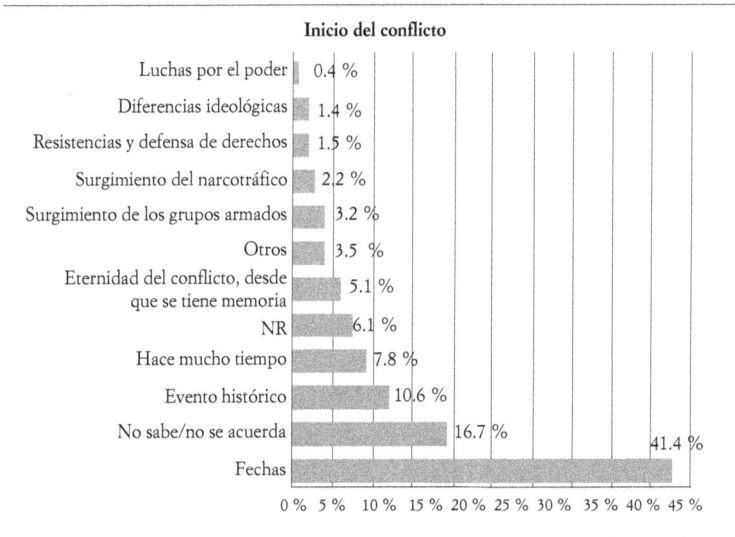

Inicio del conflicto

Categoría	Porcentaje
Luchas por el poder	0.4 %
Diferencias ideológicas	1.4 %
Resistencias y defensa de derechos	1.5 %
Surgimiento del narcotráfico	2.2 %
Surgimiento de los grupos armados	3.2 %
Otros	3.5 %
Eternidad del conflicto, desde que se tiene memoria	5.1 %
NR	6.1 %
Hace mucho tiempo	7.8 %
Evento histórico	10.6 %
No sabe/no se acuerda	16.7 %
Fechas	41.4 %

0 % 5 % 10 % 15 % 20 % 25 % 30 % 35 % 40 % 45 %

Es por eso, por los efectos cognitivos de la representación, que resulta tan importante abordar la contagiosa sensación de eternidad de la guerra. Porque sobre un conflicto sin principio ni fin no se puede intervenir. Imaginarlo eterno hace imposible concebir acciones para acabarlo y anula así la autorrepresentación de los alumnos como agentes históricos. El primer paso para promover el empoderamiento de las juventudes sobre su propio futuro más allá de la guerra es historizar el conflicto. Una vez historizada la guerra, se podrán pensar a sí mismos como agentes semánticos capaces de transformar las formas de tramitar y representar el pasado violento,

---

[48] Estudiantes de Sardinata, 18 de septiembre de 2015; El Tambo, 21 de octubre de 2015.

para de esta manera concebir la trayectoria que garantice su superación y no repetición. Postulo esto a pesar de que un estudiante en Istmina, por ejemplo, en un sentido muy orweliano, considere el saber como un problema. Para él, "el conflicto empezó desde que nosotros los seres humanos tuvimos conocimiento". *La ignorancia es la felicidad...*

Ahora bien, la ubicuidad de la guerra tuvo también otro tipo de manifestaciones que mostraban una inusitada, y no necesariamente saludable, apropiación de lo sucedido. Un joven en Algeciras entrelazó su biografía con la historia de la guerra de manera tan profunda, que a la pregunta por el inicio de las confrontaciones respondió que estas empezaron "cuando nací, creo yo".[49] Ese *ego* en su sentido psicológico es efectivamente una pauta referencial importante. Al no tener la capacidad de anclar el conflicto armado en un periodo concreto de la historia, lo que buena parte del estudiantado hace es ponerlo en términos de su experiencia y de su vida. El conflicto entonces —eterno o no— empieza antes o a partir de su nacimiento. Aunque también así se infunde la historia de emoción y se nacionaliza el yo, tal vez no es en esos términos que lo imaginó Jackie Feldman (Argenti y Schramm, 2010). Claro que también hay quienes mediante la transustanciación externalizan y culturalizan su ego para referenciar el conflicto a partir de la vida y muerte de Otro. Es así que, para adolescentes en diferentes rincones del país, la guerra en Colombia existe "desde antes de Cristo".[50] Y cómo no si, como lo anota una estudiante en Saravena, "el conflicto es originado del pecado".[51]

Pero a pesar de lo discutido anteriormente, merece un reconocimiento especial la labor de muchos docentes y pupilos que conjuntamente sí han logrado historizar la guerra. De hecho, entre quienes se aventuraron a responder la pregunta más allá del *no sé*, el conglomerado de respuestas más numeroso fue de quienes señalaron la década de los sesenta como punto de inflexión histórica del

---

[49] Estudiante de Algeciras, 18 de septiembre de 2015.
[50] Estudiantes de Arauca, 22 de septiembre de 2015; El Tambo, 21 de octubre de 2015; Planadas, 15 de julio de 2015.
[51] Estudiante de Saravena, 15 de octubre de 2015.

conflicto en su forma contemporánea. Con las fechas se puede estar o no de acuerdo, pero la clave está en que se identifica con claridad una serie de procesos y contextos que insertan la guerra en la historia, y rompen con su aparición como una constante inamovible. Ahora, este encuadre cronológico de ninguna manera despoja las voces estudiantiles de las descripciones fabulescas con sus respectivas moralejas. Según un joven en Guapi, "el conflicto armado empezó a partir de que un joven que era pobre y pues siempre lo trataban mal, entonces él fue creando un grupo que ahora lo llamamos o se llama las Farc que es un grupo que se ha fundamentado en hacerle mal al país en general".[52] A ese joven pobre y maltratado le pone nombre propio un estudiante en Planadas, cuando afirma sin rodeos que "quien inició esta guerra fue el señor Manuel Marulanda Vélez, alias Tirofijo en una vereda llamada Marquetalia".[53]

Aquella vereda llamada Marquetalia fue mencionada por 41 de los 1492 estudiantes, lo cual equivale apenas a un 2.7 %. Es asombroso que semejante hito de nuestra historia de violencia esté tan ausente del imaginario nacional, ya que se trata del mito fundacional de la organización insurgente más grande del país. El tema solo viene a la memoria en los aniversarios, para señalar la profundidad histórica de la guerrilla o para ridiculizar ese símbolo como muestra del anacronismo, provincialismo y rencor de los líderes de ese grupo armado (Sánchez Meertens y Sánchez Gómez, 2004). En torno a Marquetalia hay, no obstante, un gran potencial. Su identificación como un espacio controversial y justamente por ello crítico para una intervención encaminada hacia la reconciliación, permite pensar en múltiples trabajos de orden simbólico, pero con grandes repercusiones materiales a largo plazo. Hablar del valor emblemático de Marquetalia abre las puertas para, por un lado, rescatar ese hito del secuestro discursivo de las Farc y, por el otro, ofrecerle a esta organización un cierto tipo de inclusión narrativa. Porque además de establecer el modo de participación política de ese grupo armado como resultado del acuerdo de paz, hay que resolver también lo que

---

52 Estudiante de Guapi, 11 de septiembre de 2015.
53 Estudiante de Planadas, 15 de julio de 2015.

podríamos denominar su participación histórica, su incorporación en las narrativas de la nación (Sánchez Meertens A., 2016).

La aparición de este referente histórico en los relatos de los estudiantes está claramente vinculada a la decisión de un puñado de docentes. Resulta que esos 41 alumnos que hablaron de Marquetalia están solamente en 5 municipios de los 37 visitados: en Planadas, que abarca aquella mítica región; en Toribío, que queda —simplificando— al otro lado de la misma gran montaña (Nevado del Huila); en La Uribe, parte de la antigua zona de distensión de El Caguán y por tanto por mucho tiempo fortín de las Farc; pero también en Bogotá; y notablemente en la Sierra Nevada de Santa Marta.

CAUSAS REBELDES

Frente a las razones del conflicto armado colombiano nos dice un estudiante en Iscuandé que este se dio "si hablamos bíblicamente —según los historiadores— porque es una profecía la cual se mira que se está cumpliendo. Pero si contamos con la opinión del hombre de hoy, es por la violación a los derechos humanos y por la no igualdad".[54] Esta es en realidad una respuesta de extraordinaria complejidad, porque postula, entre líneas, que las causas del conflicto dependen del lente que se implemente, del marco referencial que se use para dar cuenta del fenómeno. Esto anticipa que si las causas dependen del enfoque, el listado ofrecido por diferentes actores en posiciones geográficas y sociohistóricas divergentes podrá ser extenso. Efectivamente, como lo corrobora la diversidad de posturas presentadas por los estudiantes en distintos rincones del país, hablar de las razones de la guerra implica hablar de lo divino y lo humano; de la historia y el mito; de héroes y villanos; de buenas intenciones y nefastas consecuencias.

Las explicaciones brindadas por los estudiantes son frecuentemente originales e inesperadas, pero también hay muchas que se asemejan incluso a las grandes teorías provenientes del campo de resolución de conflictos. En algunas respuestas juveniles se percibe el famoso modelo triangular de Johan Galtung, con sus respectivos

---

[54] Estudiante de Iscuandé, 14 de septiembre de 2015.

vértices de incompatibilidad de intereses, actitudes y comportamientos, aunque muchos estudiantes enfatizan más uno de esos ángulos (Ramsbotham, Woodhouse y Miall, 2005). En la teoría galtungiana las actitudes incluyen percepciones y tergiversaciones sustentadas en factores emotivos, cognitivos y conativos. Caben dentro de ese aspecto respuestas como la de un pupilo en Arauca, quien halla las razones de la guerra en "la desobediencia, la ausencia de valores, la falta de madurez, por querer llegar al poder de cualquier forma".[55] Pero también en ese vértice caben respuestas insospechadas; entre ellas la de una joven en Ovejas, que considera que todo se origina por la vanidad de quienes se creen más que otros. Esta respuesta expresa lo que se conoce como "explicaciones expresivas de la violencia", mediante las cuales se resaltan aspectos subjetivos para dar cuenta del fenómeno social.[56]

Para Galtung ese vértice de actitudes tiene una correspondencia con lo que considera violencia cultural. Esta incluye manifestaciones tales como el machismo y el racismo, que en general tienen que ver con la construcción, relación y desaprobación de identidades. Es importante que también este tipo de explicaciones se registran entre los jóvenes consultados. Aunque una adolescente en Pelaya considerara la desigualdad de género como uno de los factores generadores del conflicto armado, dos muchachos destacaron con mayor vehemencia esta problemática. Fue así como un joven de Barbacoas mencionó el machismo como una de las causas de la guerra en Colombia; y otro, esta vez en Saravena, consideró la igualdad de género como la estrategia central para la terminación del conflicto.[57] Hay que decir, sin embargo, que, a pesar de estas excepciones, la palabra género aparece solo esas dos veces, y que la palabra machismo aparece una vez más, además de la cita anterior, cuando una estudiante destaca a *La Pola* como su personaje favorito de la historia por haber defendido a las mujeres del machismo.[58] Un

---

55 Estudiante de Arauca, 22 de septiembre de 2015.
56 Estudiante de Ovejas, 14 de abril de 2016.
57 Estudiantes de Pelaya, 4 de abril de 2015; Barbacoas, 15 de septiembre de 2015; Saravena, 15 de octubre de 2015.
58 Estudiante de Sardinata, 18 de septiembre de 2015.

registro tan pobre de estos dos conceptos entre 1492 voces es muestra indiscutible del tabú que circunda estos temas aún hoy —tal vez ahora más que antes— en la educación colombiana. No obstante, hay entre los pupilos algunos con propuestas explicativas interesantes que si bien no mencionan el enfoque de género sí encuentran en el proceso identitario un factor exegético importante de la guerra. Dice por ejemplo un estudiante bogotano que el conflicto armado surge "por la falta de identidad en el proceso posindependencia, generando que el país se fragmente".[59] Otros, por el contrario, apelan a explicaciones instrumentales del conflicto, y resaltan sobre todo relaciones y condiciones estructurales. "El conflicto surgió por todo un *enredo* de factores negativos que estaban afectando al país en los 60´s. Estos factores incluyen la época de La Violencia, la pobreza, desigualdad y las diferencias políticas".[60]

En el campo de los estudios de conflicto, uno de los más distinguidos esfuerzos por generar una teoría explicativa integral de estos fue desarrollada por el libanés Edward Azar. Su teoría la desarrolló en torno al reclamo por necesidades básicas de la población, en términos de seguridad, reconocimiento y aceptación, acceso justo a las instituciones políticas y participación económica. No solamente encontramos exponentes de esta visión entre los jóvenes, sino que en conjunto también reflejan otro de los grandes aportes de Azar: la comprensión de los conflictos armados como fenómenos que no se pueden reducir a una sola causa y que son, de hecho, dinámicos. Esto implica entenderlos con constantes cambios en los objetivos, en los actores y objetos de ataque, generalmente sin un punto de inicio ni un punto de terminación claro o fijo. De hecho, la apuesta de Azar inspira parte de este estudio, a saber, el rastreo del proceso mediante el cual experiencias, miedos y sistemas de creencia mutuamente excluyentes generan imágenes negativas recíprocas, que perpetúan antagonismos y consolidan conflictos sociales prolongados (Ramsbotham, Woodhouse y Miall, 2005).

Pero también se revelan entre las voces de los alumnos partidarios de las lecturas economicistas de la guerra, notoriamente represen-

---

[59] Estudiante de Bogotá, 17 de noviembre de 2016.
[60] Estudiante de Bogotá, 22 de agosto de 2016.

tadas por autores como Paul Collier (Collier y Bank, 2000). Este autor rechaza las explicaciones basadas en la privación de necesidades y derechos, y localiza en cambio la causa de la guerra en los incentivos económicos. Sin embargo, entre muchos estudiantes consultados el análisis es más refinado. Muchos de hecho reconocen las desigualdades, discriminaciones y abandonos como puntos de inicio, y ven en los incentivos económicos más bien un factor tardío que trastocó las dinámicas de la guerra. Otros, en cambio, analizan las razones de la guerra desde la lógica del mercado global, pero con un énfasis inesperado y desde un lugar de enunciación sorpresivo, como es la Sierra Nevada de Santa Marta, en donde un estudiante arhuaco afirma que el conflicto "surgió cuando los países europeos, asiáticos y norteamericanos se convirtieron en consumidores potentes de cocaína y marihuana. Así se originaron organizaciones para vender drogas, tener plata en cantidad en poco tiempo y hacerle frente al gobierno nacional".[61] Es muy sugestivo que sea justamente este alumno, que ha crecido en una región con una de las historias de cultivos ilícitos más extensas del país, quien proponga esta dislocación del punto generador de la violencia, trasladándolo del eslabón productor a la demanda y el consumo.

En las visiones estudiantiles existen, tal como en los estudios académicos del conflicto, explicaciones internas que localizan la fuente del conflicto en la naturaleza de los protagonistas; explicaciones relacionales que enfatizan la interacción entre las partes en conflicto; y explicaciones externas que conciben las condiciones contextuales como las generadoras de violencia, en algunos casos incluso como las productoras de los actores en conflicto (Ramsbotham, Woodhouse y Miall, 2005).

Vemos también entre los jóvenes una recurrente personificación del conflicto en un sentido distinto al que expresamos en el segmento de caracterización de la guerra. Aquí no se trata tanto del proceso metonímico mediante el cual el conflicto se reduce a uno de sus actores, sino que se explica su razón de ser a partir de la vida, obra o muerte de alguien. Por supuesto, esto ocurre con Jorge Eliécer Gaitán, Luis Carlos Galán (si bien muchas veces aparece porque lo

---

[61] Estudiante de Santa Marta, 12 de abril de 2016.

confunden con Gaitán) y Tirofijo. Pero también encarnan la historia de la guerra un expresidente cubano, un famoso narcotraficante y el padre de un reconocido expresidente: "Pues yo creo que el conflicto surgió desde cuando mataron al papá de Uribe", dijo un estudiante bogotano. En Barbacoas, un joven consideró, en cambio, que el conflicto surgió "por Fidel Castro, quien era una persona que tenía pensamientos diferentes a los del gobierno".

Están igualmente los héroes y antihéroes, protagonistas de leyendas y mitos. Para algunos, "todo comenzó con Pablo [Escobar], porque a los pobres se les trataba o, más bien, se les trata, con menosprecio, y él quiso sacarles a los ricos para dar a los pobres". Según otros, las razones de la guerra se explican, por el contrario, siguiendo la biografía de otro personaje: "lo que dice mucha gente es que Manuel Marulanda era agricultor y encontró a su esposa e hijos muertos por los soldados y empezó a reunir campesinos y a atacar al ejército con machetes y pistolas".[62]

Es interesante descubrir la apropiación de un discurso de derechos en las voces juveniles. Sin embargo, con frecuencia el argumento responsabiliza del conflicto a la movilización en defensa de los derechos y no al incumplimiento, a la falta de garantías o a la violación de estos. De alguna manera, esta noción se aproxima a las teorías de acción colectiva de Tilly, McAdam u Oberschall (Tilly y Tarrow, 2007; Zald, McCarthy y McAdam, 2008; Oberschall, 1997). Por encima de supuestas causas objetivas, necesidades básicas o la fragilidad del Estado, estos autores priorizan en sus explicaciones de la política contenciosa los recursos para la movilización, las oportunidades políticas y los marcos interpretativos. Una versión de esta postura la expresa un estudiante en Mitú, usando como muchos otros la fórmula retórica de la fuente indeterminada: "*Dicen que* todo esto inició principalmente por los campesinos que formaron sindicatos para defender sus derechos ante el Estado".[63]

Hay estudiantes que sugieren que las razones dependen de quien las enuncie. Así lo plantea un alumno en Argelia, según el

---

[62] Estudiantes de Bogotá, 11 de julio de 2016 y 14 de julio de 2016; Barbacoas, 15 de septiembre de 2015; La Uribe, 30 de septiembre de 2015.

[63] Estudiante Mitú, 1.º de octubre de 2015.

cual el conflicto emerge por la falta de oportunidades que el Estado ofrece a sus ciudadanos, mientras que para el Estado, "el conflicto empieza cuando se organizan personas para exigir sus derechos".[64] Otros mencionan, en cambio, condiciones objetivas, pero enfatizan nuevamente la decisión y acción colectivas y hablan ya no de derechos, sino de justicia. El conflicto es en esas voces producto de "la revolución de la sociedad que tomó la justicia por sus manos para buscar que nuestro país fuera más justo y democrático".[65] Para un estudiante bogotano, a partir de esas disputas por derechos, justicia, servicios, tierras y participación política que se desarrollan en medio de la fragilidad u olvido estatal, se produce otra modalidad de fragmentación que hace que "cada región tenga diferentes formas de pensar y actuar".[66]

Una recurrencia significativa en los relatos estudiantiles es aquella en la que las *consecuencias* de la guerra se reconfiguran como *causas*. Para un joven en Iscuandé, el conflicto armado surge por el desplazamiento forzado, mientras que para un compañero suyo el origen de la guerra está en los diálogos de paz, "porque las Farc no querían firmar el papel de que no iba a haber más violencia". Las consecuencias también se reinventan como causas en el sur del Tolima, donde un alumno de la tierra que vio nacer a las Farc opina que el conflicto armado se da por los excesivos secuestros y el reclutamiento infantil. Una interesante vertiente de este tipo de explicaciones la expone un estudiante de Caucasia, para quien el conflicto emerge "porque se dieron nuevas formas de hacer dinero, solo que ilegalmente, y cuando el gobierno quiso intervenir, los grupos al margen de la ley respondieron de muy mala manera: matando, secuestrando y reclutando personas".[67] A mi juicio, estamos hablando acá de algo más que un simple anacronismo. Las agobiantes consecuencias de la guerra, junto con el poder corrosivo de los medios usados para su reproducción, terminan por suplantar

[64] Estudiantes de Mitú, 1.º de octubre de 2015; Argelia, 22 de septiembre de 2015.
[65] Estudiante de Bogotá, 11 de julio de 2016.
[66] Estudiante de Bogotá, 17 de noviembre de 2016.
[67] Estudiantes de Iscuandé, 14 de septiembre de 2015; Planadas, 15 de julio de 2015; Caucasia, 25 de septiembre de 2015.

las causas del conflicto. En la exploración retrospectiva no existe ya posibilidad de concebirlo sin la presencia de estos factores omnipresentes.

Hay estudiantes que consideraron que era noble la intención inicial de quienes se alzaron en armas, pero cuyos efectos resultaron totalmente opuestos. Para algunos, esto ocurre por un descarrilamiento de los ideales; pero, para otros, el tiempo no necesariamente cumplió un papel, sino que sencillamente la acción tomada era contraproducente desde su inicio. En palabras de otro estudiante, pronunciadas desde San Juan del Cesar: "aquellas personas querían que hubiera justicia en el país pero en la realidad pasó fue todo lo contrario". Esto ocurre así, en parte, por lo que una compañera de aquel municipio guajiro caracterizó como *ideologías políticas y sociales confundidas*. Por esas ideologías confundidas es que un estudiante en Segovia puede afirmar que el conflicto armado surgió "para proteger y brindar una mejor vida a las futuras generaciones, pero ahora es lo contrario".[68] Esa ambigüedad se repite en diferentes tonos: un estudiante, en Orito, percibe en los alzados en armas la intención de acabar con la pobreza y la desigualdad, pero con sus acciones "lo único que hacen es crear una guerra sin fin… no se sabe qué es peor".[69] Finalmente, para una caqueteña el problema parece trascender a los actores involucrados, convirtiéndose incluso en un asunto ontológico, porque "entre más uno quiere el bien, más hay conflicto".[70]

Las razones del conflicto son rastreadas por algunos en la historia profunda, marcando como referente más antiguo la Conquista española. Desde entonces, propone un alumno en Istmina, "quedó esa mentalidad *de por el camino fácil* arraigada en los colombianos".

Aunque apelar a la Conquista y Colonia sucede con cierta regularidad en la opinión pública, llama la atención en la propuesta de este joven estudiante que no le atribuye una violencia innata a quienes llegaron, sino que enfatiza el facilismo, con lo cual articula

---

68 Estudiante de Segovia, 15 de octubre de 2015.
69 Estudiante de Orito, 22 de septiembre de 2015.
70 Estudiantes de San Juan del Cesar, 7 de abril de 2016; Florencia, 15 de septiembre de 2015.

la profundidad histórica, con patrones culturales y la aparición más reciente de condiciones contextuales que favorecen esa comodidad. Claro, también están quienes sugieren, como lo hace un joven en San Vicente, que la cuestión empezó "desde que llegó Cristóbal Colón con todos esos malandros que traía en su barco".[71] Esto, por lo demás, nos lleva a recalcar que para concebir la llegada de Colón a América como un punto de arranque de la historia, se requiere de lo que llaman entrenamiento mnemónico. Años de instrucción han naturalizado ese instante como principio de nuestra historia, desconociendo de manera habitual y significativa nuestro vínculo con las formas sociales y los eventos precolombinos.

Entre los relatos explicativos con profundidad histórica también se encuentran aproximaciones que resaltan sobre todo la dimensión racial en las raíces de la guerra. Dice un pupilo afrocolombiano que el conflicto viene de mucho tiempo atrás, "cuando los negros, mestizos o indígenas eran esclavizados por los blancos". El racismo y la esclavitud son también mencionados por estudiantes en Tumaco y San Miguel. Se revela de esta manera cómo dentro de las conceptualizaciones del conflicto se entrelazan otras fracturas de la sociedad colombiana, expresadas no por casualidad mayoritariamente por estudiantes afrocolombianos en la región del Pacífico, tan abandonada por el Estado. Hay que destacar, sin embargo, que, por su parte, los estudiantes del Putumayo que abordaron estas cuestiones se referenciaron como colono uno, y como mestiza la otra.

Algunos de estos análisis juveniles muestran además el carácter discontinuo en la narrativa exegética. Es el caso de la respuesta de uno de los pupilos de Istmina —citado en el párrafo anterior—, quien dentro de la misma frase asocia por un lado la esclavitud con la razón de la guerra y acto seguido agrega que el conflicto surge también "cuando hubo el atentado para Luis Carlos Galán".[72] Tal vez sea esto una manifestación de lo que llamaría pensamiento episódico. Un proceso mediante el cual diversos instantes, concebidos como imágenes discretas, se vinculan frágilmente en la elaboración

---

[71] Estudiante de San Vicente, 11 de septiembre de 2015.

[72] Estudiantes de Istmina, 15 de octubre de 2015; Tumaco, 10 de septiembre de 2015; San Miguel, 21 de septiembre de 2015.

de sus relatos, sin que constituyan discursos redondeados, completos, estáticos y transferibles. Se trata más bien de colecciones de alianzas semánticas, algunas más estructuradas y densas que otras. En algunos rincones del país, las razones del conflicto se piensan localmente. El caso más notorio es el de San Carlos, donde varios estudiantes abordaron la discusión a partir de procesos marcadamente autóctonos, como la circulación de "malos comentarios sobre los sancarlitanos". Más recurrentemente aún es la mención del control de los recursos en torno a las centrales hidroeléctricas instaladas en el municipio. Pares de la misma localidad propusieron ampliar la escala para explicar el conflicto, pero centrados aún en el aspecto que más reconocen de su región. Es así como reconocen como razón del conflicto las disputas por "las riquezas que tiene Colombia en la naturaleza: oro, petróleo, esmeraldas". Finalmente hubo un estudiante que, si bien no lo hace de manera explícita, también explica la guerra a partir de una particularidad del gobierno local. Argumenta este joven que el conflicto se da "por el gobierno comunista".[73]

A pesar de no ser el conglomerado de respuestas más numeroso, si sumamos las respuestas que identifican a la pobreza y el desempleo como semillas de la guerra, las explicaciones que ubican la causa del conflicto armado en la desigualdad alcanzan un 8 % de las menciones. Hay que precisar, no obstante, que algunas de las explicaciones hacen una sutil pero importante distinción entre desigualdad como causa y desigualdad como argumento más o menos legítimo para alzarse en armas. Un alumno en Miraflores señala, por ejemplo, que el conflicto inicia por un grupo de campesinos "que no estaba de acuerdo en que ellos trabajaran y ganaran menos que los que no hacían nada y ganaban más, como los congresistas". Otro estudiante —esta vez en San Juan del Cesar— aclara que

[...] ellos [los actores armados] no surgieron sin motivos o por locura, sino porque el gobierno en Colombia era pésimo. Reinan el individualismo, el capitalismo y la injusticia. Ejemplo: un congresista

---

[73] Estudiantes de San Carlos, 22 de septiembre de 2015.

patán y poco trabajador gana más (10 veces) de lo que un educador o un doctor.[74]

Igualmente figuran como razones de la guerra, la apatía al diálogo, la falta de escucha, la corrupción, la intolerancia, las filosofías violentas, el desacato legal, los momentos de concientización de la opresión, la inconformidad y la irresponsabilidad, el rencor y el egoísmo, el maltrato y la hipocresía, las disputas por la propiedad de la tierra entre campesinos y hacendados, la venganza y la pobreza, la maldad de las personas, el desempleo y la envidia, el aburrimiento, la inmadurez, la pérdida de autocontrol, o la falta de educación, por lo cual estas personas creen que por las malas todo se puede, "así como los niños".[75]

También se explica la guerra a partir de una suerte de malentendido shakesperiano que le otorga poder genético a la mala información y a la falta de comunicación. Asimismo, están quienes explican la guerra a partir de rasgos o actitudes de las partes involucradas. El conflicto es en esos casos causado por "las personas [a las] que les gusta joder", de los "peleones y colinos" o, llevando las explicaciones a niveles más altos y misteriosos, el conflicto surge sencillamente "porque mi Dios es muy grande".[76]

De manera que, como lo resume un estudiante segoviano, el conflicto surge "porque sí, porque no, por tener plata, por querer mandar, por de todo". En palabras de Tolstoi, se pueden hacer infinidad de conjeturas retrospectivas sobre las causas de este evento sin sentido, pero el inmenso número de estas explicaciones solamente prueba que las causas fueron innumerables y que ninguna de ellas merece ser llamada *la* causa. Quizás por esto algunos estudiantes

[74] Estudiantes de Miraflores, 28 de septiembre de 2015; San Juan del Cesar, 7 de abril de 2016.

[75] Estudiantes de San Juan del Cesar, 7 de abril de 2016; Arauca, 22 de septiembre de 2015; Corinto, 24 de septiembre de 2015; El Tambo, 21 de octubre de 2015; Florencia, 15 de septiembre de 2015; Guapi, 11 de septiembre de 2015; Istmina, 15 de octubre de 2015; Leticia, 5 de noviembre de 2015; Pelaya, 4 de abril de 2015; Puerto Nariño, 6 de noviembre de 2015; Sardinata, 18 de septiembre de 2015; Toribío, 22 de septiembre de 2015; San Vicente, 11 de septiembre de 2015.

[76] Estudiantes de Leticia, 5 de noviembre de 2015; Pelaya, 4 de abril de 2015; La Plata, 5 de octubre de 2015; Toribío, 22 de septiembre de 2015.

reconocen con prudencia que no saben qué creer ante la cantidad de comentarios y justificaciones que circulan; desconocimiento e incertidumbre que otros expresan de manera menos diplomática, como lo hiciera un estudiante en San Pablo ante la pregunta de qué tanto sabía del conflicto: "yo qué carajos voy a saber".[77]

Figura 6. Razones del conflicto armado en Colombia según los estudiantes

Razones del conflicto

- Conquista española e Independencia 0.6 %
- Conflictos con otros países 0.8 %
- Muerte o ataque a algun líder político 1.2 %
- Defensa de un derecho, forma de vida o de un bien 2.1 %
- Problemas en el campo 2.4 %
- Narcotráfico 2.4 %
- Malas intenciones, individuos dañinos, falta de educación 3.1 %
- Corrupción 4.2 %
- Otros 4.4 %
- Exixtencia de los grupos armados 4.4 %
- Odio, intolerancia, discriminación, venganza, envidia 4.5 %
- Rebelión, clases sociales inconformismo e injusticias 5.0 %
- Responsabilidad del Estado, malas decisiones 6.8 %
- NR 7.2 %
- Desigualdad, pobreza, desempleo 8.1 %
- Desacuerdo con el gobierno 8.4 %
- Disputa por el poder y territorios 9.1 %
- No sabe 10.6 %
- Diferencias de pensamiento y desacuerdos 14.8 %

PROTAGONISTAS

—¿Quiénes son o han sido los principales actores del conflicto?
—Nosotros.[78]

---

77 Estudiantes de San Miguel, 21 de septiembre de 2015; San Pablo, 11 de septiembre de 2015.
78 Estudiante de Corinto, 24 de septiembre de 2015.

—¿Quiénes son o han sido los principales actores del conflicto?
—Los colombianos.[79]

Cien estudiantes incluyeron como uno de los actores principales del conflicto armado a los mismos ciudadanos, a la sociedad o al pueblo. Las Farc, mencionada 542 veces, es de lejos el protagonista principal para la mayoría de estudiantes, aun cuando esas 542 alusiones corresponden apenas al 19 % del total. El Estado/gobierno ocupa un distante segundo lugar, aunque la brecha se reduciría si incorporáramos en esa misma barra las menciones del ejército y la policía. Es muy llamativo que para varios estudiantes la guerrilla no es un genérico para organizaciones como las Farc o el ELN, sino que constituye un actor aparte. También es destacable que los políticos estén bien por encima del ejército y la policía, aunque no tengan muchas más menciones que la ciudadanía en general.

Figura 7. Principales actores del conflicto armado según los estudiantes

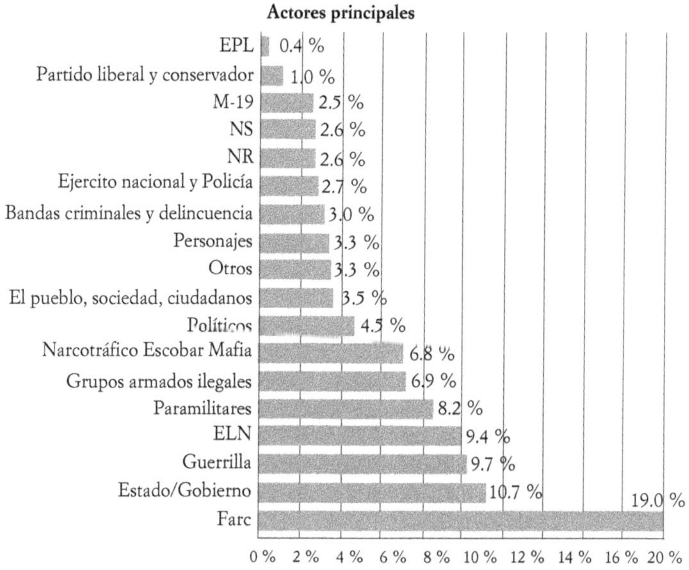

Actores principales	
EPL	0.4 %
Partido liberal y conservador	1.0 %
M-19	2.5 %
NS	2.6 %
NR	2.6 %
Ejercito nacional y Policía	2.7 %
Bandas criminales y delincuencia	3.0 %
Personajes	3.3 %
Otros	3.3 %
El pueblo, sociedad, ciudadanos	3.5 %
Políticos	4.5 %
Narcotráfico Escobar Mafia	6.8 %
Grupos armados ilegales	6.9 %
Paramilitares	8.2 %
ELN	9.4 %
Guerrilla	9.7 %
Estado/Gobierno	10.7 %
Farc	19.0 %

0 % 2 % 4 % 6 % 8 % 10 % 12 % 14 % 16 % 20 %

---

[79] Estudiante de Toribío, 22 de septiembre de 2015.

Es interesante descubrir que el M-19 haya sido mencionado 71 veces. Este fenómeno quizás esté asociado a la participación de esa organización guerrillera en uno de los eventos más referenciados en los textos escolares y en general en las clases de historia reciente —la toma del Palacio de Justicia—. Pero, por otro lado, posiblemente también esté asociada a la reciente alcaldía en Bogotá de Gustavo Petro, antiguo miembro de esa organización. No por nada, más de un tercio de las menciones provienen de Bogotá.

Igualmente, aparecen como protagonistas *los grandes ricos, los izquierdistas, los ultraderechistas, el abuelo de Uribe, Uribe, Timochenko, Santos, los indígenas, la iglesia, los desplazados, víctimas y victimarios, Estados Unidos,* "personas que se creen los dueños del pueblo" o, como dice un estudiante de La Plata (Huila), sencillamente *todos.*[80]

En general es notable la relativa baja mención de los paramilitares, en especial en zonas notoriamente golpeadas por su accionar y presencia. Sin embargo, donde más se mencionan como protagonistas de esta guerra es en Barbacoas, Bogotá e Istmina. Curiosamente una estudiante en San Juan del Cesar parece haber invertido el orden de los factores, sin duda con ello alterando su concepción del conflicto armado. Según ella la guerra "primero fue contra los paramilitares que hacían justicia o hacían valer sus ideales por sus propias manos y para esto usaban la violencia. Ahora está pasando lo mismo con otros grupos, porque cada vez que se desintegra uno de estos grupos nacen 3 más que son los mismos con diferentes nombres.[81] A pesar de la alteración de las secuencias, en su intervención reconoce el reciclaje de la guerra, así como la proliferación y reinvención de los actores.

Aunque son escasas las menciones, las Bacrim —esa última generación paramilitar que emerge después de la desmovilización en el marco de las negociaciones de Ralito— son mencionadas por los estudiantes en algunos lugares puntuales. Entre las diferentes organizaciones criminales que recoge esa sigla genérica, los más mencionados son Los Rastrojos. Esta organización, también conoci-

---

[80] Estudiantes de Algeciras, 18 de septiembre de 2015; La Plata, 5 de octubre de 2015.
[81] Estudiante de San Juan del Cesar, 7 de abril de 2016.

da como Rondas Campesinas Populares, en una notoria referencia al conflicto armado peruano, son nombrados en San Vicente del Caguán, Caucasia, El Tambo, Barbacoas y Pelaya; no todas zonas conocidas por su accionar.

Pablo Escobar es mencionado como uno de los protagonistas de nuestra guerra por 113 estudiantes en 32 de los 37 municipios cubiertos por esta investigación. Uno de los estudiantes consultados se refiere a él incluso como *el glorioso Pablo Escobar*.[82] Pero lo interesante aquí es descubrir precisamente en dónde *no* fue mencionado: Argelia, Toribío, Planadas, Saravena y Pelaya, todos municipios con altísima presencia de cultivos ilícitos, pero también fortines guerrilleros (a excepción de Pelaya, que fue epicentro paramilitar, pero con presencia guerrillera en sus zonas altas). Es justamente la abrumadora presencia de estos actores, con su discurso y accionar, la que relegó el narcotráfico a un rol secundario o complementario en las dinámicas de la guerra. Es factible que la contundente presencia de ejércitos ilegales en esos municipios haya posibilitado que alguien como Pablo Escobar dejara de figurar como protagonista.

Uno de los resultados más preocupantes en este segmento es la recurrente indistinción, fusión o intercambiabilidad de los actores en varios relatos juveniles. Un estudiante en Ovejas habló del conflicto como una confrontación entre uniformados del ejército y "grupos paramilitares de la guerrilla", mientras que en Tumaco un alumno ubica el origen de la guerra en el accionar de los "guerrilleros paracos". También en Barbacoas nos encontramos con este fenómeno cuando uno de los alumnos explica que "surge la guerrilla *de las Farc o Autodefensas colombianas,* las cuales se refugiaron en el monte e hicieron un imperio que aún no termina".[83] Algo semejante sucede en otros lugares del país, aunque tal vez confundiendo no tanto los actores sino su papel en el conflicto. Por ejemplo, una adolescente culpa de la guerra al "guerrillero de Álvaro Uribe", a la vez que un alumno señala como hito del conflicto la toma del Palacio de Justicia por parte de los paramilitares. Digo que esto es preocupante porque, o bien hay dificultades en la apropiación del

---

82 Estudiante de Barbacoas, 15 de septiembre de 2015.
83 Estudiante de Barbacoas, 15 de septiembre de 2015.

conocimiento, o bien la degradación de la guerra ha facilitado tal indistinción, o ambas cosas.[84]

Están también las voces que señalan como protagonistas de la guerra a "las mismas familias que siempre toman el poder". Otras denuncian, en cambio, cómo esos centros del poder estigmatizan la movilización social, acusándola —según dice un estudiante en Miraflores— de ser "guerrilleros, comunistas, delincuentes, haciéndonos callar y comer como si nada hubiera pasado".[85] Otros, por el contrario, aprovechan la indagación por los actores de la guerra para verbalizar su rechazo y resaltar sobre todo los daños que causan en sus contemporáneos: "Son personas que dañan familias, matan, se llevan niños y jóvenes a la selva. Les enseñan a matar y les quitan su niñez, sus privilegios de estudiar y jugar, comer, hacer cosas de niños".[86]

ESTRATEGIAS DE TERMINACIÓN E IMAGINARIOS DEL PORVENIR

—¿Cuál crees que sería la mejor estrategia para terminar el conflicto armado y evitar hechos de violencia en el futuro?
—Matando a esos malparidos sin oficio.[87]

La respuesta anterior no refleja la voz de las mayorías. Sin embargo, resulta significativo el grado de agresividad en varios de los jóvenes en varias partes del país, notablemente en Leticia[88] y en Arauca. Compañeros del joven citado anteriormente comparten su visión sugiriendo que hay que "matar a todos esos hp", "darles baja uno por uno", "matar a todos esos bandidos" y "matar a las cabecillas o a todos esos perros". También en Istmina se propone "mandar a exterminar a todas esas personas que hacen parte de esos grupos armados". Esa lectura la comparte un muchacho en el

---

[84] Estudiantes de Ovejas, 14 de abril de 2016; Tumaco, 10 de septiembre de 2015.
[85] Estudiante de Mitú, 1.º de octubre de 2015.
[86] Estudiante de San Pablo, 11 de septiembre de 2015.
[87] Estudiante de Arauca, 22 de septiembre de 2015.
[88] Testimonios de estudiantes de un colegio de la Armada.

Guaviare, quien sugiere "perseguir y asesinar a todas las personas que están en estos grupos". Una estudiante en Pelaya, en el mismo tenor, pero especificando el blanco, propuso "exterminar a las Farc, porque después de una guerra viene la paz". Su lógica probablemente la comparta otro joven, esta vez en El Tambo, quien sugirió que la estrategia para terminar con el conflicto era erradicar la pobreza, pero también "hacer limpieza social". El argumento para una postura semejante lo brinda una alumna en Tierralta, al afirmar con un adagio que "cuando hay una manzana podrida si no la sacas dañará a las otras". Esa mentalidad también contagió a otro alumno del mismo municipio, quien especuló que si él fuese presidente lo que haría sería mandar a "dar de baja a todos los cabecillas de la guerrilla; y a Uribe en secreto porque él es el principal promotor de la guerra en Colombia".[89]

Semejante agresividad se repite entre algunos estudiantes bogotanos. Esta recurrencia, también en la capital, obliga a revisar la premisa según la cual entre mayor claridad histórica se tenga, menor será la preferencia por las salidas violentas. Ese es seguramente el anhelo de muchos, pero ni los datos en Bogotá, ni los datos en Estados Unidos o Alemania, respaldan este deseo pedagógico. *Darles plomo* es lo que propone uno, *matarlos a todos*, dice otro, *propiciar un estado totalitario y sofocar las rebeliones con apoyo bélico*, sugiere un tercero. Uno de sus compañeros lamenta su propio análisis, pero considera de todos modos que la guerra sería la mejor manera, porque la paz, según él, *no existe*. Finalmente, un estudiante capitalino propone un paso a paso con un desenlace sorpresivo, jocoso quizás, pero no menos perturbador. Según él, para terminar el conflicto hay que: 1) firmar la paz; 2) dialogar; 3) acabar con todo esto; 4) matarnos.[90] Esta extrema ambigüedad se ve reflejada también en las dos posibilidades que propone un estudiante en Orito, aunque en orden inverso. La primera de sus dos propuestas es "que el gobierno se ponga serio, se aliste y los extermine"; la segunda,

---

[89] Estudiantes de Arauca, 22 de septiembre de 2015; Istmina, 15 de octubre de 2015; Mitú, 1.º de octubre de 2015; El Tambo, 21 de octubre de 2015; Pelaya, 4 de abril de 2015; Tierralta, 29 de septiembre de 2015; Segovia, 15 de octubre de 2015.

[90] Estudiantes de Bogotá, 11 de julio de 2016 y 17 de noviembre de 2016.

"que sean más diplomáticos y sigan con sus diálogos".[91] Es la paz concebida como plan *b*.

En Florencia, del mismo modo que uno de los estudiantes bogotanos, una adolescente consideró que la salida a nuestra guerra la logramos *muriendo*. Entre varios estudiantes consultados en medio de la firma de un acuerdo de paz, paradójicamente la muerte, tanto del otro como la de sí mismo, emerge como una respuesta posible para lograr el fin de la guerra.[92] Además, si bien es cierto que la vía armada no fue la respuesta más mencionada por los casi 1500 alumnos, sí es necesario subrayar que la modalidad de solución violenta alcanzó un 5.9 % de las menciones. Ese volumen la posiciona en el séptimo lugar, incluso por encima de otras alternativas de resolución de conflictos, como la educación.

Hay, empero, otro tipo de propuestas para dejar atrás el conflicto armado colombiano con tonalidades más optimistas, que incluyen, por supuesto, la más nombrada de todas, que fue la salida negociada, copando un poco más de una cuarta parte de las menciones. De igual forma, hay entre las respuestas aquellas que enfatizan los incentivos económicos. Uno de los exponentes de esta salida es oriundo de Algeciras, quien sugiere que lo que hay que hacer para dar fin a las confrontaciones es "darles de a mil a los guerreros". Tal propuesta es secundada por un compañero de Planadas, que elaborando un poco más propone "que todos los guerrilleros se entreguen, con armas y todo, y el gobierno les dé mucha plata para que sean felices y dejen el conflicto".[93] Otros, pensando todavía bajo una óptica económica, pero cavilando más bien en las lógicas del mercado, plantean la necesidad de legalizar la cocaína. Mientras que otros deliberaron sobre transformaciones de diferente orden, y sugieren propiciar una *mayor igualdad de género, reducir la corrupción* y, como lo expresó una joven en Leticia, "tener muchos sicólogos para cambiar la manera de actuar y de pensar en la vida".[94]

---

[91] Estudiante de Orito, 22 de septiembre de 2015.

[92] Estudiante de Florencia, 15 de septiembre de 2015.

[93] Estudiantes de Algeciras, 18 de septiembre de 2015; Planadas, 15 de julio de 2015.

[94] Estudiantes de Miraflores, 28 de septiembre de 2015; Saravena, 15 de octubre de 2015; Leticia, 5 de noviembre de 2015.

DIÁLOGO EN ABSTRACTO SÍ; DIÁLOGO EN CONCRETO...

Tomando en cuenta que el diálogo es la principal respuesta que ofrecen los jóvenes para salir del conflicto armado, ¿cómo, entonces, asumieron los estudiantes las negociaciones con las Farc? Lo primero que hay que anotar acá tiene que ver con los momentos de recolección de datos. La enorme mayoría de los colegios y de los estudiantes fueron visitados y consultados antes del anuncio de un acuerdo entre el gobierno y las Farc. Algunos fueron contactados entre el anuncio del acuerdo, su firma y el plebiscito, y una institución educativa en Bogotá fue consultada después de que se conocieran los resultados del plebiscito.

Figura 8. Estrategias para finalizar el conflicto armado según los estudiantes

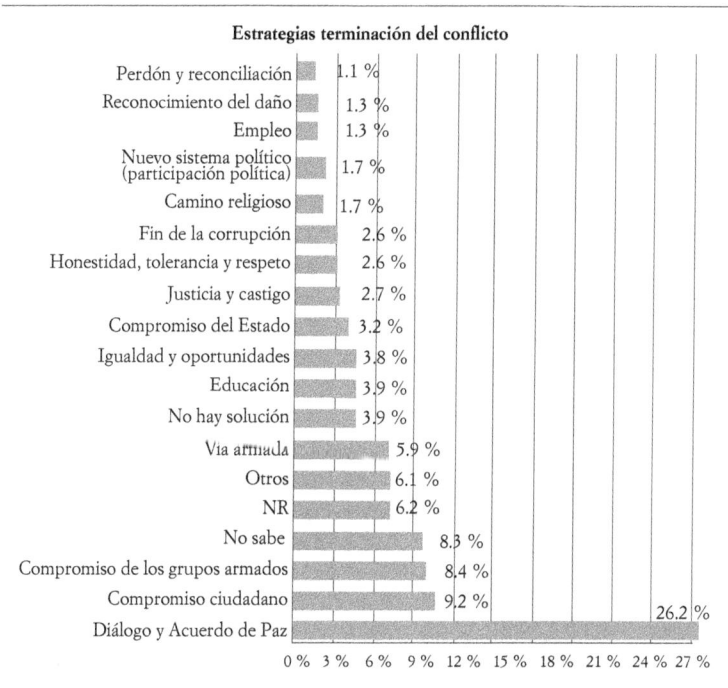

Estrategias terminación del conflicto

Estrategia	Porcentaje
Perdón y reconciliación	1.1 %
Reconocimiento del daño	1.3 %
Empleo	1.3 %
Nuevo sistema político (participación política)	1.7 %
Camino religioso	1.7 %
Fin de la corrupción	2.6 %
Honestidad, tolerancia y respeto	2.6 %
Justicia y castigo	2.7 %
Compromiso del Estado	3.2 %
Igualdad y oportunidades	3.8 %
Educación	3.9 %
No hay solución	3.9 %
Vía armada	5.9 %
Otros	6.1 %
NR	6.2 %
No sabe	8.3 %
Compromiso de los grupos armados	8.4 %
Compromiso ciudadano	9.2 %
Diálogo y Acuerdo de Paz	26.2 %

0 % 3 % 6 % 9 % 12 % 15 % 18 % 21 % 24 % 27 %

Claramente, el optimismo que pareciera expresarse en la promulgación del diálogo como estrategia de terminación predilecta, se desvanece cuando se indaga por uno concreto y cercano. Lo primero que salta a la vista es que los estudiantes no fueron inmunes a la polarización que se manifestó entre la opinión pública frente a lo que se estaba discutiendo y lo que finalmente fue pactado en La Habana. Y cómo iban a estarlo si, como ellos mismos lo han indicado, su fuente primordial de conocimiento es la televisión: el escenario central de la polarización.

Pudimos distinguir cuatro grandes conglomerados de respuestas. Uno reúne las voces de quienes apoyaron plena o parcialmente los diálogos, con exponentes como el siguiente joven en Barbacoas, que decretó: "Colombia pide paz, paz le daremos". Sus pares capitalinos consideran, entretanto, que el acuerdo de paz con las Farc es un avance sociohistórico de gran importancia para el país; pero "si el país no lo quiere, no sirve de nada", según lo advirtió uno de ellos, una vez se conocieron los resultados del plebiscito.[95] Encontramos entre los estudiantes varios que se mantenían optimistas, pero con cautela, por no decir prevención. Un pupilo expresó, por ejemplo, que apoyaba el intento de negociación porque "qué tal sí funcione". Actitud que sigue la recomendación de otro estudiante en San Pablo, quien promulgara la necesidad de "tener fe". Esa esperanza la comparte una estudiante de La Guajira, aunque confiesa a la vez su preocupación por algunas "figuras políticas que se opongan a dicho proceso [pues] todos somos colombianos y deberíamos estar cansados de tanta violencia y pérdida". Un alumno nasa extiende esa preocupación, trayendo a colación el fantasma que acompaña todos los procesos de desmovilización de grupos armados: "¿Quién nos garantizará que no se formen bandas emergentes?".[96]

Hubo otro tipo de menciones que no necesariamente se opusieron a las negociaciones, pero que sencillamente no veían ningún tipo de resultados; ni en la mesa, ni en el territorio. Un tercer grupo manifestó, en cambio, su escepticismo y oposición, y destacó los aspectos críticos del proceso. Esto incluyó dudas sobre detalles del

[95] Estudiantes de Barbacoas, 15 de septiembre de 2015; Bogotá, 17 de noviembre de 2016.

[96] Estudiantes de Bogotá, 17 de noviembre de 2016; San Juan del Cesar, 7 de abril de 2016; San Pablo, 11 de septiembre de 2015; Toribío, 22 de septiembre de 2015.

acuerdo en particular, pero también sobre la paz en abstracto, que muchos conciben como nada más que "una utopía".[97] Por último, está el grupo de respuestas de quienes experimentaron las negociaciones prácticamente como un insulto, y por ende respondieron con formulaciones acaloradas y ocasionalmente agresivas, displicentes y chocantes. Varios de ellos repitieron expresiones como que el proceso de paz y el posterior acuerdo son *una farsa, una mentira, un robo, una burla, una ridiculez, un engaño*, o —resumiendo a muchos de los anteriores—, *una mierda.*

A un estudiante no le bastó con desechar el proceso, sino que consideró pertinente insultar de paso a quienes creyeran en las negociaciones, porque según él son "para que la gente ingenua y boba crea que se va a dar la dichosa paz". Otra alumna concibe el problema en términos incluso epistemológicos y existenciales: "Por qué buscar la paz [si] el hombre jamás ha tenido "paz", no sabe qué es eso. Si no sabe qué es eso, ¿cómo sabrá que la tiene o no?".[98] Están también aquellos que miden la imposibilidad de la paz o falsedad de los diálogos en asuntos muy terrenales, como la corrupción; mientras que muchos otros la ven metafísicamente, y arguyen que solo hay una autoridad y un lugar legítimo para eso: "la paz solo la da Dios" o "en la biblia está que paz solo habrá en los cielos".[99]

IMAGINARIOS DEL PORVENIR

Hay una disociación notable entre el relativo pesimismo frente a un proceso político trascendental para la vida de las nuevas generaciones; y su mucho más despejado optimismo frente a su futuro en general. Varios estudiantes de hecho distinguieron entre un futuro personal próspero y promisorio, y un porvenir sombrío y decadente para el país. A diferencia de las respuestas un tanto estandarizadas

---

[97] Estudiante de Argelia, 22 de septiembre de 2015.

[98] Estudiantes de Algeciras, 18 de septiembre de 2015; Bogotá, 8 de julio de 2016; Santa Marta, 12 de abril de 2016; Arauca, 22 de septiembre de 2015; Leticia, 5 de noviembre de 2015.

[99] Estudiantes de Leticia, 5 de noviembre de 2015; Planadas, 15 de julio de 2015; Segovia, 15 de octubre de 2015; Saravena, 15 de octubre de 2015.

entre los optimistas, las manifestaciones pesimistas tienen todo tipo de tonalidades. Hay desde respuestas genéricas, que describen el futuro como *rayado, oscuro,* como *un basurero, hecho un mierdero, sin cultura* o *lleno de personas indigentes*; hasta expresiones proféticas que imaginan el porvenir en medio de *una guerra por el agua.*[100] Un alumno en El Tambo naturalizó y rutinizó tanto los flagelos de nuestro país que sencillamente imagina el futuro *normal, lleno de mentiras, conflicto y más.* Entretanto, en San Pablo (Magdalena), uno de sus pares prevé algo difícil de refutar: "como vamos, vamos a terminar muertos".[101]

Figura 9. Imaginarios de los estudiantes sobre el futuro

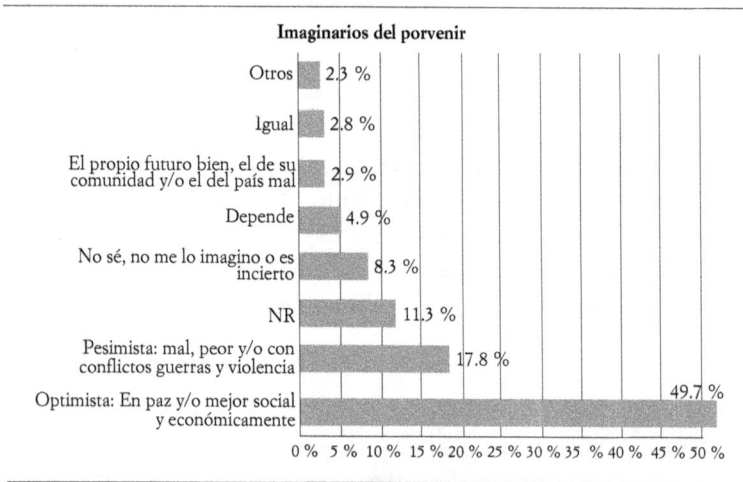

Imaginarios del porvenir

Otros	2.3 %
Igual	2.8 %
El propio futuro bien, el de su comunidad y/o el del país mal	2.9 %
Depende	4.9 %
No sé, no me lo imagino o es incierto	8.3 %
NR	11.3 %
Pesimista: mal, peor y/o con conflictos guerras y violencia	17.8 %
Optimista: En paz y/o mejor social y económicamente	49.7 %

0 % 5 % 10 % 15 % 20 % 25 % 30 % 35 % 40 % 45 % 50 %

En Corinto, un estudiante predice que en un futuro "Colombia será de los Estados Unidos". En Puerto Carreño, un muchacho imagina su país lleno de cosas modernas, naves espaciales y extraterrestres; mientras que en Planadas, un alumno, lo único que anhela es transportarse "a cualquier lugar donde no se escuche de

---

[100] Estudiantes de Argelia, 22 de septiembre de 2015; Corinto, 24 de septiembre de 2015; Bogotá, 14 de julio de 2016; La Plata, 5 de octubre de 2015; El Tambo, 21 de octubre de 2015; Caucasia, 25 de septiembre de 2015.

[101] Estudiantes de El Tambo, 21 de octubre de 2015; San Pablo, 11 de septiembre de 2015.

las Farc y que todo sea tranquilo". Un adolescente en Istmina sueña en cambio con ser un importante ejecutivo y vivir "sabroso como un monarca", mientras que un indígena de Puerto Nariño fantasea con que Colombia sea como el Amazonas: "sin contaminación [en] una armonía sincera con todos y sí mismo". Por último, cuando le preguntamos a un estudiante en Argelia cómo imaginaba el futuro, este respondió, no sin cierto misterio: "como un vaso lleno de salpicón".[102]

Notas sobre género, etnicidad y los saberes de la guerra

En el prólogo del informe del Centro Nacional de Memoria Histórica sobre mujeres y guerra, Gonzalo Sánchez destaca que solamente desde hace poco las variaciones de acuerdo con la edad, el género y la etnia han sido consideradas en las aproximaciones a las dinámicas y consecuencias del conflicto armado (Centro Nacional de Memoria Histórica, 2014b). En este recorrido por los saberes de la guerra de la nueva generación hemos escuchado justamente voces masculinas y femeninas, indígenas, afrocolombianas, blancas y mestizas, provenientes de familias pudientes y de recursos limitados, de las costas, de las ciudades, del campo, las montañas, los desiertos y de la selva. En esa exploración se han enfatizado, tanto la singularidad de cada una de esas expresiones, como las recurrencias y sus patrones. No obstante lo anterior, el análisis con enfoque diferencial no ha sido suficiente. Lo que plasmamos en este último segmento no enmienda esas limitaciones, pero sí es un inicio pensado como punto de partida para futuras etnografías propiciadas por estos esbozos, pero enriquecidas con los colores de cada localidad. Baste por lo pronto presentar algunos apuntes preliminares en cuanto a diferenciaciones por género y etnicidad que, a pesar de ser apenas enunciaciones, requieren cuando menos ser constatadas aquí.

---

[102] Estudiantes de Corinto, 24 de septiembre de 2015; Puerto Carreño, 24 de septiembre de 2015; Planadas, 15 de julio de 2015; Istmina, 15 de octubre de 2015; Puerto Nariño, 6 de noviembre de 2015; Argelia, 22 de septiembre de 2015.

En lo que concierne a las variaciones por afiliación étnica, en donde más diferencias se encuentran entre la población indígena, la población afrocolombiana y los índices generales, es en las razones del conflicto. Si bien entre la población estudiantil en general —así como entre los afrocolombianos— prevalecen las diferencias ideológicas como razón de la guerra,[103] entre los pupilos indígenas la razón más común es la desigualdad y la pobreza. Entre ellos esta razón alcanza incluso el 20 % de las menciones, frente a apenas un 8 % entre la población general y un 6.9 % entre los afrocolombianos. La segunda razón más mencionada por alumnos indígenas fueron las malas decisiones y la irresponsabilidad del Estado,[104] causa que ocupa apenas el séptimo y sexto lugar entre la población general y los afrocolombianos, respectivamente. Entre estos últimos, en cambio, la corrupción como causa de la guerra ocupa un lugar un poco más prevalente que en los otros grupos poblacionales, mientras que el odio y la intolerancia figuran notablemente menos como razón de la guerra entre los jóvenes indígenas.

El diálogo como estrategia preferida para dar fin al conflicto armado es común a todos, tanto entre afrocolombianos e indígenas, como entre mestizos. Las diferencias son en cambio notorias en las respuestas que le siguen. Después del *diálogo*, todos los grupos poblacionales resaltan la necesidad de *compromiso*; pero mientras los estudiantes mestizos priorizan —y los afrocolombianos aún más— el compromiso ciudadano,[105] los alumnos indígenas destacan el compromiso de los actores armados como requerimiento central de la paz. Finalmente, solamente 3 estudiantes afrocolombianos consideraron que no existe solución alguna a la guerra en Colombia, con lo cual parecieran ser los más esperanzados de los diferentes grupos poblacionales. Seguramente por lo mismo la vía armada tiene entre ellos la menor acogida.

En lo relativo a género, es importante destacar que en este estudio nos propusimos —siguiendo la marca de la Comisión Nacional de

---

[103] El 14.8 % contra el 7.8 % entre indígenas.

[104] El 11.4 % contra el 6.8 % entre la población general.

[105] Es decir, el compromiso de los miembros de la comunidad para construir paz, la responsabilidad de cada uno en "poner su granito de arena" para conseguirla.

Reparación y Reconciliación, abordar a los hombres y las mujeres no solo como *testimoniantes*, sino también como productores y productoras de saberes que merecen ser escuchados y validados (Comisión Nacional de Reparación y Reconciliación, 2011). Pero también reconocemos en los relatos de estos estudiantes cómo se vislumbran encarnaciones culturalmente predeterminadas donde los símbolos del dolor y sufrimiento se tienden a corporizar en las jóvenes mujeres consultadas, tal como lo señalaba ya Elizabeth Jelin en *Trabajos de la memoria* (2002). Asimismo, reconocemos cómo aún anidan las lógicas belicistas en muchas de las voces y mentes masculinas. Tanto en las expresiones de los hombres como de las mujeres se reitera el papel preponderante que cumplen esquemas y concepciones de masculinidad y feminidad, profundamente enraizados en las dinámicas de la guerra, en las políticas de la memoria y en la producción misma de saberes sobre el presente y el pasado.

Como lo vimos en el capítulo dos, entre las palabras de los educadores, el conflicto colombiano no ha sido ajeno al ejercicio y la imposición de normas en la relación entre hombres y mujeres, impartidas por diversos actores armados, que regulan las relaciones afectivas, sexuales y domésticas. Sin embargo, los roles de género dentro de las guerras no permiten en su análisis las ya obsoletas y maniqueas divisiones que conciben a la mujer víctima en oposición al hombre victimario. Pero, en los imaginarios sociales se siguen reproduciendo estas concepciones. Por esto es importante complementar de manera más decidida el enfoque diferencial sobre las dinámicas de la guerra con un enfoque sobre las modalidades diferenciales en las transiciones y en los abordajes ulteriores del pasado violento. Si la guerra forzosamente transforma y muchas veces amplía los roles asumidos por las mujeres, ¿quiere decir esto que las maneras de darle sentido a ese pasado violento y a su propia identidad social también se reconfiguran? Sin duda, ese ha sido el caso para muchas; pero son muchos también los relatos —incluidos los de muchas y muchos jóvenes que hicieron parte de esta investigación— que parecieran, por el contrario, recaer o incluso reafirmar roles tradicionales. ¿Cuándo son transformadores estos emprendimientos de memoria y cuándo no? ¿Existen tendencias visibles que diferencien la producción, la circulación y el consumo

221

de saberes del pasado femenino del masculino? ¿Qué tipo de connotaciones en la distribución del poder y el saber tendrían estas epistemologías diferenciadas?

Nos enfrentamos a una ambigüedad que desafía tanto las aproximaciones académicas, como las intervenciones en política pública. Es cierto que un manejo poco refinado del enfoque de género con sus idealizaciones, descontextualizaciones, fragmentaciones y generalidades puede terminar por provocar nuevos estereotipos que despolitizan el rol de las mujeres (Comisión Nacional de Reparación y Reconciliación, 2011). Sin embargo, también es cierto que un volumen considerable de las voces masculinas y femeninas de la nueva generación recogidas en esta investigación reiteran, una y otra vez, justamente estos estereotipos. Lo que se constata acá debe entonces ser tomado necesariamente como un llamado de atención sobre las políticas educativas en general, y sobre las políticas de género aplicadas, pensando en las juventudes, en particular.

Efectivamente la socialización de género lleva a que hombres y mujeres configuren de manera diferenciada sus identidades sociales y les presten mayor atención a ciertas prácticas sociales por encima de otras. Esto implica, a su vez, el desarrollo de diferentes habilidades mnemónicas (Jelin, 2002). Evidencias cualitativas de investigaciones anteriores soportan algunas tendencias visibles en las voces de los estudiantes consultados aquí. Por ejemplo, se ha constatado entre las mujeres la tendencia (¡que no es más que una tendencia criticable y transformable!) de narrar expresando en el relato sus sentimientos y evocando relaciones personales; mientras que entre los hombres frecuentemente prevalecen narrativas politizadas y dispuestas en clave racional. No obstante, también se ha sugerido que los recuerdos femeninos suelen estar asociados con los tiempos y los roles reproductivos, pero tal vez precisamente por la temprana edad de las estudiantes consultadas, esta relación de la memoria femenina con la ética del cuidado no está plenamente constituida. Puede ser cuestión del momento vital o resultado de un desprendimiento ideológico que por fin haya logrado desnaturalizar ese vínculo entre feminidad, maternidad y reproducción. No obstante, examinando los discursos de las adolescentes consultadas acá no hay evidencia que soporte que esa transformación cultural se haya llevado a cabo aún.

Jelin habla de esa tendencia típicamente femenina de *querer narrar al otro,* que suele estar acompañado de una minimización de las formas de victimización sufridas sobre su propio ser. Uno de los interesantes hallazgos de este diagnóstico que no cumple con las expectativas de género, tiene que ver justamente con la afectación —personal o en su círculo familiar inmediato— por el conflicto. Tradicionalmente, en muchas guerras alrededor del mundo se asume a las mujeres como *familiares* de las víctimas. Pero entre los estudiantes consultados, las mujeres se describieron a sí mismas como afectadas en un porcentaje superior a los hombres.

Esto puede tener dos componentes. Por un lado, tenemos en Colombia una dicotomía que se expresa en otros términos. La mujer es concebida en los imaginarios asociados al conflicto menos como la *familiar* de la víctima (como ocurre en Argentina, por ejemplo), y mucho más como la encarnación de la persona desplazada. Por lo tanto, la dicotomía expresa una diferenciación de género, ya no en términos de ser o no víctimas, sino distinguiendo tipologías de victimización. Aunque en este tipo de imaginarios colectivos pululan aún toda suerte de estereotipos, también habilitan algunos desarrollos sugestivos. Primero, aunque haya tomado muchas luchas llegar a esto, las mujeres golpeadas por la guerra no reconocen solamente las afectaciones de otras, sino las propias también (aunque en la sociedad esto se siga traduciendo en pasividad). Segundo, en medio de las ambigüedades que la noción de víctima genera, su reconocimiento como tal ha abierto espacios de acción política antes inexistentes. Porque si bien el desplazamiento forzado es preponderantemente un fenómeno que destruye vidas y deshace relaciones sociales, también hay en el empoderamiento de la persona desplazada un efecto disruptivo con posibles efectos positivos. Como muchas mujeres organizadas y resilientes han demostrado, su trasegar después de los efectos de la violencia sufrida les ha permitido cuando menos temporalmente desplazar los esquemas, desplazar los roles y dislocar las valoraciones *de* lo femenino y *desde* lo femenino.

Hombres y mujeres cuentan historias diferentes, que pluralizan los sentidos del pasado y las apuestas a futuro. Esa diversidad, sin embargo, no se convierte en una fuerza de cambio por sí sola, menos aun si las voces divergentes son simplemente incorporadas de manera subordinada dentro de los viejos esquemas de pensamiento y representación. El poder de la inclusión de voces diversas está en que conlleven a cambios de contenido y a la reconfiguración de los marcos de interpretación, hasta el punto de redefinir la esfera pública misma (Jelin, 2002).

Que las formas de recordar no son automáticamente empoderadoras se percibe en varias de las respuestas brindadas por los jóvenes en este proyecto. Por ejemplo, frente al inicio del conflicto es notoria la inclinación masculina a proveer fechas (acertadas o descabelladas), mientras que las mujeres consultadas fueron más dadas a reconocer que no saben, o a no responder, o a considerar eterno el conflicto. Como lo mencionaba ya en la introducción de este libro, este resultado parece compatible con cierta reproducción generalizada de la fascinación masculina por la guerra, en oposición a las expectativas sociales que se imponen sobre las mujeres de ser recatadas, modestas y reservadas. Estos resultados habilitan también la posibilidad de conectar esta diferencia con otro de los roles de género, que le atribuye a la mujer el papel de administrar las emociones de la familia y la sociedad en general; emociones que tienen que ver con estados del ser y no con temporalidades más o menos institucionales que pertenecen al ámbito de los saberes masculinos. Afirmar lo anterior es, claro está, una extrapolación y generalización especulativa, pero lo dejo a consideración del lector porque una indagación minuciosa posterior puede llegar a ofrecer insumos fecundos para la comprensión de la producción de saberes y su distribución diferencial.

Al indagar por los actores del conflicto, fue igualmente sugestivo descubrir que, a pesar de que mujeres y hombres manejen referencias y proporciones semejantes, se vislumbra una clara diferencia en el grado de atribución de responsabilidad sobre la misma sociedad. De las 100 veces que se ofreció este argumento, 57 provino de mujeres, 36 veces de hombres y 7 no especificaron su sexo. Esto también concuerda con ciertas expectativas de género, que reducen el espacio femenino para la crítica externa y favorecen, por el contrario, expresiones de autorreconocimiento y de carga espiritual sobre los orígenes de las confrontaciones. Quizás por lo mismo, después de destacar el diálogo como estrategia preferente para la terminación de la guerra, aparece entre las mujeres el compromiso ciudadano y personal como segunda estrategia más mencionada. Del mismo modo, entre ellas la educación está dos escalafones más arriba como salida a la guerra, una vez más ateniéndose a los roles prestablecidos que recaen sobre mujeres y hombres. En cuanto a sus posiciones frente al proceso de paz con las Farc, la distribución por género entre optimistas y pesimistas es igual de balanceada, con la gran diferencia de que muchas mujeres hicieron también acá hincapié en que lo que se requiere es un compromiso personal (respuesta que dieron 49 mujeres frente a solo 14 hombres).

Pero lo más destacable en esta breve mirada diferencial es que la vía armada como solución al conflicto armado colombiano es la segunda respuesta más frecuente entre los hombres (aunque solo constituya el 8.75 %), mientras que entre las mujeres es apenas la octava. Lo paradójico de este resultado es que, si bien por un lado esta distribución nuevamente se acomoda a las orientaciones culturalmente prestablecidas del hombre guerrerista, también resalta por el otro la posibilidad de insistir en el potencial de las jóvenes mujeres como cruciales agentes de cambio cultural en estas épocas de transición política. Tampoco será, sin embargo, un rol que se pueda asignar y asumir de manera automática, pues si bien la vía armada no es una respuesta femenina prominente, entre ellas la cuarta réplica más común (obviando *no sabe, no responde* y la categoría *otros*) es que no hay solución (duplicando las menciones masculinas); una desesperanza que entre los hombres ocupa apenas el décimo escaño. En la misma línea de este resultado encontramos, además, que las mujeres dicen ser pesimistas frente al futuro de manera más explícita que los hombres. Curiosa falta de fe femenina, cuando son precisamente ellas quienes mencionan con más frecuencia el camino religioso como la vía para superar la guerra.

A los anteriores obstáculos para imaginar una transformación decidida de los sistemas de género a partir de los nuevos roles y emprendimientos de memoria, se suma otra paradoja colombiana. Dice Jelin que después de periodos de represión y totalitarismo, los periodos de transición tienden a ser etapas de liberación que incluyen una liberación de las mujeres y de las minorías sexuales hasta entonces sujetas a prácticas represivas (Jelin, 2002). En Colombia, con la transición emerge en cambio una corriente neoconservadora que organiza la oposición al actual proceso de paz en torno a lo que llaman las imposiciones de la ideología de género y llaman a un retorno a los valores y roles tradicionalmente asignados a hombres y mujeres, y que incluye el desconocimiento y el rechazo total a identidades sexuales diversas.

También en las razones atribuidas al conflicto se cumplen las expectativas de género entre las voces estudiantiles, reflejando expresiones no de liberación sexual, sino de restablecimiento de valores tradicionales. Se constata, así, una inclinación mayor entre las mujeres a destacar factores emocionales en los factores causales de la guerra, al igual que una leve ventaja en el número de menciones de la mala educación como una razón del conflicto armado. Pero en lo que más se marca una diferencia entre las voces de mujeres y hombres es en la frecuencia con que aparece el narcotráfico como causa del conflicto en la voz masculina —duplicando de hecho las menciones femeninas—. La relación entre narcotráfico y cierta forma de masculinidad se ve no solo en su reconocimiento como causa, sino sobre todo en la exaltación del narcotráfico como estilo de vida y en la percepción de Pablo Escobar como héroe.

Por último, esta investigación desafortunadamente no tiene datos suficientes para hacer aseveraciones sobre asuntos relacionados con orientación y violencia sexual, pero vale la pena, por lo menos, citar a la única estudiante que referenció la discriminación por orientación sexual en su relato. Al responder la pregunta por si tiene amigos de otras regiones, etnias o grupos sociales que le hayan enseñado algo, esta estudiante de Patía respondió: "pues sí tengo [amigos] de diferente gusto de sexo y me han enseñado el racismo por el diferente gusto de sexo".[106] De manera que, en las voces masculinas y femeninas de la nueva generación, recogidas en este estudio, hay rezagos de los tradicionales modelos de feminidad y masculinidad. Pero también se expresan algunas rupturas con

---

[106] Estudiante de Patía, 17 de septiembre de 2015.

considerable potencial transformador, fruto de las grandes luchas de las generaciones que los y las anteceden.

Queda pendiente la tarea de desglosar aún más los datos contenidos en esta investigación, incluida la importante tarea de explorar todas las interseccionalidades posibles. ¿Cómo se distinguen, por ejemplo, las producciones, las transmisiones y los consumos de los saberes de la guerra entre mujeres afrocolombianas y las mujeres indígenas; o entre mujeres de escasos recursos en la costa y hombres pudientes de la capital?

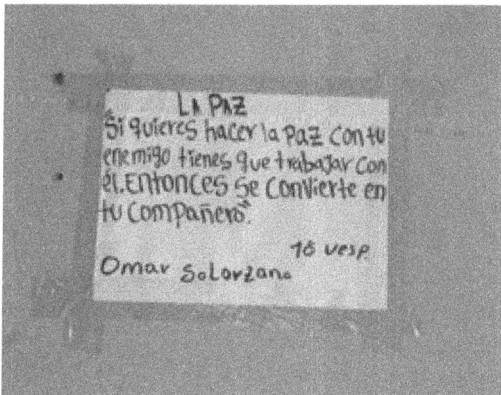

Leticia y Puerto Nariño

Leticia y Puerto Nariño

Pelaya

Pelaya

Planadas

Planadas

San Juan del Cesar

Sierra Nevada de Santa Marta

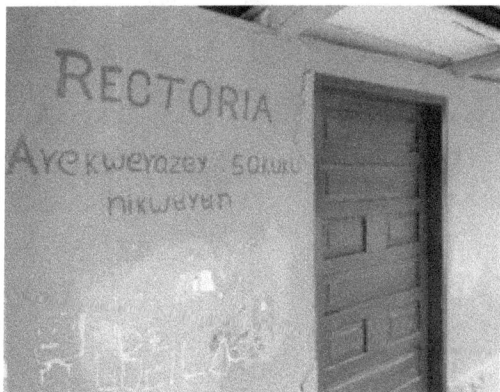

Sierra Nevada de Santa Marta

Ovejas

CAPÍTULO 5. LA PRODUCCIÓN DE SABERES

Recordamos lo que necesitamos saber.

(Christopher Reed y Christopher Castaglia)

Hay que hablar del fantasma, incluso al fantasma y con él.

(Jacques Derrida, *Espectros de Marx*)

Memories and visions chased each other looking for resolution.

(Sivanandan, *When Memory Dies*)

En el Este de Sri Lanka existe un lugar llamado Jardín de Paz las Mariposas (Butterfly Peace Garden), a donde acudían niños víctimas del conflicto armado para hacer amigos y darle sentido juntos a la guerra que los rodeaba. Allá, soñar, jugar y narrar constituyeron herramientas para sanar los traumas de la violencia sufrida por los infantes. Esa nueva generación creaba de esa manera nuevos relatos del conflicto, a través de actos imaginativos, algunos de los cuales eran posteriormente distribuidos en escuelas locales (De Mel, 2007). Mediante las alegorías de la guerra que produjeron, los niños pasaron de ser actores pasivos a convertirse en emprendedores de memoria, en artistas, en generadores de sentido. En Colombia tenemos miles de jardines de mariposas invisibles.

Las disputas intergeneracionales por la fijación de sentidos no suceden solamente como imposiciones desde el Estado sobre los ciudadanos. Tampoco se reducen a coacciones de los actores armados sobre las comunidades que buscan controlar. Los intentos por fijar significados se realizan a todo nivel, e incluyen diálogos y narraciones entre pares. De hecho, las entrevistas, las etnografías y los instantes de recolección de información mediante los cuestionarios, constituyen instancias en las que los sentidos privados se convierten en sentidos compartidos y, una vez plasmados en estas páginas, en sentidos públicos también. Sus relatos y nuestras conversaciones acentúan que explorar lo que la gente recuerda, cómo la gente recuerda, así como dónde lo recuerdan no es una simple revisión de lo que pasó, sino una discusión sobre cómo las constelaciones de conocimiento han hecho posible la perpetuación del conflicto armado y sus alteraciones. Pero también la continuación de la vida social misma, con sus imaginarios del porvenir (Sánchez Meertens A., 2013).

Es por eso que, además de buscar la inclusión de las voces intergeneracionales en los procesos de transición política, esta investigación espera contribuir a la preocupación antropológica, en el sentido que le confiere Clifford Geertz: como un intento de descifrar la manera en que entendemos las formas de entender de otros. Se trata del rastreo de las maneras en que nuestro sentido de *un nosotros* y de *los otros* —de nosotros entre otros— se ve afectado por nuestro trasegar entre las formas culturales propias y ajenas (Geertz, 1994, p. 18). Es un intento por dar cuenta de la diversidad de recorridos asumidos por los seres humanos para llevar sus vidas y, en nuestro caso, para representarlas, para reconfigurar sus pasados e imaginar sus futuros. La de Geertz y la nuestra son, pues, inquietudes por la producción de saberes diversos, por su comunicación, su reorientación, sus disputas y su transmisión intergeneracional.

Por eso esta investigación se ha ocupado de las múltiples prácticas de resignificación del mundo, de la construcción de identidades sociales y de la configuración de sistemas de conocimiento y creencia. Todos procesos que resultan de una dialéctica permanente entre significado y materialidad (Fairclough, 1992, p. 64; Fairclough, 2008, p. 10). Esa dialéctica se desenvuelve en espacios concretos y a lo largo de las cadenas de transmisión institucional, para-institucional e informal, tal como lo hemos procurado captar a lo largo de este libro. Pero antes de revestir los resultados de una capa conceptual adicional, hagamos un poco de memoria.

LAS CADENAS DE TRANSMISIÓN. RECAPITULACIÓN EXPANDIDA

El primer capítulo expuso la considerable presencia del conflicto armado en la política educativa y en los textos escolares colombianos. No obstante, ese extenso y sofisticado abordaje en el papel no ha garantizado un uso ni una apropiación efectiva de esas representaciones. También en este ámbito se cumple una de las más entroncadas condiciones de nuestro país: somos progresistas y ambiciosos en la tinta, conservadores y restrictivos en la práctica.

A pesar de lo anterior, si comparamos el caso colombiano con otras transiciones políticas emblemáticas, son escasos los que pueden dar fe de semejante despliegue en tan temprano estadio de la transición. Desde la política pública no se ha esperado a que trascurran décadas después de la firma de un acuerdo de paz para empezar a explorar las maneras en que se puede abordar institucionalmente el pasado violento del país. Esta anticipación hace parte de un marco más amplio de reconocimiento y restablecimiento de los derechos de las víctimas, como proceso precursor de la paz, no como su resultado. Pero a veces la ambición puede ser contraproducente.

Así pareciera demostrarlo a nivel general la implementación de los acuerdos de La Habana que, por sus extraordinarias aspiraciones y envergadura, pareciera destinado a defraudar. Así lo demuestra también el intento temprano de incluir una Cátedra para la Paz dentro del arsenal legislativo de la transición. En su afán de ser promulgada, la cátedra se elaboró sin una consulta amplia entre educadores y sin un diagnóstico claro de los saberes, las ansiedades y las necesidades de los estudiantes. Además, su ambición la traicionó al abogar por una acepción tan amplia de paz que terminó por convertir esa idea en un referente vago, inoperante e imposible de evaluar. No es inapropiada la apuesta por una aproximación que pretende integrar ética, derechos, reconocimientos, convivencia y medio ambiente como aristas posibles de la paz. La falla estuvo en no darle un anclaje mínimo en los trabajos de la memoria.

Por otro lado, no haber incluido de manera decidida a los educadores en el diseño de la Cátedra para la Paz no es solo una falta en términos de contenidos, sino un error de carácter político. A ello se suma que una vez expedida la ley, se les exigió a los miembros del magisterio implementarla casi de manera inmediata, sin antes ofrecer las debidas capacitaciones. Lentamente se ha venido enmendando ese error, socializando poco a poco la cátedra y creando material de apoyo, como el que hemos descrito en el primer capítulo. Pero todo esto llegó después de haberse generado ya un malestar entre muchos de los educadores; malestar que ahora se manifiesta como reticencia o abierto rechazo a seguir los lineamientos establecidos por el ministerio en temas de paz.

Al pasar de la política educativa a los textos escolares y sus representaciones del conflicto armado hay que tener en cuenta varias cosas. Lo primero es que si bien existen lineamientos expresados en términos de competencias de obligatorio cumplimiento por las instituciones educativas, no hay ni un modelo ni un texto escolar oficial en Colombia. No solamente se puede elegir entre una considerable variedad dentro de la oferta de editoriales comerciales, sino que las escuelas son libres de optar por usar o no los textos escolares. Esa prerrogativa la hacen valer con frecuencia, tanto así que en ninguno de los cuarenta colegios visitados se usaba texto escolar alguno, al menos no de manera sistemática, para temas asociados a la historia del país. Sin embargo, los textos escolares disponibles se tienen que estar vendiendo, porque de no ser así sencillamente no los producirían las editoriales privadas. De manera que uno de los grandes propósitos para el segundo tomo de esta investigación es partir de la base de datos de las editoriales para seleccionar específicamente las escuelas que sí hayan adquirido sus textos y así poder evaluar las modalidades de su uso.

Llevar a cabo la investigación que se sugiere arriba es crucial. Entre otras, porque lo que ha develado la actual aproximación a los textos escolares es que más que sus contenidos fijos y representaciones concretas de la violencia pasada, lo más interesante de explorar son las tareas, discusiones e investigaciones que les proponen a docentes y estudiantes. Es en los productos que se desprenden de los textos donde se manifiesta la apropiación de los debates e imaginarios; donde la nueva generación pasa de un aprendizaje pasivo a uno activo. Es ahí donde los estudiantes se instauran como consumidores *y productores* de saberes de la guerra.

El problema en el caso colombiano es, entonces, menos una cuestión de contenidos de los textos escolares y más un asunto de su circulación y cobertura. Las brechas sociales que determinan esa distribución son simultáneamente reproducidas y socavadas por los consumos diferenciados de conocimiento, el equipamiento desigual y el desequilibro en las competencias desarrolladas. Para acabar con estas fracturas se necesitan sin duda esfuerzos monumentales en la política social y educativa. Pero también se pueden promover pequeños cambios mientras tanto, incluso respecto a las nociones que se manejan sobre esta herramienta pedagógica que es el texto escolar. Porque para muchos docentes de escuelas privadas y públicas el libro escolar es una afrenta: acudir a él equivale a aceptar las limitaciones de su conocimiento y experiencia. En otros casos, el libro escolar es visto como una reducción de la multiplicidad de visiones divergentes a la lectura impuesta por una editorial.

Pero hay otras maneras de concebir el texto escolar, más aún cuando muchos de ellos son hoy plataformas multimediáticas. El libro de texto puede de hecho ser entendido como un *objeto de frontera*, que conecta diferentes clases de conocimiento y dominios discursivos (el académico, escolar); pero también diferentes regiones en un sentido amplio: regiones políticas, religiosas, étnicas. En otras palabras, el texto escolar puede fácilmente constituirse en un elemento articulador de diferentes mundos de pensamiento, ser capaz de entrecruzar esferas sociales y de brindarle coherencia a un paisaje cultural diverso y contingente (Binnenkade, 2015).

El texto escolar puede, por lo demás, ser un instrumento privilegiado para conectar el pasado con el presente. Eso que llamamos conciencia histórica es a fin de cuentas un dispositivo pedagógico, un proyecto de escolarización que busca vincular la biografía de cada individuo con narrativas nacionales y globales para generar así un sentido de pertenencia. El problema está en que al establecer esos vínculos imaginamos la historia como un repertorio del cual se deben sacar lecciones morales, e identificar en el proceso hechos y actores incorrectos. Recurrentemente participamos entonces de otra paradoja: al abordar el pasado violento se les termina exigiendo a los pupilos un juicio sobre aquellos que han estado —según nosotros— del lado equivocado de la historia. De esta manera se termina por incurrir en las mismas exclusiones y en el privilegio de la voz de unos sobre la de otros. Ambas características dieron lugar a los autoritarismos propios de la guerra. Por eso, siguiendo a Williams, la democracia y, por tanto, también la enseñanza del pasado violento pueden significar tener que vivir con el riesgo de que las personas (incluidos los estudiantes) saquen conclusiones que van en contra de nuestros ideales (Williams, 2014).

Suficientes ejemplos históricos existen para poder afirmar que la educación en sí no garantiza nada. Lynn Davies también así lo resalta cuando destaca que en realidad a la fecha no tenemos datos contundentes que indiquen que la llamada educación para la paz, estandarizada en muchos rincones del planeta, esté logrando cambios efectivos en la consecución de un mundo menos violento (o cuando menos de sociedades menos violentas después de haber transitado por décadas de confrontación armada). Lentamente se viene reconociendo que enseñar la paz sin enseñar la guerra no es ni productivo ni transformador.

Tal vez por eso mismo, aunque todavía sea limitado e insuficiente, se vislumbra un aumento de la dimensión pedagógica en las comisiones de la verdad. Esos esfuerzos deben, no obstante, ir más allá de la creación de versiones didácticas de los informes. Deben también incluir trabajos mancomunados no solamente con el Ministerio de Educación, sino con los educadores y los estudiantes. No es tarea fácil, pues, como lo demuestra el caso peruano, el debate por los contenidos transmisibles es incesante y se puede reactivar de acuerdo con la relación que tengan quienes detentan el poder con la historia del conflicto armado. Por lo mismo, la clave está en enfatizar menos los contenidos siempre controvertibles, para resaltar, en cambio, las modalidades de inclusión y amplia participación. Esto se logra mediante narrativas flexibles y ajustadas a las realidades concretas, pero que sepan a su vez evitar futuros solipsismos que hablen solo para nuestros entornos inmediatos, o para los que siempre han estado de acuerdo con nosotros.

Tenemos que evitar atribuirle un carácter salvador a la educación. En especial debemos ser escrupulosos cuando les otorgamos un sello de racionalidad y bondad a quienes abogan por la paz y un sello de irracionalidad y malquerencia a quienes defienden o participaron de la guerra. Esta lógica dicotómica se expresa a veces de manera más sutil pero no por ello menos perniciosa, como una división entre compasivos y utilitaristas. En esta postura los actores armados son apenas una empresa de egoísmos colectivizados, que reducen la guerra a la consecución, defensa o disputa de intereses. Pero a estas alturas tenemos que reconocer que la guerra es tan instrumental, como emotiva y semántica. En ese mismo orden de ideas, quizás resulte más provechoso enfatizar menos en la enseñanza para garantizar la no repetición —algo que pone de alguna manera a la educación a la defensiva—, e insistir más en la promoción de un cambio crítico. El carácter crítico es fundamental, porque el habitual llamado al *cambio por el cambio*, solo por no hacer lo mismo, ese cambio que viene infantilizando al mundo por la simple curiosidad de ver qué pasa, ese cambio sin proyecto, puede desembocar en catástrofes. Que se repita la historia en ese escenario sería una preocupación menor.

En el segundo capítulo descubrimos la duplicidad de roles de la escuela en la guerra, recorrimos pedagogías del terror y la esperanza, conocimos modalidades de afectación intergeneracional e iniciativas de resiliencia y transformación. Vimos cómo la escuela ha sido golpeada por la guerra, pero también cómo ha sido coartífice de ella. Vimos igualmente cómo los planteles educativos han jugado un papel clave en la socialización de la violencia, pero también en el rechazo valiente a esta. Hemos conocido, en suma, cómo la escuela ha producido, reproducido, desafiado y transformado el conflicto armado.

Las instituciones educativas en Colombia han sido telón de la guerra, tal como ha ocurrido en todos los países atravesados por un conflicto armado. Han sido espacios de adoctrinamiento, y reclutamiento, e incluso han sido convertidos en centro de operaciones y puntos de asesinatos y torturas. Esto ha sucedido así tanto por la materialidad misma de las escuelas, como por su extraordinaria presencia simbólica en los imaginarios colectivos. Por ello mismo es que dentro de las apuestas de la posguerra puede resultar muy potente convertir estos sitios del terror nuevamente en sitios de conocimiento. De conocimiento en general, o de conocimiento y reflexión sobre las atrocidades mismas de la violencia en particular.

También exploramos en el segundo capítulo la ambivalente y compleja posición de los maestros en medio de la guerra. Como gremio son rápidamente convertidos en blanco de la guerra por su rol en nuestras sociedades. El maestro es la encarnación del Estado más local y visible en las comunidades, pero también el primer miembro de la comunidad que la insurgencia querrá vincular. El maestro es una bisagra entre la intimidad familiar y los espacios políticos de la nación, es uno de los más prominentes conectores del centro institucional del país y los más apartados pueblos en nuestra geografía nacional.

Sin embargo, no se puede cometer el error de romantizar el lugar del docente. Los maestros también han tenido incidencia en la producción de los señores de la guerra, en la reproducción de discriminaciones y desigualdades, en la legitimación de la violencia y en determinadas formas de victimización. Pero los casos de vinculación directa con los actores armados no pueden de ninguna manera minimizar la magnitud de su victimización. No cabe la menor duda de que la sociedad está en deuda en términos de memoria histórica y reconocimiento por el sacrificio de los educadores en la guerra. Por esta razón el magisterio debe tener su voz firmemente grabada en la próxima Comisión para el Esclarecimiento de la Verdad, la Convivencia y la No Repetición. En ella debe, cuando menos, haber un capítulo dedicado a sus vivencias de la guerra y a sus visiones del futuro.

A través de la discusión sobre las aulas en la guerra y la paz, abordamos igualmente la afectación intergeneracional por el conflicto armado. No solo las cifras de los docentes afectados son escalofriantes, también lo es el escandaloso nivel de afectación que denunció el estudiantado mismo. Pero más allá del hecho de que cerca de la mitad de los casi 1500 estudiantes señalara haberse visto afectado por la guerra, lo más impactante es que en todos los colegios visitados hubo al menos tres alumnos golpeados por el conflicto armado. Esto quiere decir que la totalidad de los jóvenes consultados están en contacto directo con pares cuyas vidas han sido marcadas por la violencia. Bajo la luz de estos contundentes hallazgos, decir que todo el pueblo colombiano ha sido afectado por la guerra deja de ser un eslogan vacío. Las organizaciones sociales han reaccionado ante esa omnipresencia del conflicto armado con la creación de una cartografía de iniciativas de memoria, paz y resistencia a la guerra. Los impulsos son prolíficos pero solo hasta ahora empiezan a articularse y a ser registrados a nivel nacional. Que el camino que queda es aún largo lo atestigua la total ausencia de estos espacios como fuentes de saber de la guerra en las voces de los estudiantes. Esto no necesariamente quiere decir que no tengan impacto alguno sobre las nuevas generaciones. Pero sí quiere decir que no son concebidos conscientemente como generadores de su conocimiento. De manera que los diversos proyectos de memoria a lo largo y ancho del país son indudablemente lugares de lucha por el reconocimiento, cruciales para la población víctima, pero aún siguen siendo frágiles en su impacto pedagógico y buscan el enlace y la empatía de la sociedad más amplia. Eso debe cambiar.

En el tercer capítulo se redoblaron con determinación las voces estudiantiles, para dar cuenta de sus fuentes de conocimiento sobre la guerra, de sus recuerdos concretos vividos, observados o aprendidos y de la territorialización asociada a los imaginarios violentos. Quedó constatado —ya no simplemente asumido— que actualmente la fuente primordial de los saberes de la guerra es la televisión. Frente a esto no hay que escandalizarse ni mucho menos proponer despojar a ese medio de su peso pedagógico. La propuesta desde este espacio es más bien promover cambios a partir del consumo; a través de un acompañamiento crítico desde la escuela y la casa. Un futuro marcado por una convivencia más respetuosa, pacífica y democrática depende de la creación de consumidores mejor equipados para evaluar el bombardeo informático al que están expuestas las nuevas generaciones cotidianamente. Esta es, en otras palabras, una de las más importantes competencias ciudadanas contemporáneas. Bien desarrollada sería incluso capaz de imponer un cambio en la oferta mediática misma y así replantear la calidad y las condiciones de producción de conocimiento.

Pero la mirada sobre las fuentes revela algo más, con implicaciones en política pública, si no mayores, cuando menos equivalentes. El dominio de los medios como fuente de los saberes de la guerra no se traduce en una influencia homogénea a lo largo de todas las zonas del país. Por lo menos dos cosas se desprenden de esa constatación: en primer lugar, que las condiciones de aprendizaje y producción de conocimiento varían considerablemente de acuerdo con el contexto, y por ende las intervenciones desde el Estado y la sociedad civil deben ajustarse a esas realidades cambiantes. En segundo lugar, que a pesar de que las instituciones educativas y sus maestros no hayan ocupado el lugar más preponderante como fuente de saber en general, cuando un establecimiento y, sobre todo, cuando un docente decide apostarles a estos temas, su impacto entre las nuevas generaciones es indiscutible.

Dos hallazgos adicionales con implicaciones directas en la política educativa tienen que ver con el momento de aprendizaje. Por un lado, la reiterada sensación de que el conflicto ha existido siempre viene limitando la capacidad del estudiantado de imaginar la guerra como un fenómeno que tiene orígenes y que también puede tener un fin. Para fomentar la autopercepción de los estudiantes como agentes históricos, capaces de influenciar el curso de sus vidas y de la nación, es absolutamente indispensable historizar el conflicto armado colombiano.

Por otro lado, de la indagación por el momento de aprendizaje queda claro que la gran mayoría de los jóvenes consultados aprendieron de la guerra —o fueron conscientes de su existencia— mucho antes de llegar a la adolescencia. Y sin embargo casi todos los esfuerzos institucionales encaminados hacia la discusión de estos dolorosos eventos se postergan hasta los últimos años de colegio. Si bien es cierto que la Cátedra para la Paz se piensa desde grado 1.º, sus contenidos se concentran en valores positivos asociados con la paz, omitiendo referencias a la historia de la guerra, que apenas empieza a emerger en noveno. Aunque no es un interrogante fácil de resolver, cabe preguntarse si es conveniente esperar para lidiar con estas temáticas, bajo el argumento de lograr primero un mayor desarrollo emocional y argumentativo. Porque si efectivamente han aprendido de la guerra de otras fuentes probablemente más radicales —incluida la experiencia directa con la violencia—, es posible que los estereotipos, los imaginarios y las tergiversaciones históricas ya se hayan anclado en el discurso juvenil.

Vale rescatar cuatro resultados de alto impacto a partir de la exploración de los recuerdos de la guerra expresados por los estudiantes: 1) el recuerdo es local; 2) la memoria tiene estrato y género; 3) el evento recordado está siempre media(tiza)do; y 4) ciertos recuerdos pueden ser heredados. Pocas veces los referentes de la guerra aludían a incidentes que trascendieran sus municipios. Tal vez el único fenómeno translocal señalado por los estudiantes sea el narcotráfico y, en particular, la figura de Pablo Escobar. Pero no solamente la memoria de la guerra es altamente local, sino que dentro de una misma ciudad como Bogotá, los íconos de la violencia no son compartidos por igual. Hay eventos que a pesar de ocurrir en una misma unidad geográfica dejan huella solo entre determinados grupos sociales. El desplazamiento no es un referente entre los alumnos de entornos socioeconómicos acomodados, así como la bomba de El Nogal no tiene resonancia alguna entre los pupilos del sur de Bogotá. De igual manera, ni los referentes temporales ni los personajes asociados a la guerra son los mismos para hombres y mujeres de la nueva generación, lo cual tiene como correlato diferentes modelos de producción de los saberes de la guerra.

Por otro lado, que las memorias sean locales no minimiza el rol de los medios en su reproducción. Tal es su influencia que memorias vividas se vuelven a imaginar, tramitar y resignificar a partir de lo que los medios hacen de un evento. Por lo demás, la discusión sobre los lugares que las nuevas generaciones relacionan con la guerra arrojó resultados llamativos. Resalta, en particular, que Bogotá sea el segundo lugar asociado a la guerra más mencionado entre los jóvenes. Dos conclusiones se destilan de esto: primero, nuevamente emergen los medios como poderosas fuentes de consolidación de imaginarios sociales, incluida la geografía misma de la violencia; segundo, para la enorme mayoría de los jóvenes no existe una distinción demarcada entre el conflicto armado y la violencia vinculada con la delincuencia común.

En el cuarto capítulo, las voces estudiantiles ofrecieron sus descripciones generales de la guerra, expresaron la temporalidad que le confieren al conflicto armado, las causas que le atribuyen, las estrategias que proponen para darle fin y las proyecciones que hacen del futuro personal y colectivo. Salta a la vista que un tercio del estudiantado no pudo brindar un punto de inicio para el conflicto. También es notable que en sus descripciones de la guerra aparecen recurrentemente la corrupción y el narcotráfico como causas de la guerra, y borran en sus discursos la separación entre razones y consecuencias del conflicto armado. Es igualmente llamativa la frecuente indistinción entre los actores armados, a quienes les atribuyen, por ejemplo, acciones de sus opositores; combinan sus nombres o equiparan a unos con otros en todos sus aspectos. A esto se suman las más de cien menciones que responsabilizan a todo el pueblo colombiano por la guerra en nuestro país.

Frente a las estrategias que los estudiantes sugieren para dar fin al conflicto armado, alienta encontrar que la salida más nombrada es el diálogo. Pero no queda sino ser prudentes con ese optimismo, porque fueron también muchos los estudiantes que no solamente respaldan una salida militar, sino los que expresaron esa posición con manifestaciones altamente agresivas, incluso abogando por la aniquilación total del otro. En la exploración de las estrategias de terminación del conflicto vislumbradas por los estudiantes, se destacan también las salidas psicológicas, religiosas y económicas a la confrontación. Sumadas, afortunadamente superaron la visión pesimista —particularmente presente entre las mujeres—, según la cual no existe solución alguna para salir de la guerra. Pero hay que anotar que a pesar del prominente lugar del diálogo como estrategia, esto no se traduce en un apoyo decisivo a los diálogos ni al proceso de paz en general con las Farc. El diálogo en abstracto sí, una negociación concreta con sus concesiones, no tanto. Esa desconfianza y desilusión no le impide a la nueva generación imaginar un futuro mejor, en especial para ellos mismos, así su comunidad o el país continúen por mal camino.

¿Qué nos dice entonces esta indagación por las cadenas de transmisión?

ALIANZAS SEMÁNTICAS

Primero hay que rescatar el valor de este ejercicio como tal, pues si reconocemos a la guerra como producto y productora de exclusiones semánticas, la simple inclusión de esta polifonía de sentidos no solo era urgente sino deseada por todos aquellos que participaron en esta investigación. Las miles de voces captadas en este diagnóstico inicial constituyen de esta manera un insumo fundamental para forjar lo que Paul Lederach llama la imaginación moral. Esta es entendida como la capacidad de imaginarnos en una red de relaciones que incluye a nuestros opositores, que renuncia a los dualismos maniqueos, que aboga por actos creativos y acepta el reto de saltar hacia lo desconocido para liberarse "del paisaje ya demasiado familiar de la violencia" (Lederach, 2008, p. 5). La imaginación moral implica entonces vernos como otros nos ven y ver a los otros como conciudadanos; pero también, y sobre todo, implica entendernos "como un ejemplo local más de las formas que adopta la vida humana, un caso entre casos, un mundo entre otros mundos, [comprensión sin la cual] la objetividad es mera autocomplacencia y la tolerancia un fraude" (Geertz, 1994, p. 27).

Luego, en términos de lo que denominamos en la introducción la economía política y cultural del conocimiento, pudimos constatar cómo se ha generado una *relocación* de las fuentes primarias de conocimiento legítimo. Estas ya no están concentradas dentro de los espacios institucionales sino en las etéreas redes mediáticas. Sin embargo, contrario a lo que la sabiduría convencional pudiera imaginar, este dominio de la televisión en particular, no está homogeneizando los saberes. No lo hace porque los medios suministran información, referentes, estereotipos y marcos interpretativos, pero estos son reorganizados por el consumidor de acuerdo con las experiencias concretas de su entorno. Por lo mismo, los que circulan por las redes no son relatos redondeados, cerrados, listos para ser transferidos, sino un repertorio de referentes que facilitan la articulación de narrativas locales con las preocupaciones nacionales y globales. Es así como figuras como Pablo Escobar se vuelven repositorios de innumerables sentidos atribuidos a las fracturas y violencias sociales que agobian a Colombia.

Ahora bien, ese monopolio mediático no es ni inevitable ni total. La experiencia en varios municipios cubiertos por esta investigación demuestra que la determinación de un docente puede desplazar a la televisión como fuente de conocimiento. Recordemos por ejemplo los casos citados en Chaparral y Sardinata; poblaciones donde los estudiantes destacaron a sus maestros como las fuentes de saber de "todos los conflictos que hay en nuestra sociedad" y como las personas idóneas para implementar de manera "didáctica y crítica" la Cátedra para la Paz. Por eso no se trata de competir contra los medios, sino de replantear su consumo. El argumento es que un consumo crítico de la información termina de hecho por reconfigurar al consumidor como coproductor de conocimiento que rearticula, controvierte, revisa y replantea los datos adquiridos. Justamente por ese olvidado poder vigorizante del consumidor de discursos formativos, es imposible pensar la transmisión de conocimiento como un proceso homogéneo y unidireccional.

Una política educativa nacional no puede ni debe, por tanto, perseguir la construcción de una pedagogía de la paz de consenso y homologación. Debe más bien saber poner en un contrapunteo productivo las diferentes epistemologías locales de la guerra y la paz. La negociación cultural más amplia, dentro de la cual se inscriben las disputas por la memoria, y donde están en juego nuestras posturas éticas con el otro, sencillamente no puede ocurrir en un vacío de sentidos. El peso del pasado no solo no se puede suspender, sino que la transformación del mundo pasa necesariamente por su constante reinterpretación, pasa por la memoria como fuente epistémica generativa. Eso que llamamos progreso no es cosa distinta del repaso creativo de lo que ya sucedió. Porque como lo sentencia un estudiante en Argelia, "sin historia no hay presente".[1]

Los esfuerzos en el presente por dar cuenta de sufrimientos y pérdidas pasadas suceden en vista de un mejor y menos violento futuro. El asunto de la memoria está, por tanto, siempre vinculado a interrogantes sobre una promesa. En estos tiempos de paradigmas y grandes narrativas históricas en crisis, lo paradójico es que los trabajos de la memoria se están perfilando como espacios de proyección y esperanza. No sorprende entonces que, en medio de esta indagación por los saberes del pasado violento, haya estudiantes que respondan, con la convicción que demuestra este alumno en Arauca, que promete: "yo voy a luchar por mi pueblo y mi país

---

[1] Estudiante de Argelia, 22 de septiembre de 2015.

para que sea mejor, ¡lo juro!".[2] Si las memorias de victimización se traen a colación sin acudir con claridad a una promesa de cambio, se corre el riesgo de caer en la oclusión melancólica propia de todo sufrimiento inútil, o en la eterna justificación de nuevas violencias a partir de la equívoca petrificación de la identidad de las víctimas y sus descendientes. La comprensión de la memoria debe pues ser *de-finalizada*, de manera que el sufrimiento del pasado no pueda ser jamás pensado como superado o redimido de una vez por todas (Fritsch, 2005). Nunca nadamos en el mismo río de la memoria. Cada repaso del recuerdo genera modificaciones, porque ese remembrar es un acto presente y ese presente cambia continuamente, como lo hace también quien recuerda. Es cierto que la memoria tiene que ver con repetir y reconocer. Pero, como seguramente lo diría Jacques Derrida, en esa iteración siempre se genera diferencia. De alguna manera la memoria, proceso a la vez disruptivo e inventivo, es siempre un acto de resistencia a la banalidad del hecho sin interpretación, sin emoción, sin comunicación, sin localización. Por eso no se trata de un trabajo de registro, sino de una modalidad de saber, de una práctica semántica. Su carácter creativo es lo que le confiere el poder de transformación social, siendo a su vez un medio socialmente transformable.

A veces la memoria se erige como una apuesta sugestivamente oximorónica: como la búsqueda de una verdad contrafactual que desafía "las construcciones dominantes de la realidad" (Castiglia y Reed, 2012, p. 12). Tal vez por eso mismo, si la democracia se piensa verdaderamente pluralista, esta debe propiciar no menos ni más que una coexistencia contenciosa, que no apele a la identidad como principio de la acción social, sino que parta —como lo diría Foucault— del reconocimiento compartido de la deficiencia de las relaciones sociales actuales. El retorno a la memoria no es entonces un rechazo a vivir en el presente sino un rechazo a vivir en ese presente como está constituido normativamente, una determinación de usar el pasado para proponer alternativas a sistemas sociales contemporáneos (Castiglia y Reed, 2012).

---

[2]   Estudiante de Arauca, 22 de septiembre de 2015.

Las cadenas de transmisión, los saberes de la guerra que aquí exploramos de la mano de cientos de voces juveniles, se aposentan sobre una liminalidad que los hace difíciles de aprehender, pero que también los carga de poderosa energía transformadora. Estas memorias-saberes situadas entre hechos e invenciones, subjetividades y colectividades, pérdidas y expectativas, actualidades y posibilidades, desafían continuamente nuestras certidumbres, que asociamos al orden social imperante, y se postulan como una constante crítica a nuestra experiencia misma del tiempo social (Agamben, 1978).

El argumento de este libro es que los saberes del conflicto armado colombiano se reproducen y transforman a través de una red de alianzas inestables entre sentidos elaborados en diferentes dominios discursivos. Los ejemplos que emergen de esta investigación abundan. Primero, a ningún nivel se impone un relato unitario sobre el pasado violento del país. Segundo, aunque algunas fuentes sean más predominantes que otras, es claro que no existe un monopolio sobre los saberes de la guerra, ni un formato único de aprendizaje. Tercero, si bien no se trata tampoco de narrativas totalmente disociadas unas de otras, en buena medida los conocimientos y las memorias de la guerra se construyen sobre referentes locales, con apenas algunos hitos supralocales que son, de todos modos, resignificados localmente. La bomba de El Nogal la mencionan solamente estudiantes de Bogotá, la chiva-bomba es una referencia solo para los estudiantes de Toribío, la toma de Mitú la recuerdan jóvenes de la capital del Vaupés únicamente. Solamente algunos eventos altamente mediatizados, como la liberación de Ingrid Betancourt, trascienden la experiencia local, aunque también lo hace, ya no como hito sino como paradigma cultural, la figura de Pablo Escobar.

Curiosamente, sin embargo, el más notorio conector simbólico entre todos los relatos que logra fungir como organizador de los sentidos atribuidos a la guerra, es el reciente proceso de paz. En otros casos, como el argentino o el chileno, había sentidos más claramente dominantes. Las experiencias de opresión del régimen dictatorial se transformaban en elemento legitimador de resistencias o, inversamente, de la supuesta amenaza comunista. En Colombia, sin duda se perfilan como elementos legitimadores la desigualdad, el racismo y la pobreza. Pero la duración y los cambios operativos de la insurgencia llevaron al descuido discursivo de estos principios; sin duda, uno de los factores de la degradación de la guerra. Toda guerrilla opera como articulador de las experiencias comunitarias de opresión, discriminación y desigualdad, con un proyecto político-militar. Pero con el explosivo auge del narcotráfico y la consiguiente autonomía financiera de la guerrilla, se redujeron los incentivos para producir sentidos legitimadores. El respaldo comunitario ya no era requisito para su existencia. En parte por esto suponemos que el narcotráfico se convierte en la mente de las nuevas generaciones, no en un incentivo ulterior sino en *la causa* de la guerrilla, en su doble acepción: como explicación de su origen y como su razón de ser.

Como un esfuerzo por dominar la gramática cultural mediante la cual se articula discursivamente la violencia pasada con el presente de guerra o paz, desarrollé el concepto de "alianzas semánticas": transacciones simbólicas y discursivas que articulan narrativas del pasado con experiencias vividas, múltiples incidentes individuales, propósitos políticos con intereses privados, tensiones locales con las regionales y nacionales, memorias con percepciones del futuro. Este concepto permite indagar las maneras de aprender, conocer y vivir la guerra, explicando a su vez cómo esto influye en la sostenibilidad y la transformación de los conflictos. Es un concepto que nos lleva directo al corazón de las epistemologías de la guerra.

Una de sus más salientes características es que estas alianzas son inestables porque diferentes actores tienen la capacidad de reorganizarlas, si una nueva fuente de producción de sentido se hace disponible o sentidos existentes son remanufacturados. Un actor como Uribe, por ejemplo, recalibró algunas de las viejas alianzas semánticas, al articular un discurso global (la guerra contra el terror) con las dinámicas nacionales (la amenaza guerrillera) y reducir así la insurgencia a una de sus tácticas. Operando de manera semejante a los jóvenes consultados respecto al narcotráfico, Álvaro Uribe logró que una de las consecuencias de las dinámicas de la guerra —el terrorismo— se convirtiera en su propio origen. Esta explicación circular, mediante la cual la guerra se explica por sus efectos, logró además despojar la confrontación armada de su dimensión política. Por esta razón no es fortuito que entre los estudiantes consultados sea tan recurrente la reducción semántica de la guerra al narcotráfico, la violencia y la corrupción.

La transmisión y sostenibilidad del conflicto no depende de textos rígidos transferidos, sino de conocimientos fragmentarios vinculados mediante alianzas semánticas construidas en diferentes niveles: entre pares, entre organizaciones y un individuo, entre grupos de actores regionales, entre población civil y actores armados, entre actores armados y discursos globales. En general estas alianzas le ofrecen relevancia social a la experiencia personal, y la trascienden más allá de su entorno y vivencia directa, mientras que las colectividades reciben a cambio la posibilidad de diseminación ideológica y control, así como la posibilidad de usar los impulsos egoístas e intereses privados en beneficio de su empresa grupal.

Las voces de maestros y estudiantes confirman este tipo de intercambios semánticos, donde algunos alumnos se apropian de discursos insurgentes o institucionales para dar sentido a su contexto local, mientras que los actores institucionales o parainstitucionales enriquecen el discurso legitimador de su lucha, cualquiera que este sea, a partir de las aflicciones que la comunidad educativa expresa en sus relatos. Este intercambio fue particularmente notorio en las voces de los alumnos en Argelia. En ese municipio, un pupilo hizo explícita esa interacción al señalar que la razón con la que se "justifica las Farc es la de defender el derecho del pueblo", mientras que uno de sus compañeros aclaró que en cuanto a la historia del conflicto armado "lo único que me llama la atención es la guerrilla Farc-EP porque dicen que buscan el bien en la sociedad".[3] De manera que las disputas territoriales asociadas a la guerra y la posguerra son disputas entre diferentes actores colectivos —incluidos grupos armados, instituciones educativas y partidos políticos— por el control, no solo geográfico, militar y económico, sino también por el monopolio de los parámetros explicativos y legitimadores de las intervenciones en la zona; es decir, por el control discursivo.

Durante décadas de violencia, los individuos de diferentes generaciones afectados por la guerra acumularon narrativas personales de sufrimiento. Tal sufrimiento se transmitía en la esfera familiar,

---

3   Estudiantes de Argelia, 22 de septiembre de 2015.

aunque no necesariamente en forma narrativa, pero sí mediante mecanismos socio-simbólicos que engrosan el discurso emocional más amplio sobre la guerra. En general no se transfería la historia del conflicto armado sino una colección de momentos de dolor. Entretanto, las narrativas mediáticas, junto con las de aquellos agentes itinerantes, como la población desplazada y las organizaciones de víctimas, *deslocalizaron* y dislocaron las experiencias vividas. Estos actores, en medio de su tragedia, y paradójicamente precisamente por el tipo de victimización que sufrieron, tienen la posibilidad de conectar diversas interpretaciones de la guerra producida en diferentes espacios, para así nacionalizar los que hasta ahora son conflictos vividos localmente.

En medio de todo esto las escuelas frecuentemente han operado como puntos nodales en los que las narrativas familiares, los relatos de los medios y los discursos de los actores armados son evaluados y articulados con el conocimiento o el silencio institucional. Pero ese potencial de articulación que tienen las víctimas no se ha sabido reconocer de manera suficiente en el ámbito educativo. Vale la pena, no obstante, recordar que desde la Secretaría de Educación en Bogotá, en alianza con organizaciones como Ficonpaz, se ha buscado cambiar esto. A fin de cuentas, las víctimas tienen un enorme reservorio pedagógico bidireccional: con sus saberes pueden transformar estudiantes en ciudadanos conscientes y críticos. Al mismo tiempo, al ejercerse como pedagogos, las víctimas fomentan el reconocimiento de parte de sus pupilos y se empoderan mediante el relato. En otras palabras, al enseñar sus historias la población víctima del conflicto armado puede dejar de serlo y transitar en cambio hacia el pleno restablecimiento de sus derechos. Su ejercicio de transmisión de saberes les hace una vez más pensarse a sí mismos como plenos ciudadanos.

Las alianzas semánticas conectan sufrimientos personales con disputas políticas de mayor escala en un jaloneo de sentidos tan vital en la guerra y la paz, como lo son los recursos humanos y financieros que las sostienen. De hecho, la reproducción social está constantemente implicada en la organización de la empresa violenta, tanto como el conflicto y la violencia "están continuamente implicados en la negociación de la reproducción social" (Lubkemann, 2008,

p. 13). Organizaciones violentas como las Auc, las Farc, el ELN o las Bacrim necesitan mecanismos de transmisión para sostener su estructura intergeneracionalmente; y al mismo tiempo estas estructuras operan como dispositivos pedagógicos, e imponen determinado tipo de comportamientos y narrativas sobre la sociedad. Su impacto, aunque parcial y fugaz, se alcanza a traslucir en las experiencias de docentes y estudiantes.

Sin embargo, las voces de educadores y alumnos nos muestran que los saberes de la guerra no son tanto una cuestión de contenidos. Son, sobre todo, acciones comunicativas dinámicas, disputadas, fragmentadas y estratégicas, en las que se constituyen alianzas semánticas temporales. Diferentes actores intercambian y reformulan sentidos acuñados sobre el pasado en función de las necesidades del presente, y comparten referentes flotantes con significados ajustables. Por ejemplo, al preguntarle por dos fechas emblemáticas del conflicto, un estudiante respondió: "no recuerdo que pasó en el 64, pero en el 97 fue lo del Palacio de Justicia". Un alumno en Leticia mencionó este mismo evento, pero se lo atribuyó al ELN, mientras en Pelaya un pupilo responsabilizaba a las Farc. Otro estudiante, esta vez en El Tambo, también habló del Palacio de Justicia, pero no para detallar lo sucedido sino para comunicar que ese es uno de varios lugares donde "no solo murió gente, sino la esperanza".[4] La transmisión es, pues, un proceso de rearticulación a partir de un repertorio de imágenes, tramas y figuras usables; algo que Graham Dawson llama el *imaginarium* nacional: un inconsciente político lleno de imaginarios resonantes del pasado nacional (Ashplant, 2015). En vez de relatos, la clave de la transmisión son figuras polisémicas, como lo son para la nueva generación Pablo Escobar, el Palacio de Justicia o actualmente el proceso de paz mismo. Yo los llamo significantes hegemónicos, que se usan una y otra vez en diferentes momentos y contextos para significar cosas a veces diametralmente opuestas.

Con el uso constante de estos significantes hegemónicos, con su institucionalización y reacomodamiento, terminan por conformar lo que Peter Burke llama *esquemas de memoria*. Una suerte de planti-

---

4   Estudiantes de Bogotá, 17 de noviembre de 2016; Leticia, 5 de noviembre de 2015; Pelaya, 4 de abril de 2015; El Tambo, 21 de octubre de 2015.

llas históricas a través de las cuales entendemos las dinámicas de la violencia actual y local, siempre en términos de eventos anteriores. Tal como lo confirman los recuerdos de los estudiantes consultados en esta investigación, incluso los testimonios de la guerra son ya una fusión de la experiencia personal con rutas interpretativas preexistentes que proveen el horizonte de representación posible (Ashplant, 2015). Es justamente en esa fusión de los esquemas culturales con las vivencias personales donde radica el poder de la memoria. Porque de esta manera no solo lo personal se plantea en términos socialmente relevantes, sino también al revés. Gracias a estos esquemas, eventos ocurridos en lugares o épocas distintas al momento vital de un individuo son, no obstante, cargados con enorme emotividad y experimentados como profundamente personales. Estos eventos prenatales son incluso vividos como constitutivos de la subjetividad misma (Ashplant, 2015).

Las alianzas semánticas, los significantes hegemónicos y sus temporales reificaciones como esquemas de memoria están todos emparentados con el concepto de *memorias emblemáticas* de Steve Stern (2004). En la acepción de este autor estas tampoco hacen referencia a un contenido específico, sino a un marco o contexto que organiza, selecciona y jerarquiza el significado. Son los relatos personales los que proveen los insumos para constituir la memoria emblemática, pero no todo relato individual logra sumarse o enriquecer tales marcos interpretativos. Nos dice Stern que para que se logre esa vinculación y tengan resonancia en la sociedad, se necesita cumplir con una serie de requisitos que le otorguen a esa memoria su capacidad de persuasión y credibilidad. Primero, se requiere historicidad, es decir, la capacidad de presentarse como una memoria asociada a un momento decisivo fundacional o de ruptura. Segundo, se requiere autenticidad, o sea, la posibilidad de vincular la memoria con hechos objetivos. Las memorias también deben ser amplias y flexibles para poder concebirlas como emblemáticas, de manera que un gran rango de experiencias divergentes tenga cabida bajo el mismo referente. Esto va de la mano con una necesaria proyección en los espacios públicos, pues si su circulación es restringida a lugares privados no tiene cómo convertirse en emblemática. Incluso las memorias emblemáticas disidentes solo son tales cuando tienen presencia por fuera de círculos particulares. Ese salto lo favorece la capacidad de articular la memoria en codificaciones culturales altamente valoradas y respetadas, como lo ilustrábamos ya en capítulos anteriores a partir del caso camboriano descrito por King. Finalmente, el último criterio se refiere a la simple pero muy necesaria presencia de portavoces efectivos. Ellos son los que llevan a cabo el trabajo mediante el cual narrativas individuales se articulan, fusionan y destilan para convertirse en arquetípicas (Stern, 2004).

Aunque encuentro extraordinariamente fecunda la línea analítica de Stern, considero que el concepto de alianzas semánticas permite superar tres de sus puntos frágiles: en primer lugar, dos criterios de credibilidad de las memorias emblemáticas están actualmente en crisis; paulatinamente, la historicidad como criterio persuasivo está siendo remplazada por índices de mediatización; no interesa que lo recordado se inserte en procesos históricos verticales, sino que se vincule a la contemporaneidad horizontal del momento mediático. Asimismo, la autenticidad —su conexión con lo fáctico— se ha devaluado; en su lugar hay ahora una resonancia emotiva que se certifica dentro de sus propios espejos virtuales, sin requerir conexión alguna con los hechos. Lo importante de cualquier afirmación hoy día es que demuestre osadía y apele a una suerte de realidad emocional colectiva. No importa que lo dicho sea falso, sino que con su enunciación se produzca un efecto de comunión, una sensibilidad experimentada como real. En segundo lugar, Stern mismo nos advierte del riesgo de imaginar como una dicotomía la diferencia entre la memoria individual suelta y la emblemática. Aunque el autor sugiere como estrategia para superar esa configuración dicotómica pensar la diferencia más bien en términos de un espectro, creo que no es suficiente. En tercer lugar, Stern denuncia el peligro de un exceso conceptual, que considera contraproducente en la aproximación a las dinámicas de la memoria. A mi parecer, en cambio, el problema no radica en el volumen conceptual, sino en su diseño.

Sostengo que estos tres puntos se administran mejor bajo la noción de alianzas semánticas. Primero, porque para que estas se constituyan y mantengan su capacidad explicativa, no exigen ni historicidad ni autenticidad. Lo que ofrecen como criterio de credibilidad es más bien la transferibilidad de las imágenes y la efectividad para darles sentido a las experiencias, tanto del actor local, como del regional o nacional. Segundo, pensar en alianzas en vez de espectros permite evitar la trampa de cosificación de las interacciones sociales. La idea de espectros nos tienta a concebir el problema en términos de una distinción entre esquemas de sentido. Pero la relación entre las escalas de análisis (local *vs* nacional, individual *vs* grupal) no es entre tipos narrativos (la memoria colectiva *vs* la memoria personal), sino entre sus agentes productores. Hablar de alianzas implica reconocer juegos de poder, inestabilidad y ajustabilidad en un proceso de coproducción.

Stern aboga además por cierto "grado de desorden" que nos permita escapar de nuestros propios esquemas conceptuales y compatibilizar de esta manera el análisis con las realidades observadas. A mi juicio, si pensamos en términos de alianzas semánticas inestables, modificables y constituidas a partir de conocimientos fragmentados, resolvemos —o mejor, incorporamos— ese cierto desorden dentro del propio esquema conceptual. Lo hacemos por lo demás sin tener que acudir a una noción limitadora y cosificadora, como es la noción de *marco*. Lo que hacen los alumnos en Algeciras, Chaparral, Miraflores o Tumaco no es insertar su memoria local dentro de una memoria emblemática regional o nacional. Lo que los estudiantes en cualquier rincón del país hacen es intercambiar, enlazar y reordenar fragmentos o imágenes. En esta transacción de significantes no se inserta una en la otra, sino que se coproducen las narrativas locales y supralocales. Cuando una estudiante habla de la toma del Palacio de Justicia en Bogotá o en Caucasia, no está *enmarcando* su relato personal dentro de un discurso preexistente. En vez de ello, lo que hace es usar ese significante hegemónico para construir y ordenar sus saberes de la guerra. En esa apropiación la transferencia de contenidos es mínima y, por lo mismo, no operan ni la historicidad ni la autenticidad como criterios de credibilidad. Adicionalmente, Stern hace un llamado a no desatender los saberes periféricos, que no entran a constituir memorias emblemáticas. Bajo la conceptualización de alianzas semánticas no se necesita pensar en esta especie de ajuste o matización, porque la noción misma de alianza semántica rompe con la configuración espacial del pensamiento que produce la idea de centros y periferias.

Finalmente, el autor recalca que no es solo a nivel nacional que operan estas dinámicas. Según él, la pluralidad de procesos regionales y locales complejiza y relativiza el juego entre memoria emblemática y memoria suelta (los saberes personales). Esa misma pluralidad es en cambio *constitutiva* de la noción misma de alianzas semánticas. El problema de la compatibilidad o no de marcos regionales con nacionales, bajo la lógica de las alianzas semánticas, no es relevante porque no existen dos marcos que deban probar su compatibilidad. Por lo mismo, los marcos nacionales no son adaptados localmente; lo que acontece es un intercambio simbólico en el cual significantes hegemónicos son implementados para dar sentido a procesos locales, y fragmentos de procesos locales son cooptados para enriquecer otras experiencias locales, o para consolidar el significante hegemónico. Como ya lo demostrara Maurice Halbwachs (1950), incluso el más personal de los recuerdos es producto de toda una suerte de socializaciones. Dicho en palabras de Ann Rigney, citada al principio de esta aventura, no hay un evento previo a la mediación, la mediatización. Pero, a pesar de este reconocimiento, desde el mismo Halbwachs hemos quedado atrapados en la fútil tarea de tratar de determinar dónde empieza lo colectivo y donde termina lo individual. Esto es así porque, no obstante todas las advertencias y aclaraciones, seguimos pensando la memoria en términos de marcos, delimitaciones o contenidos, en vez de partir de la memoria como *interacción*.

Hay un concepto más emparentado con la memoria emblemática de Stern y con *mis* alianzas semánticas: se trata de la *memoria compartida* de Avishai Margalit. A diferencia de la memoria común, la compartida no es un simple agregado de memorias individuales, sino un proceso comunicativo en el cual se integran y calibran las diferentes perspectivas a través de una división del trabajo mnemónico (Margalit, 2002). Quizás el aspecto más interesante de la propuesta de Margalit es que lo relevante de la memoria-acontecimiento que se comparte no es tanto lo sucedido sino *nuestra conexión* con lo sucedido. Lo que se comparte es sobre todo nuestra participación de la memoria en discusión, sea esta una participación directamente vivida, conocida por medio de otros, o incluso si la participación nuestra en el evento es totalmente falsa. Con todo, tanto la memoria emblemática como la compartida, subrayan un producto y una cierta unidad. Las alianzas semánticas recalcan, por el contrario, interacción, pluralidad, indeterminación, inestabilidad, cooperación y disputa.

DONDE EL CUERPO SOCIAL GRITA. UN TEXTO A MIL VOCES

Imaginamos al menos cinco acciones con incidencia en política pública, que se podrían desprender de esta investigación. Primero, el uso de esta plataforma para incluir de manera sistemática, plural y decidida la voz de los jóvenes en la Comisión para el Esclarecimiento de la Verdad, la Convivencia y la No Repetición. Ciertamente se debe honrar la recomendación en el Acuerdo de Paz con las Farc de incluir el informe final de la comisión dentro de la malla curricular de los colegios. Pero tal vez más importante sea procurar la participación directa del magisterio y los estudiantes en el diseño mismo de su adaptación pedagógica y didáctica. Esto, por lo demás, antecedido de la incorporación testimonial de las juventudes en el cuerpo y los procedimientos propios de la comisión.

Segundo, las paredes y los pilares del futuro Museo Nacional de la Memoria se verían enriquecidos si llegan a contener varias de las voces y visiones de los jóvenes aquí captadas. Como lugar socialmente construido, el museo debe vestirse de los conocimientos de sobrevivientes y expertos, pero también de jóvenes estudiantes —encarnación misma de ese porvenir—. Sus palabras itinerantes podrían, asimismo, resonar no solo en sus espacios de gestación, sino migrar hacia el encuentro con los ecos de otras. Juntas podrían adornar las casas, los jardines y bosques de la memoria que florecen por los diferentes municipios del país.

Tercero, un proceso de socialización de los hallazgos en los colegios —empezando por aquellos que hicieron parte de la investigación, pero no limitado a ellos— muy seguramente revitalizaría las apuestas pedagógicas que ya tenían o estaban concibiendo para abordar la historia del conflicto armado en sus aulas. Además de provocar esta especie de chispa de la memoria, este proceso de socialización en las instituciones educativas puede incentivar un intercambio estudiantil de prácticas mnemónicas y promover a su vez proyectos conjuntos de investigación, conmemoración, celebración y reconciliación entre colegios.

Cuarto, el Ministerio de Educación podría considerar este como un primer insumo para la creación de un *Banco de Voces de Educadores y Estudiantes*, siempre expansivo, que podría suministrar el abono para innumerables investigaciones y acciones pedagógicas futuras. Entre esas acciones futuras estaría justamente el adeudado capítulo sobre la memoria histórica de los maestros y los estudiantes (escolares y universitarios) en la guerra. El banco permitiría por lo demás tener un referente para hacer nuevas recolecciones y de esta manera hacerles seguimiento a las transformaciones de los saberes de la guerra. Ese seguimiento podría ser parte de las evaluaciones más amplias sobre la implementación de los acuerdos y las transformaciones estructurales, sociales y culturales que la transición política exige.

Quinto, imaginamos la producción colaborativa de un texto escolar elaborado entre pares, donde la enseñanza de la historia del conflicto se escribe y se discute a partir de insumos de los mismos alumnos en diferentes rincones de Colombia. De la misma manera en que en las vitrinas del museo de la guerra en Rotterdam se expone no solo el conocimiento curado, sino también la transmisión intergeneracional como tal; así también los textos escolares pueden ser un producto coproducido por sus lectores y consumidores. Con ese particular texto escolar lo que se enseñaría y abordaría no sería un relato oficialmente sancionado de la historia del conflicto. Lo que se enseñaría serían los propios dilemas de la transmisión intergeneracional en medio de las variaciones temporales, espaciales, cognitivas e ideológicas del país.

No necesitamos fijar una historia oficial para transmitirla a las nuevas generaciones, pero sí asegurar una discusión permanente sobre ese pasado y sus implicaciones contemporáneas. Como en la tradición Kuranko de Sierra Leona, requerimos de una historia que se narre en contrapunto. Una historia en la que retomamos el relato del otro para contradecirlo o redireccionarlo, pero siempre aceptando a la vez esa voz del otro. Entre los Kuranko narrar es siempre una manera de retomar, revaluar y desafiar en una misma intervención los dogmas sociales. Qué mejor forma de llevar a cabo este baile oral en Colombia, que a través de las experiencias, visiones e incluso invenciones de sus pares a lo largo y ancho del país. Como los agentes culturales emergentes que son, las nuevas generaciones no pueden ser receptores pasivos de relatos estáticos y prefijados. Por el contrario, deben asumirse como actores creativos y corresponsables de su propia formación como ciudadanos. En esto la palabra de quienes han sido directamente afectados es igualmente valiosa a la de quienes no lo han sido —o no creen haberlo sido—. Porque la creación de saberes como premisa de un nuevo orden social libre de violencia no puede sino partir de una acción colaborativa y solidaria.

No obstante, esa tarea colaborativa y solidaria tiene que buscar también incomodar expresamente a la sociedad. Steve Stern habla de las empresas y los emprendedores de memoria como "nudos en el cuerpo social" (Stern, 2004, p. 145). Estos nudos interrumpen las rutinas vitales y les demandan a los ciudadanos momentos y espacios de concientización del dolor de otros. De alguna manera las intervenciones mnemónicas tienen que constituir instancias que irrumpan en los instintos sociales, que desacomoden al *homo habitus*, para así alertar sobre determinadas circunstancias y obligar a los individuos y a las colectividades a repensar posiciones, o a tomar acciones concretas. Estos nudos (individuos, acciones o espacios) obligan al reconocimiento de una experiencia importante como un hito que se debe considerar decisivo y que tiene que seguir vigente por al menos una o dos generaciones más. En ese sentido, los nudos son condensadores y filtros culturales que jerarquizan y organizan las experiencias culturales, pero que también desestabilizan y generan un necesario malestar concientizador.

Por eso, cualquier intervención en memoria debe evitar abordar la guerra mediante esterilizaciones discursivas, lo que Stern llama "eufemismos que propician la insensibilidad" (2004, p. 163). Al fin y al cabo, los nudos molestan precisamente para sensibilizar. Claramente el lugar de estas intervenciones incómodas y sensibilizadoras es el foro público. Pero tal vez sea también así como debemos concebir las instituciones educativas. Acaso nuestras escuelas se deban pensar como nudos de memoria, como los espacios formativos desde donde reiteradamente *el cuerpo social grita* su dolor e inconformidad. Por lo pronto, aquí resuenan mil quinientos ecos de ese alarido colectivo.

EL PASADO QUE NOS AGUARDA. COMENTARIOS FINALES

Como lo venimos diciendo, lo que sostiene y transforma el conflicto y sus saberes no es una narrativa maestra sino unas redes simbólicas interactivas mediante las cuales los actores constantemente crean, piden prestado, editan y reubican sentidos e imágenes. Esto quiere decir que la transmisión es mucho menos unidireccional de lo que se quiere creer y que los receptores son menos pasivos de lo que se suele asumir. También quiere decir esto que la variación es parte integral de la transmisión y debe por tanto ser un componente central del estudio de los saberes.

Para tal efecto, la confusión, la incertidumbre, la duda y la contradicción narrativa no son factores que deban ser maquillados en nuestros análisis. Por el contrario, este campo de tensión y contienda, de relatos divergentes y sentimientos encontrados es constitutivo de la producción y transmisión de saberes. Como lo ilustran algunas experiencias de maestros captadas acá, al presentar esa diversidad con sus emociones frecuentemente contradictorias, emerge claramente el pluralismo como el gran factor que explica el dinamismo social. Tal vez por eso sugiere una estudiante en Sardinata que lo que se necesita para superar el conflicto armado es "que haya más participación de los colombianos".[5]

El análisis de esa pluralidad tiene entonces dos ejes fundamentales. Por un lado, está la variación del conocimiento y de las prácticas en el tiempo. Por el otro, la variación espacial de las interpretaciones en la sociedad contemporánea. Una explica la permanencia y el cambio, la otra la coherencia y la diversidad. Estos dos ejes analíticos son imprescindibles porque cualquier confrontación armada solo puede durar más de medio siglo y por ende involucrar a varias generaciones, mediante procesos de transmisión vertical y horizontal

---

[5] Estudiante de Sardinata, 18 de septiembre de 2015.

de conocimiento. Entender los modos de producción, circulación y consumo, así como los rangos de variación en los saberes de la guerra, es crucial para desencadenar su transformación radical hacia una convivencia cargada de conflictos productivos, pero libre de violencia y exclusión. Cuando en este estudio consultamos a directivas, maestros y estudiantes como representantes de diferentes generaciones en 37 lugares distintos del país, sentamos las bases para enriquecer de manera incremental esa matriz de variaciones que conforman los pilares del cambio cultural.

Esa variación de saberes no implica que la gente esté sumergida en una suerte de esquizofrenia cognitiva, al menos no todavía. De alguna manera los productos del mercado de sapiencias son organizados, así sea de manera contingente, superficial y flexible. Esto sucede a través de un proceso de administración de sentidos que regula hasta cierto punto la diversidad. En esa administración, medios, instituciones educativas, la familia, iglesias y otras instancias de la sociedad cumplen un papel fundamental. Como lo hemos señalado ya, las entrevistas y cuestionarios entre rectores, profesores y estudiantes muestran que no se mantiene o comparte —ni en el tiempo ni en el espacio— un discurso estático o monolítico sobre el conflicto, su historia y sus razones de ser. Sin embargo, es a través de una red de alianzas semánticas que vinculan significantes, como la muerte de un payaso, Pablo Escobar, el Palacio de Justicia en llamas, una chiva-bomba, que resulta posible conceptualizar, imaginar y experimentar algo que de manera transgeneracional y translocal es concebido como el *conflicto armado colombiano*.

Ahora bien, esa regulación está cada vez más descentralizada. Eso en sí es potencialmente beneficioso y democratizador. Lo que pasa, empero, es que en esa descentralización se están trastocando también los criterios de legitimidad. Bajo las nuevas dinámicas sociales importa cada vez menos quién y cómo se produce la información, así como dónde, qué o quién la autoriza y sanciona como conocimiento. En cambio, importa cada vez más cuánto circula y qué tan rápido, haciendo de la escala y la velocidad de difusión su propio criterio de legitimidad. En esto se resume esa condición que se denomina hoy como *posverdad*: la verificabilidad es paulatinamente remplazada como criterio de legitimación y credibilidad, por el volumen mismo de propagación de los mensajes y por el grado de resonancia emotiva que esa expansión genere.

Lo que está aconteciendo en varios escenarios políticos a nivel global no es otra cosa que una transformación de los estándares normativos que aplicamos al conocimiento. Casi todo el mundo está de acuerdo con que el conocimiento es más que una creencia veraz. Pero el disenso aparece rápidamente al indagar sobre qué se requiere para que esa creencia veraz pase a ser catalogada como conocimiento (Lackey, 2005). Ese disenso antes relegado sobre todo a los filósofos es hoy el centro del debate político. A mi juicio, la crisis se concentra en buena medida sobre la noción de autoridad, en dos sentidos: 1) la visibilidad de un autor, un agente productor, que en nuestra era mediática se diluye cada vez más; 2) la desacreditación de los espacios de enunciación que solían someter la información a procedimientos de rigor y verificación para validarla como conocimiento.

Largos procesos históricos definen cuáles son esos espacios de legitimación que, por cierto, siempre han sido controvertidos. Pero esta vez la crisis no se debe a la emergencia de nuevos espacios que entran a disputar el monopolio de la legitimidad, como en periodos anteriores. Ahora la legitimidad como concepto empieza a desmoronarse. O cuando menos es concebida cada vez más como inherentemente fugaz, a duras penas un *trending topic* validado solo por la cantidad de personas y escenarios que dicen estar hablando del tema. Lo dicho, sea lo que sea, si tiene eco suficiente es temporalmente legítimo. Si la diferencia entre conjetura, creencia y saber nunca ha sido intrínseca, al menos jugaban un papel la autoridad y la verificabilidad. Hoy lo que distingue una de otras es apenas el estatus, la resonancia emotiva y el asociado número de seguidores que tenga determinada afirmación.

Esta nueva tendencia ha hecho aún más visible lo que quizás siempre ha sido el caso: la diferencia entre conocimiento y creencia está signada por asuntos de agencia y poder. Nuestra red de sentido la conforman diferentes personas en las que confiamos y desconfiamos como fuentes del cosmos y sus saberes. Terminamos así positiva y negativamente atrapados en una red de testigos en quienes decidimos creer o no a partir de la densidad de nuestra relación con ellos y las lealtades que optamos honrar en determinado momento. De suerte que la historia que conocemos es la historia de aquellos en quienes confiamos.

En ese orden de ideas, las disputas por la memoria juegan un papel importante en la conquista de las "mentes y corazones" de los ciudadanos, al ampliar o reducir la legitimidad de gobernantes y disidentes (Stern, 2004). Seguramente por eso, en la lucha por reinventar la política colombiana, todos los actores colectivos apelarán a la combinación de *todas las formas de memoria y olvido*. En esa lucha batallan incesantemente una nostalgia que se pretende restauradora y una de carácter más bien reflexivo. La primera puede criar monstruos, la otra marca los límites éticos de la memoria. En vez de pensarse como verdad y tradición, la nostalgia reflexiva pone en duda la verdad absoluta y se desenvuelve reconociendo sus propias ambivalencias. No sigue una sola trama, sino que explora formas de habitar muchos lugares a la vez, en un juego permanente por aprensar el presente fugitivo (Boym, 2007). La invitación es a que aprovechemos a través de las voces estudiantiles los diferentes modos de habitar el país y su pasado, para a partir de ellas repensar nuestras relaciones sociales de la posguerra. Esto es en últimas una manera de combatir el *epistemicidio* nacional, de descolonizar los saberes de nuestro país (Santos, 2014) y, de paso —en palabras de una alumna en Arauca—, una manera de "humanizar a las personas".[6]

Lo que les da potencial legitimador a las luchas de la memoria es precisamente la imposibilidad de reducirlas a una mera estrategia política (Stern, 2004). Las voces de educadores y estudiantes que captamos en este estudio sin duda están impregnadas de ideologías e intentos de manipulación, pero no se dejan reducir a eso. El poder de la memoria radica entonces en su capacidad para despertar pasiones, en la competencia que se despliega para tratar de imponer sentidos, pero también en su propia e inescapable polifonía. Presentar las ambivalencias de los docentes junto con las visiones sensatas y a veces disparatadas de los estudiantes, nos permite abordar las visiones de los que no están de acuerdo con nosotros como un recurso epistémico que nos recuerda nuestra

---

[6] Estudiante de Arauca, 22 de septiembre de 2015.

propia falibilidad (Christensen, 2014). De alguna manera es posible que eso es lo que tuviera en mente un estudiante en Patía cuando propuso que para terminar la guerra se necesita que "las personas sean *filosofistas* antes de actuar".[7]

El pasado es una aventura impredecible que ofrece una afluencia de potencialidades y múltiples planos de conciencia. Pensado en esos términos, la memoria y sus saberes pueden ser una creación poética, un mecanismo individual de supervivencia o una práctica transformadora. A eso se refiere Jackson (2002) cuando señala que quienes han sufrido eventos traumáticos no pueden borrarlos de su biografía o deshacer el daño causado. Pero lo que sí pueden hacer es retomar mediante las narraciones del pasado la agencia que les arrebató la violencia. Si bien no podemos tener control sobre lo sucedido, sí podemos controlar cómo lo valoramos, interpretamos y comunicamos. El sentido de lo ocurrido lo podemos transformar cuando lo contamos.

Ese impulso narrativo lo dinamiza la nostalgia, que en francés también se llama *maladie du pays*. Expresada en esos términos, y ejercida de manera reflexiva y crítica, la nostalgia de repente se revela como el mismo nudo de la memoria que propone Steve Stern, con los malestares de país que estos están llamados a producir. Porque hay cierta ansiedad acoplada a los trabajos de la memoria. Pulsión y culpa se desbordan en sus monumentos. En palabras de Huyssen, el giro hacia la memoria está subliminalmente energizado por el deseo de anclarse en un mundo caracterizado por una creciente inestabilidad del tiempo y la fractura del espacio vivido (1995). Desterrados en nuestros propios cuerpos físicos y sociales, anclamos nuestras identidades en estatuas de arena. Prisioneros de nuestra libertad, manufacturamos enemigos en cadena. Paralizados por el vórtice del cambio, buscamos refugio en recuerdos de infancia. Es el malestar de la memoria. El malestar del presente. El malestar de la cultura en la era global. Un malestar que puede, no obstante, ser muy productivo.

En medio de esa molestia, las memorias y los saberes de la guerra traen a la vida personas, eventos y sentimientos del pasado.

---

[7] Estudiante de Patía, 17 de septiembre de 2015.

Ese poder de la memoria y sus representaciones de *traer a la vida* incluso sensaciones que debieron estar, pero nunca estuvieron presentes en el pasado, queda magistralmente captado en el documental *The Act of Killing*. El documental no está centrado en los cientos de miles de asesinatos extrajudiciales que se cometieron en Indonesia durante la dictadura militar de la década de los sesenta. En su lugar, el documental le hace seguimiento a la propuesta de teatralizar algunos de los episodios que protagonizaron conocidos y orgullosos protagonistas de esa violencia pasada, poniéndolos a *representar* sus crímenes. La desazón que ese grupo de victimarios nunca sintió al destrozar las vidas de otros, en su reescenificación, en cambio, se convierte en llanto, desconsuelo y vómito: un malestar moral y físico al mismo tiempo. Lo que hizo que los victimarios verdaderamente vivieran lo ocurrido fue su puesta en escena. Ese grupo de victimarios, hasta entonces autocomplaciente y convencido de la heroicidad de sus abusos, nunca imaginó que todavía tenía el pasado por delante.

Los kalenjin del oeste de Kenia hablan del pasado que está frente a ellos y del futuro que está a sus espaldas. Señalan hacia adelante cuando hablan del pasado y señalan hacia atrás cuando hablan del futuro. Como este es incierto, caminan en la vida de espaldas hacia el futuro (Lederach, 2008). En realidad, no hay que ir tan lejos para encontrar esa noción del tiempo, pues los misak del Cauca lo conciben de manera semejante (Dagua Hurtado, Aranda y Vasco, 1998). Para ellos no solamente está inscrita la historia en las rocas del camino, en los senderos y paisajes que ven y recorren, sino que el tiempo se forja en espiral. De suerte que pasado y presente pueden estar detrás o delante de uno y en ocasiones pueden inclusive ocupar el mismo espacio-momento. Ese andar con el pasado enfrente implica ver en él siempre nuevas cosas, detalles olvidados que se iluminan, sombras que se yerguen y se desvanecen. Lo ha dicho también Jesús Martín Barbero: el pasado no está realizado (Martín-Barbero, 2004). Lo visto se vuelve a ver mientras la vida se desenvuelve en un *déjà vu* lleno de ilusiones creativas. Quizá partiendo de estas premisas podamos dar rienda suelta a la estrategia que propuso un estudiante en Bogotá para superar la violencia; meta que se lograría, según él, mediante "la educación, para abolir la amnesia común y crecer en la capacidad de solucionar los problemas del pueblo".[8] No es una tarea fácil, pero a quienes consideran que la juventud es desentendida y desesperanzada, dejo acá las palabras de una estudiante de San Juan del Cesar:

> Esto es complicado, se necesita tiempo, vigor, emprendimiento y mucho trabajo. Si alguna persona llegara a leer esto me gustaría que supiera que ¡Colombia puede cambiar! En un futuro tengo muchos planes para solucionar el conflicto armado, yo quisiera hacer proyectos desde el sistema político que es donde está el problema. Si cambiamos un poco la ideología de los políticos y la organización como está la nación, Colombia pudiera llegar a ser grande. Se necesita que cambiemos la mente, cambiemos nuestras acciones, cambiemos la forma de educar en las instituciones, propongamos un plan de convivencia y sociedad donde lo principal sea la buena convivencia. Yo quiero cambiar a Colombia. ¡Proyecto ya![9]

Ni los kalenjin, ni los misak, ni nosotros, tratamos de sugerir que debamos darle la espalda al futuro como un acto de imprevisión, rechazo, desconocimiento o desaliento. Lo que proponemos es tener el futuro atrás para imaginarlo y construirlo de cara al pasado. Por eso este libro, tejido con cientos de voces juveniles, es una invitación a que sigamos todos remando hacia el porvenir a nuestras espaldas, avanzando con determinación entre las incómodas corrientes del presente y la impredecible niebla de la memoria. Todos y a toda hora expectantes de lo que nos depare el sorprendente pasado que está por venir.

---

[8] Estudiante de Bogotá, 17 de noviembre de 2016.

[9] Estudiante de San Juan del Cesar, 7 de abril de 2016.

BIBLIOGRAFÍA

Acuerdo final para la terminación del conflicto y la construcción de una paz estable y duradera (2016). Obtenido de http://www. altocomisionadoparalapaz.gov.co/procesos-y conversaciones/ Paginas/Texto-completo-del-Acuerdo-Final-para-la-Terminacion-del-conflicto.aspx

Adler, J. E., y Smylie, J. (1994). Testimony, Trust, Knowing. *Journal of Philosophy, 91*(5), 264-275.

Afavit, habitantes de Trujillo y Centro Nacional de Memoria Histórica (CNMH). (2015). *¡Tiberio vive hoy! Testimonio de la vida de un mártir. Tiberio Fernández.* Bogotá: Afavit y Centro Nacional de Memoria Histórica.

Agamben, G. (1978). *Infancia e historia: Destrucción de la experiencia y origen de la historia.* Buenos Aires: Adriana Hidalgo editora.

Ahonen, S. (2013). Post-Conflict History Education in Finland, South Africa and Bosnia-Herzegovina. *Nordidactica: Journal of Humanities and Social Science Education*, 90-103.

Apter, D. E. (1997). *The Legitimization of Violence.* Basingstoke: Macmillan in association with Unrisd.

Argenti, N., y Schramm, K. (2010). *Remembering Violence: Anthropological Perspectives on Intergenerational Transmission.* New York: Berghahn Books.

Ashplant, T. G. (2015). *The Politics of War Memory and Commemoration.* London: Routledge.

Bejarano, C. M. (2017a). *Educación para la paz 9.* Bogotá: Santillana.

Bejarano, C. M. (2017b). *Educación para la paz 10.* Bogotá: Santillana.

Bellino, M. (2014). Whose Past, Whose Present?: Historical Memory mong the "Postwar" Generation in Guatemala. En J. Williams (Ed.), *(Re)constructing Memory: School textbooks and the imagination of the nation* (pp. 131-152). Rotterdam: Sense Publishers.

Bello, M. N., y Ruiz C., S. (2002). *Conflicto armado, niñez y juventud: una perspectiva psicosocial.* Bogotá: Universidad Nacional de Colombia.

Berger, S. (1997). *The Search for Normality: National Identity and Historical Consciousness in Germany since 1800.* New York: Berghahn Books.

Bernstein, B. B. (2000). *Pedagogy, Symbolic Control, and Identity: Theory, Research, Critique.* Boston: Rowman & Littlefield Publishers.

Binnenkade, A. (2015). Doing Memory. Teaching as a Discursive Mode. *Journal of Educational Media, Memory and Society, 7*(2), 29-43.

Borneman, J. (2002). Reconciliation after Ethnic Cleansing: Listening, Retribution, Affiliation. *Public Culture, 14*(2), 281-304.

Boyden, J. (2004). Anthropology under Fire: Ethics, Researchers and Children in War. En J. Boyden, y J. de Berry, *Children and Youth on the Front Line: Ethnography, Armed Conflict and Displacement* (pp. 237-261). New York: Berghahn Books.

Boym, S. (2007). Nostalgia and its Discontents. *Hedgehog Review*, 7-18.

Bryant, R., y Papadakis, Y. (2014). *Cyprus and the Politics of Memory: History, Community and Conflict.* London: I.B. Tauris.

Bush, K. D., y Saltarelli, D. (2000). *The Two Faces of Education in Ethnic Conflict: Towards a Peacebuilding Education for Children.* Florence: Unicef.

Caballero Escorcia, B. A., Cote Rodríguez, J. A., Cristancho Garrido, H. C., y Fajardo, A. (2010). *Hipertexto Sociales 10.* Bogotá: Santillana.

Cappelletto, F. (2003). Long-Term Memory of Extreme Events: From Autobiography to History. *Journal of the Royal Anthropological Institute, 9*(2), 241-260.

Castiglia, C., y Reed, C. (2012). *If Memory Serves: Gay Men, AIDS, and the Promise of the Queer Past.* Minneapolis: University of Minnesota Press.

Castrillón, G. (2015, noviembre 19). Las tejedoras de Mampuján: la fuerza femenina del perdón. *Revista Cromos.*

Castro Valderrama, H. (2002). *Lineamientos curriculares para el área de ciencias sociales.* Bogotá: Ministerio de Educación Nacional.

Centro Nacional de Memoria Histórica (CNMH) (2013). *¡Basta ya!: Colombia: memorias de guerra y dignidad.* Bogotá: Centro Nacional de Memoria Histórica.

Centro Nacional de Memoria Histórica (CNMH) (2014). *San Carlos: memorias del éxodo en la guerra.* Bogotá: Centro Nacional de Memoria Histórica.

Centro Nacional de Memoria Histórica (CNMH) (2014a). *Textos corporales de la crueldad: memoria histórica y antropología forense.* Bogotá: Centro Nacional de Memoria Histórica.

Centro Nacional de Memoria Histórica (CNMH) (2014b). *Mujeres y guerra. Víctimas y resistentes en el Caribe colombiano.* Bogotá: Centro Nacional de Memoria Histórica.

Centro Nacional de Memoria Histórica (CNMH) (2015). *Un viaje por la memoria histórica: aprender la paz y desaprender la guerra - Caja de herramientas.* Bogotá: Centro Nacional de Memoria Histórica.

Centro Nacional de Memoria Histórica (CNMH) (2015, abril 29). *Segovia también recuerda la masacre de 1996.* Obtenido de Centro Nacional de Memoria Histórica: http://www.centrodememoriahistorica.gov.co/noticias/noticias-cmh/segovia-tambien-recuerda-la-masacre-de-1996

Centro Nacional de Memoria Histórica (CNMH) (2016). *Los caminos de la memoria histórica.* Bogotá: Centro Nacional de Memoria Histórica.

Certeau, M. (2010). *Heterologies: Discourse on the Other.* Minneapolis: University of Minnesota Press.

Charria, C. A. (2015, julio 30). Enseñar la Paz por Decreto. *El Espectador.*

Christensen, D. (2014). Disagreement and Public Controversy. En *Essays in Collective Epistemology; Oxford University Press.* Oxford University Press.

Cole, E. (2007). Introduction: Reconciliation and History Education. En E. Cole, *Teaching the Violent Past: History Education and Reconciliation* (pp. 1-30). Lanham: Rowman & Littlefield Publishers.

Cole, E. (2007a). *Teaching the Violent Past: History Education and Reconciliation.* Lanham: Rowman & Littlefield Publishers.

Cole, E. (2007b). Transitional Justice and the Reform of History Education. *The International Journal of Transitional Justice, 1*, 115-137.

Collier, P., y Bank, W. (2000). *Economic Causes of Civil Conflict and their Implications for Policy*. Washington, D.C: World Bank.

Comisión Nacional de Reparación y Reconciliación (CNRR) (2011). *Mujeres y guerra: víctimas y resistentes en el Caribe colombiano*. Bogotá: Comisión Nacional de Reparación y Reconciliación, Grupo de Memoria Histórica.

Cortés, C. (2017, marzo). Re-conociendo el conflicto: foro internacional sobre pedagogía, memoria y violencia.

Cowen, R. (2000). Comparing Futures or Comparing Pasts? *Comparative Education*, 333-342.

Dagua Hurtado, A., Aranda, M., y Vasco, L. G. (1998). *Guambianos: hijos del aroiris y del agua*. Bogotá: Los Cuatro Elementos.

Davies, L. (2004). *Education and Conflict: Complexity and Chaos*. London: Routledge Falmer.

Davies, L. (2005). Schools and War: Urgent Agendas for Comparative and International Education. *Compare*, 357-371.

De Berry, J., y Boyden, J. (2004). *Children and Youth on the Front Line: Ethnography, Armed Conflict and Displacement*. New York: Berghahn Books.

De Mel, N. (2007). *Militarizing Sri Lanka: Popular Culture, Memory and Narrative in the Armed Conflict*. New Delhi: Sage Publications.

Decreto 4800 (2011). Por el cual se reglamenta la Ley 1448 de 2011. Bogotá: República de Colombia.

Decreto 1038 (2015). Mediante el cual se reglamenta la Ley 1732 (Cátedra para la Paz) de 2014. Bogotá: República de Colombia.

Derrida, J. (2012). *Espectros de Marx: El Estado de la deuda, el trabajo del duelo y la nueva Internacional*. Madrid: Trotta.

Dinero (2014, octubre 14). Costos económicos del conflicto armado colombiano. *Dinero*.

Echandía Castilla, C. (2000). El conflicto armado en Colombia en los años noventa: cambios en las estrategias y efectos económicos. *Revista Colombia Internacional* (49-50), 117-134.

Edgerton, G. (2000). Television as Historian: An Introduction. *Film & History: an Interdisciplinary Journal of Film and Television Studies*, 30, 1, 7-12.

El Colombiano (2013, abril 12). En Colombia preocupa más la corrupción que el conflicto armado. *El Colombiano.*

El Espectador (2014, julio 7). Machuca ardió como bola de fuego. *El Espectador.*

Erll, A., y Rigney, A. (2012). *Mediation, Remediation, and the Dynamics of Cultural Memory.* Berlin: De Gruyter.

Eyber, C., y Ager, A. (2004). Researching Young People's Experiences of War: Participatory Methods and the Trauma Discourse in Angola. En J. Boyden, y J. de Berry, *Children and Youth on the Front Line: Ethnography, Armed Conflict and Displacement* (pp. 189-208). New York: Berghahn Books.

Fabian, J. (2007). *Memory Against Culture: Arguments and Reminders.* Durham: Duke University Press.

Fairclough, N. (1992). *Discourse and Social Change.* Cambridge: Polity Press.

Fairclough, N. (2008). *Analysing Discourse. Textual Analysis for Social Research.* London: Routledge.

Freedman, S., Weinstein, H., Murphy, K., y Longman, T. (2008). Teaching History after Identity-Based Conflicts: The Rwanda Experience. *Comparative Education Review,* 663-690.

Fritsch, M. (2005). *The Promise of Memory: History and Politics in Marx, Benjamin, and Derrida.* Albany: State University of New York Press.

Galindo, C., y Valencia, C. (1999). *En carne propia: ocho violentólogos cuentan sus experiencias como víctimas de la violencia.* Bogotá: Intermedio.

García, L. (2015, diciembre 13). Con desarme de Farc acabará el miedo al ejército y policía en Argelia. *El Tiempo.*

Geertz, C. (1994). *La interpretación de las culturas.* Barcelona: Gedisa.

Gellner, E. (1983). *Naciones y Nacionalismo.* Madrid: Alianza.

Giroux, H., y Searls Giroux, S. (2004). *Take Back Higher Education: Race, Youth and the Crisis of Democracy in the Post-civil Rights Era.* New York: Palgrave.

González, B. (2015). *Conflicto, postconflicto y desconflictivización de la escuela colombiana.* Bogotá: IDEP.

González, M. I. (2011). *Desde la escuela: construcción de memorias sobre la violencia 1948-2008.* Bogotá: Colciencias.

González, M. I. (2011a). *Textos escolares, violencia y memoria*. Bogotá: Colciencias.

Graham, P. J. (2000). Transferring Knowledge. *Nous, 34*(1), 131-152.

Guitarra, L. (2006). Desaprender.

Halbwachs, M. (1950). *La memoria colectiva*. Zaragoza: Prensas Universitarias de Zaragoza.

HBC Historical Boys' Clothing (2004, agosto 8). *Historical Boys' Clothing*. Obtenido de Nazi Textbooks: http://histclo.com/schun/country/ger/era/tr/book/nedb-tb.html

HBC Historical Boys' Clothing (2004, agosto 8). *Historical Boys' Clothing*. Obtenido de http://histclo.com/schun/country/ger/era/tr/book/ned-book.html

Herrera, M., y Merchan, J. (2011). Pedagogía de la memoria y enseñanza de la historia reciente. *Ipazud*. Bogotá.

Hirsch, M. (2008). The Generation of Postmemory. *Poetics Today, 29*(1), 103-128.

Hogervorst, S. (2015). Transmitting Memory Between and Beyond Generations: The Rotterdam Bombardment in Local Memory Culture and Education from 1980 to 2015. *Journal of Educational Media, Memory, and Society, 7*(2), 68–88.

Huyssen, A. (1995). *Twilight Memories: Marking Time in a Culture of Amnesia*. New York: Routledge.

Huyssen, A. (2001). *En busca del futuro perdido: cultura y memoria en tiempos de globalización*. México D.F.: Fondo de Cultura Económica.

Huyssen, A. (2003). *Present Pasts: Urban Palimpsests and the Politics of Memory*. Stanford: Stanford University Press.

Icfes (2015). Sistema Nacional de Evaluación Estandarizada de la Educación Nacional. Lineamientos generales para la presentación del examen de Estado Saber 11. Bogotá: Instituto Colombiano para el Fomento de la Eduación Superior.

Ingold, T. (1994). Introduction to Social Life. En *Companion Encyclopedia of Anthropology* (pp. 737-755).

Jabri, V. (1996). *Discourses on Violence. Conflict Analysis Reconsidered*. Manchester: Manchester University Press.

Jabri, V. (2007). *War and the Transformation of Global Politics*. New York: Palgrave.

Jackson, M. (2002). *The Politics of Storytelling: Violence, Transgression and Intersubjectivity.* Copenhagen: Museum Tusculanum Press.

Jansen, J. D., y Weldon, G. (2009). The Pedagogical Transaction in Post-conflict Societies. *Perspectives in Education, 27*(2), 107-108.

Jelin, E. (2002). *Los trabajos de la memoria.* Madrid: Siglo XXI Editores.

Jelin, E., y Lorenz, F. G. (2004). *Educación y memoria: la escuela elabora el pasado.* Madrid: Siglo XXI Editores.

Kaiser, S. (2005). *Postmemories of Terror: A New Generation Copes with the Legacy of the Dirty War.* New York: Palgrave.

Kalyvas, S. N. (2006). *The Logic of Violence in Civil War.* Cambridge: Cambridge University Press.

Kaufman, S. G. (1998). *Sobre violencia social, trauma y memoria.* Buenos Aires: Universidad de Buenos Aires.

King, E. (2014). *From Classrooms to Conflict in Rwanda.* Cambridge: Cambridge University Press.

Lackey, J. (2005). Memory as a Generative Epistemic Source. *Philosophy and Phenomenological Research, 70* (3), 636-658.

Lair, E. (2000). "Colombia: una guerra contra los civiles". *Revista Colombia Internacional,* 49-50.

Lave, J. (1991). *La cognición en la práctica.* Barcelona: Paidós.

Lawrence, P. (2000). Violence, Suffering, Amman: the Work of Oracles in Sri Lanka's Eastern War Zone. En V. Das, *Violence and Subjectivity.* Berkeley: University of California Press.

Lebow, R. N., Kansteiner, W., y Fogu, C. (2006). *The Politics of Memory in Postwar Europe.* Durham: Duke University Press.

Lederach, J. P. (2008). *The Moral Imagination: The Art and Soul of Building Peace.* Oxford: Oxford University Press.

Ley 115 (1994). Ley General de Educación. Bogotá: República de Colombia.

Ley 1448 (2011). Ley de Víctimas y Restitución de Tierras. Bogotá: República de Colombia.

Ley 1732 (2014). Cátedra para la Paz. Bogotá: República de Colombia.

Lizarralde J., M. (2012). Ambientes educativos y territorios del miedo en medio del conflicto armado: estudio sobre escuelas del Bajo y Medio Putumayo. *Revista Colombiana de Educación, 62,* 21-39.

Lizarralde, M. (2003). Maestros en zonas de conflicto. *Revista Latinoamericana de Ciencias Sociales, Niñez y Juventud, 1* (2), 79-114.

Lowe, R. (1992). *Education and the Second World War: Studies in Schooling and Social Change.* London: the Falmer Press.

Lubkemann, S. C. (2008). *Culture in Chaos.* Chicago: University of Chicago Press.

Macgilchrist, F., Christophe, B., y Binnenkade, A. (2015). Memory Practices and History Education. *Journal of Educational Media, Memory, and Society, 7* (2), 1-9.

Machel, G., Salgado, S., y Unicef (2001). *Impact of War on Children.* Vancouver: UBC Press.

Malkki, L. H. (1995). *Purity and Exile. Violence, Memory and National Cosmology among Hutu Refugees in Tanzania.* Chicago: University of Chicago Press.

Marabolí, O. V., Buitrago Piñeros, C. A., Pérez Pérez, J., y Riveros Alfonso, M. (2016). *Proyecto Saberes Sociales 9.* Bogotá: Santillana.

Marabolí, O. V., Coy, A., Suárez, M. A., Galindo, L. E., Prieto Ruiz, F. A., y Melo Pinzón, J. E. (2012). *Los caminos del saber. Sociales 10.* Bogotá: Santillana.

Margalit, A. (2002). *The Ethics of Memory.* Cambridge: Harvard University Press.

Martín-Barbero, J. (2004). Medios y culturas en el espacio latinoamericano. *Revista Iberoamericana, 2* (6), 89-106.

Medina Gallego, C. (2010). Conflicto armado, corrupción y captura del Estado: de la perversión de los procesos económicos públicos a la cooptación política del Estado por las fuerzas ilegales. *Ciudad Paz-ando, 3* (1), 43-52.

Meertens, D. (2001). The Nostalgic Future: Terror, Displacement and Gender in Colombia. En C. A. Moser, *Victims, Actors or Perpetrators? Gender, Armed Conflict and Political Violence* (pp. 133-148). London: Zed Books.

Middleton, D., y Brown, S. D. (2005). *The Social Psychology of Experience: Studies in Remembering and Forgetting.* London: Sage.

Miller, V., y Affolter, F. (2002). *Helping Children Outgrow War.* Washington, DC: Usaid.

Ministerio de Educación Nacional (2004). *Estándares Básicos de Competencias Ciudadanas.* Bogotá: Ministerio de Educación Nacional.

Ministerio de Educación Nacional (2007). *Plan Nacional Decenal de Educación 2006-2016.* Bogotá: Ministerio de Educación Nacional de Colombia.

Ministerio de Educación Nacional (2008). *Plan Decenal de Educación 2006-2016. Historia Hoy. Aprendiendo con el Bicentenario de la Independencia.* Bogotá.

Ministerio de Educación Nacional (2016a). *Orientaciones generales para la implementación de la Cátedra de la Paz en los establecimientos educativos de preescolar, básica y media de Colombia.* Bogotá: Ministerio de Educación Nacional.

Ministerio de Educación Nacional (2016b). *Propuesta de desempeño de Educación para la Paz: para ser enriquecidas por los docentes de Colombia.* Bogotá: Ministerio de Educación Nacional.

Ministerio de Educación Nacional (2016c). *Secuencias didácticas para la Educación para la Paz para ser enriquecidas por los docentes de Colombia.* Bogotá: Ministerio de Educación Nacional.

Miñana, C. (2009). Relaciones intergeneracionales y aprendizaje musical en el sur de los Andes colombianos: socialización y transmisión cultural. En M. Pardo, *Música y sociedad en Colombia. Traslaciones, legitimaciones e identificaciones* (pp. 227-228). Bogotá: Editorial Universidad del Rosario.

Montoya, P. (2015). *Los derrotados.* Medellín: Sílaba Editores.

Müller, J.-W. (2002). *Memory and Power in Post-War Europe: Studies in the Presence of the Past.* Cambridge: Cambridge University Press.

Nayed (2007). Elizabeth. *Katharsis, 2.*

Nissan, E., y Group, M. R. (1996). *Sri Lanka: A Bitter Harvest.* Londres: Minority Rights Group.

Noguera, S. (2016, octubre 8). Mampuján, hilando memoria y perdón. *El Espectador.*

Nordstrom, C., y Robben, A. C. (1995). *Fieldwork under Fire: Contemporary Studies of Violence and Survival.* Berkeley: University of California Press.

Norma (2011). *Sociales para pensar.* Bogotá: Norma.

Oberschall, A. (1997). *Social Movements: Ideologies, Interests, and Identities.* New Brunswick: Transaction Publishers.

Oglesby, E. (2007a). Historical Memory and the Limits of Peace Education: Examining Guatemala's Memory of Silence and the

Politics of Curriculum Design. En E. Cole, *Teaching the Violent Past: History Education and Reconciliation* (pp. 175-203). Lanham: Rowman & Littlefield Publishers.

Oglesby, E. (2007b). Educating Citizens in Postwar Guatemala: Historical Memory, Genocide, and the Culture of Peace. *Radical History Review, 92*, 77-98.

Ortega Valencia, P., y Herrera Cortés, M. C. (2012). Memorias de la violencia política y formación ético-política de jóvenes y maestros en Colombia. *Revista Colombiana de Educación* (62), 89-115.

Ortega Valencia, P., Castro Sánchez, C., Merchán Díaz, J., y Vélez Villafañe, G. (2015). *Pedagogía de la memoria para un país amnésico.* Bogotá: Universidad Pedagógica Nacional.

Ortiz Cortés, H. (2012, enero 22). *Iscuandé, un pueblo nariñense que está entre la gloria y la desolación.* Obtenido de *El País:* http://www.elpais.com.co/colombia/iscuande-un-pueblo-narinense-que-esta-entre-la-gloria-y-la-desolacion.html

Ortiz Jiménez, G., Galindo, L. E., y Mejía Neira (2010). *Hipertexto Sociales 10.* Bogotá: Santillana.

Oviedo, G. L. (2014). La guerra de las escuelas y la psicología: Colombia 1876. *Universitas Psychologica, 13* (5), 2003-2013.

Pacifista (2016, diciembre 22). *Toribío: la chiva-bomba y la niña médico.* Obtenido de *Pacifista:* http://pacifista.co/toribio-la-chiva-bomba-y-la-nina-medico/

Parr, A. (2012). *Deleuze and Memorial Culture: Desire Singular Memory and the Politics of Trauma.* Cambridge: Cambridge University Press.

Parra, I. F., y Riveros Alfonso, M. (2016). *Proyecto Saberes 10. Sociales.* Bogotá: Santillana.

Paulson, J. (2009). (Re)Creating Education in Postconflict Contexts: Transitional Justice, Education, and Human Development. *International Center for Transitional Justice.*

Paulson, J. (2010). Truth Commissions and National Curricula: The Case of Recordándonos in Perú. En S. Parmar, M. J. Roseman, S. Siegrist, y T. Sowa (Eds.), *Children and Transitional Justice: Truth Telling, Accountability and Reconciliation.* Cambridge: Harvard Law School.

Paulson, J. (2015). "Whether and How?" History Education about Recent and Ongoing Conflict: A Review of Research. *Journal on Education in Emergencies, 1* (1), 14-47.

Payne, L. A. (2009). *Testimonios perturbadores: ni verdad ni reconciliación en las confesiones de violencia de Estado.* Bogotá: Ediciones Uniandes.

Perera, L. (2002). Education Reform and Political Violence in Sri Lanka. En S. Tawil, A. Harley, C. Braslavsky, Unesco, y I. B. Education, *Education, Conflict and Social Cohesion.* Ginebra: Unesco, International Bureau of Education.

Pérez Pérez, J., Marabolí Salazar, O. V., Giraldo Bautista, J. A., Parra Toro, I. F., Riveros Alfonso, M., y Prieto Ruiz, F. A. (2016). *Proyecto Saberes Sociales 11.* Bogotá: Santillana.

Plan Nacional Decenal de Educación 2006-2016 (2006).

Pontificia Universidad Javeriana (2017). *Cátedra y Pedagogía para la Paz. Diplomado Presencial.* Obtenido de javeriana.edu.co: http://www.javeriana.edu.co/documents/16817/3818059/Diplomado+C%C3%A1tedra+de+PAZ+mdeo.pdf

Pulido, M. Á. (2017). *Educación para la Paz 11.* Bogotá: Santillana.

Radstone, S., y Hodgkin, K. (2003). *Regimes of Memory.* London: Routledge.

Ramírez Arcos, F., Estévez Pedraza, O. L., Miranda Canal, N., Quiceno Machado, W., y Oviedo Correa, Y. (2011). *Sociales para Pensar 10.* Bogotá: Norma.

Ramírez- Barat, C. (2014). *Transitional Justice Culture and Society. Beyond Outreach.* New York: Social Science Research Council.

Ramsbotham, O., Woodhouse, T., y Miall, H. (2005). *Contemporary Conflict Resolution: The Prevention, Management and Transformation of Deadly Conflicts.* Cambridge: Polity.

Rappleye, J., y Paulson, J. (2007). Educational Transfer in Situations Affected by Conflict: Towards a Common Research Endeavour. *Research in Comparative and International Education, 2* (3), 252-271.

Redacción *El Tiempo* (2001, abril 8). Qué tan católicos somos. Recuperado de *El Tiempo*: http://www.eltiempo.com/archivo/documento/MAM-560327

Redacción Nacional *El Tiempo* (2001, abril 22). Hasta a Platón lo sacaron corriendo. Obtenido de *El Tiempo*: http://www.eltiempo.com/archivo/documento/MAM-545535

Revista *Semana* (1988, noviembre 15). La masacre de Segovia. *Revista Semana.*

Revista *Semana* (2014, mayo 17). Guerra contra los maestros deja 5000 víctimas. *Revista Semana.*

Revista *Semana* (2015, abril 4). El Museo de la Memoria del conflicto armado. *Revista Semana.*

Rey, G., Rincón, O., y Ludueña, M. E. (2008). *Más allá de víctimas y culpables: relatos en seguridad ciudadana y comunicación, América Latina.* Bogotá: Centro de Competencia en Comunicación para América Latina Friedrich Ebert Stiftung.

Reynolds, P. (2004). Where Wings Take Dream: On Children in the Work of War and the War of Work. En J. Boyden, y J. de Berry, *Children and Youth on the Front Line: Ethnography, Armed Conflict and Displacement* (pp. 262-266). New York: Berghahn Books.

Riaño Alcalá, P. (2006). *Jóvenes, memoria y violencia en Medellín: una antropología del recuerdo y el olvido.* Medellín: Universidad de Antioquia.

Richards, P. (1996). *Fighting for the Rain Forest: War, Youth & Resources in Sierra Leone.* Portsmouth: Heinemann.

Rivera Serrano, J. A. (2012). *Nuevos horizontes sociales.* Bogotá: Educativa.

Ronderos, M. T. (2014). *Guerras recicladas: una historia periodística del paramilitarismo en Colombia.* Bogotá: Aguilar.

Rutas del Conflicto (2017). *La masacre del Chengue.* Obtenido de Rutas del Conflicto: http://rutasdelconflicto.com/interna.php?masacre=73

Salamanca, M., Rodríguez, M., Cruz, J. D., Ovalle, R., Albarracín, M. Á., y Rojas, A. M. (2016). *Guía para la implementación de la Cátedra de la Paz.* Bogotá: Santillana S.A.

Salmi, J. (1999). Violence, Democracy and Education. *Oxcon Conference.* Oxford.

Sánchez Meertens, A. (2005). Guardias Indígenas del Norte del Cauca. En M. García Villegas, *Sociedad de emergencia, acción colectiva y violencia en Colombia.* Bogotá: Defensoría del Pueblo.

Sánchez Meertens, A. (2013). Courses of Conflict: Transmission of Knowledge and War's History in Eastern Sri Lanka. *History and Anthropology*, 1-20.

Sánchez Meertens, A. (2013a). *Letters from Batticaloa:* TMVP's *Emergence and the Transmission of Conflict in Eastern Sri Lanka.*

Sánchez Meertens, A. (2016, junio 2016). Marquetalia. Destrucción simbólica y posconflicto. *El Espectador.*

Sánchez Meertens, A. (2017). "Saberes de la guerra: epistemologías y transmisiones intergeneracionales del conflicto armado en Colombia" (Proyecto de investigación). Bogotá: Universidad Nacional de Colombia.

Sánchez Meertens, A., y Sánchez Gómez, G. (2004). Nacen las Farc. En *Semana, 50 días que cambiaron la historia de Colombia* (pp. 247-252). Bogotá: Planeta.

Sánchez Moneada, O. M., y Rodríguez Ávila, S. P. (2009). Narrativa, memoria y enseñanza del conflicto armado colombiano: propuesta para superar las políticas de olvido e impunidad. En A. Serna Dimas, y D. Gómez Navas (eds.), *El papel de la memoria en los laberintos de la justicia, la verdad y la reparación. Memorias del Seminario Internacional.* Bogotá: Universidad Distrital Francisco José de Caldas.

Sánchez, G. (2003). *Guerras, memoria e historia.* Bogotá: Instituto Colombiano de Antropología e Historia.

Santillana (2013). *Caminos del saber. Sociales 11.* Bogotá: Santillana.

Santillana (2013a). *Caminos del saber. Sociales 9.* Bogotá: Santillana.

Santos, B. S. (2014). *Descolonizar el saber, reinventar el poder.* Santiago de Chile: LOM Ediciones.

Schmidt, B., y Schroeder, I. (2001). *Anthropology of Violence and Conflict.* London: Taylor & Routledge.

Semprún, J. (1997). *La escritura o la vida.* Barcelona: Tusquets.

Serna, A., y Gómez, D. (2008). *Memorias del seminario internacional: el papel de la memoria en los laberintos de la justicia, la verdad y la reparación.* Bogotá: Universidad Distrital Francisco José de Caldas.

Shaheed, F. (2013). *Report of the United Nations Special Rapporteur on Cutural Rights: The Writing and Teaching of History (history textbooks).* United Nations.

Shaheed, F. (2014). *Report of the United Nations Special Rapporteur on Cutural Rights: Memorialization Processes.* United Nations.

Sivanandan, A. (2007). *When Memory Dies.* London: Arcadia Books Limited.

Sørensen, B. (2008). The Politics of Citizenship and Difference in Sri Lankan Schools. *Anthropology & Education Quarterly, 39* (4), 423-443.

Spencer, J. (2007). *Anthropology, Politics and the State: Democracy and Violence in South Asia.* Cambridge: Cambridge University Press.

Staff *¡Pacifista!* (2016, diciembre 22). Toribío: la chiva-bomba y la niña médico. Obtenido de *¡Pacifista!*: http://pacifista.co/toribio-la-chiva-bomba-y-la-nina-medico/

Stern, S. J. (2004). *Recordando el Chile de Pinochet, en vísperas de Londres 1998.* Santiago de Chile: Ediciones Universidad Diego Portales.

Suárez, H. (1997). Del editor: parece que fuera ayer. *Educación y Ciudad,* 7.

Suárez, H. (2013, febrero). ¿Por qué se asesina a los maestros en Colombia? *Revista Semana.*

The Daily Mirror (2004, enero 8). *The Daily Mirror.*

The History Learning Site (2002, mayo). Bernand Rust. Obtenido de The History Learning Site: http://www.historylearningsite.co.uk/nazi-germany/nazi-leaders/bernard-rust/

Thiranagama, S. (2011). *In my Mother's House: Civil War in Sri Lanka.* Philadelphia: University of Pennsylvania Press.

Thompson, J. (2009). *. Intergenerational Justice: Rights and Responsibilities in an Intergenerational Polity.* Routledge.

Tilly, C., y Tarrow, S. (2007). *Contentious Politics.* Boulder: Paradigm Publications.

Trueman, C. (2015, mayo 26). The History Learning Site. Obtenido de historylearningsite.co.uk

Van Ommering, E. (2015). Formal History Education in Lebanon: Crossroads of Past Conflicts and Prospects for Peace. *International Journal of Educational Development, 41* (2), 200-207.

Verdad Abierta (2010, junio 15). Paras' contaron cómo se tomaron la Universidad Popular del Cesar. Obtenido de *Verdad Abierta*: http://www.verdadabierta.com/justicia-y-paz/versiones/509-

bloque-norte-frente-martires-del-valle-de-upar/2502-algunas-conexiones-de-los-paras-de-jorge-40-en-cesar

Verdad Abierta (2014, enero 14). Plan curricular escuela de estudios políticos superiores Fidel Castaño Gil. Obtenido de *Verdad Abierta*: http://www.verdadabierta.com/component/search/?searchword=Escuela%20Superior%20de&ordering=newest&searchphrase=all&limit=10

Wallace, A. (2011, agosto 1). Una de las profesiones más peligrosas de Colombia. Obtenido de bbc.com: http://www.bbc.com/mundo/noticias/2011/08/110728_colombia_maestros_inseguridad_aw.shtml

Weldon, G. (2010). *A Comparative Study of the Construction of Memory and Identity in the Curriculum in Societies Emerging from Conflict: Rwanda and South Africa.* Saarbrucken: LAP Lambrecht Academic Pub.

Williams, J. H. (2014). *(Re)constructing Memory. Text Schoolbooks and the Imagination of the Nation.* Dordrecht: Sense Publishers.

Wills, M. E. (2017, marzo). Re-conociendo el conflicto. Foro Internacional sobre Pedagogía, Memoria y Violencia.

Wood, E. J. (2003). *Insurgent Collective Action and Civil War in El Salvador.* Cambridge: Cambridge University Press.

Zald, M. N., McCarthy, J. D., y McAdam, D. (2008). *Comparative Perspectives on Social Movements: Political Opportunities, Mobilizing Structures, and Cultural Framings:* Cambridge: Cambridge University Press.

Zelizer, B. (2011). Cannibalizing Memory in the Global Flow of News. En M. Neiger, O. Meyers, y E. Zandberg, *On Media Memory: Collective Memory in a New Media Age* (pp. 27-36). New York: Palgrave Macmillan.

Zerubavel, E. (1996). Social Memories: Steps to a Sociology of the Past. *Qualitative Sociology*, 283-299.

EL AUTOR

Ariel Sánchez Meertens

Antropólogo de Universidad Nacional de Colombia con maestría en Estudios de Conflicto y Derechos Humanos en la Universidad de Utrecht (Países Bajos) y doctorado en Antropología de la misma universidad. Actualmente se desempeña como asesor del Centro de Memoria, Paz y Reconciliación de Bogotá. Ha sido investigador postdoctoral en el Departamento de Antropología de la Universidad Nacional de Colombia; asesor para el Departamento Administrativo de la Función Pública (DAFP) en temas de pedagogía de paz; investigador para la Organización Internacional para las Migraciones (OIM) y Corpovisionarios y consultor para el Alto Comisionado de Naciones Unidas para los Refugiados (ACNUR). Fue beneficiario de la Convocatoria Es Tiempo de Volver de Colciencias y becario Marie Curie del Programa de Construcción de Paz Sostenible de la Comisión Europea. Trabajó también como docente e investigador de la Universidad de Ulster (Irlanda del Norte) y de la Universidad de Utrecht (Países Bajos).

www.ingramcontent.com/pod-product-compliance
Lightning Source LLC
Chambersburg PA
CBHW072339090426
42741CB00012B/2845

* 9 7 8 9 5 8 6 6 5 4 7 4 6 *